普通高等教育工商管理类专业精品教材

电子商务运营管理

第 2 版

张　波　齐莉丽　郭悦红　**编著**

机械工业出版社

本书是面向电子商务专业核心课程——"电子商务运营管理"编写的教材。全书共 10 章，在介绍电子商务运营管理的相关概念、关键要素和发展的基础上，系统地阐述了"互联网＋"时代下的电子商务运营战略、电子商务的盈利模式、网络营销、电子商务物流与供应链管理、电子商务客户关系管理、电子商务人力资源管理、移动电子商务运营、电子商务的线上线下运营策略、电子商务运营效果监控评测等内容。

本书可作为普通高等教育电子商务专业及其他经济管理类专业的教材，也可作为企事业单位电子商务管理人员的参考用书。

图书在版编目（CIP）数据

电子商务运营管理 / 张波，齐莉丽，郭悦红编著.
2 版. -- 北京：机械工业出版社，2024. 12. --（普通
高等教育工商管理类专业精品教材）. -- ISBN 978 - 7
- 111 - 77373 - 3

Ⅰ. F713. 365. 1

中国国家版本馆 CIP 数据核字第 2025QC9871 号

机械工业出版社（北京市百万庄大街 22 号　邮政编码 100037）
策划编辑：刘　畅　　　　　　责任编辑：刘　畅　赵晓峰
责任校对：贾海霞　薄萌钰　　封面设计：王　旭
责任印制：邓　博
北京盛通印刷股份有限公司印刷
2025 年 3 月第 2 版第 1 次印刷
184mm×260mm · 17.25 印张 · 385 千字
标准书号：ISBN 978 - 7 - 111 - 77373 - 3
定价：59.00 元

电话服务　　　　　　　　　　网络服务
客服电话：010 - 88361066　　机 工 官 网：www.cmpbook.com
　　　　　010 - 88379833　　机 工 官 博：weibo. com/cmp1952
　　　　　010 - 68326294　　金 书 网：www.golden-book.com
封底无防伪标均为盗版　　机工教育服务网：www.cmpedu.com

第2版前言
Preface

党的二十大报告指出，加快发展数字经济，促进数字经济和实体经济深度融合，打造具有国际竞争力的数字产业集群。《中华人民共和国国民经济和社会发展第十四个五年规划和 2035 年远景目标纲要》也提出，加快数字化发展，建设数字中国；迎接数字时代，激活数据要素潜能，推进网络强国建设，加快建设数字经济、数字社会、数字政府，以数字化转型整体驱动生产方式、生活方式和治理方式变革。电子商务作为数字经济和实体经济深度融合的重要结晶，极大地引发了现有生产模式、流动模式、消费模式的深刻变革，在推动高质量发展、创造高品质生活方面发挥着重要作用。所以，对高校来说，"电子商务运营管理"无论在当前还是今后，都是一门需要不断深入研究的重要课程。

教材作为学校教学、推进立德树人的关键要素，在促进电子商务教育发展中也起着固本培元的作用。正如习近平总书记在哲学社会科学工作座谈会上的讲话中所指出的，学科体系同教材体系密不可分。学科体系建设上不去，教材体系就上不去；反过来，教材体系上不去，学科体系就没有后劲。大数据、云计算、人工智能、虚拟现实等数字技术为电子商务创造了丰富的应用场景，不断催生新的商业模式和商业业态，使得《电子商务运营管理》教材的内容需要立足当下、不断更新。

近年来我国深入实施数字经济发展战略，不断完善数字基础设施，加快培育新业态新模式，在推进数字产业化和产业数字化方面取得了积极成效，同时也对电子商务人才提出了更高要求。因此，我们根据多年从事电子商务应用和教学的实践经验，结合当前电子商务的发展方向和动态，以及国家数字化战略对电子商务人才的需求，对《电子商务运营管理》这本教材进行了全面修订。

主要修订内容包括以下方面：

（1）对教材内容进行了重构和优化。结合电子商务商业模式的定义及涉及的内容和要素，编者对第 1 版教材的内容进行了优化调整，使得各模块内容既相对独立、突出各自功能和应用特色，又系统相融。结合电子商务运营的新发展，教材中的每一章都增加了新的内容，各章节内容通过案例、典型应用等知识点的融入，渗透了"大数据分析"等新元素，使教材内容更加完整和与时俱进，知识点逻辑更为清晰。

（2）注重融入本领域热点问题，引导学生结合实例进行思考，第 2 版在第 1 版的基础上，立足中国国情和课程特点，引入热点问题，这既有利于激发学生的学习兴趣，又有利于塑造和培养学生的科学素养、创新精神、时代精神、数字思维。

（3）结合互联网和数字经济环境下对人才数字化能力的需求，教材中增加了数字化供应链管理、数字化客户关系管理、数字化人力资源管理等相关知识模块，意在帮助学生提升数字素养和技能方面的学习效果。

第 1 版教材在使用过程中，得到了广大读者朋友的大力支持，本次再版得到了不少电子商务行业专家和学者的帮助，在此一并表示感谢。限于编者能力，加之电子商务发展的瞬息万变，书中不足之处在所难免，恳请读者谅解并批评指正。

编　者

第1版前言
Preface

众所周知，互联网的迅速发展在使传统产业感受到危机的同时，也让传统产业获得了勃勃生机，为其发展注入了新的动力。2015年国务院政府工作报告中提出，制定"互联网＋"行动计划，推动移动互联网、云计算、大数据、物联网等与现代制造业结合，促进电子商务、工业互联网和互联网金融健康发展，引导互联网企业拓展国际市场。企业开展电子商务运营已成为其发展的必然途径。

随着电子商务的迅速发展，电子商务专业的课程教学也必须跟上技术和应用发展的步伐。电子商务运营是电子商务教学的重要内容之一。从广义上讲，某个电子商务公司整体的运营活动就是电子商务运营，它涵盖了企业每一个运作环节的知识和技能。目前，相关教材虽种类繁多，但能将电子商务运营与"互联网＋"和移动互联网等时代背景相结合且融合理论与实践的教材并不多。一些教材是电子商务涉及的各个方面的理论堆叠，缺少连贯性，内容较为空泛，广度和深度不够，难有较好的实际教学效果；一些教材过分注重运作技能训练，对网上开店论述过多，但对电子商务运营的全流程缺乏整体性的描述，特别是很少介绍和研究最近几年新发展起来的运营模式，缺少对电子商务运营管理理论的系统性阐述。因此，基于这样的情况，我们结合多年的教学心得和企业调研实践，编写了本书。

"电子商务运营管理"是一门理论与实践相结合的综合应用课程，以能力培养和素质养成为核心，对于电子商务专业的人才培养大有裨益。本课程的教学从企业进行电子商务运营的整体角度出发，以电子商务运营和管理能力培养为突破口，结合电子商务运营案例，实现真正的理论与实践一体化。学生通过对本书的学习，能够从整体上掌握电子商务运营的整体流程和方法技巧，培养起以互联网思维方式开展电子商务活动的能力。本书教学内容包含电子商务运营管理的基础概念、盈利模式、网络营销、团队管理、移动电子商务运营、客户关系管理和运营效果监控等。

全书由齐莉丽担任主编，郭悦红、张波担任副主编，吴亮、蒋坤苹参与编写。

本书在编写过程中参考了昝辉Zac、埃弗雷姆·特班等前辈的著作，得到了不少电子商务行业专家和学者的帮助，在此一并表示感谢。限于编者能力，加之电子商务发展的瞬息万变，不足之处在所难免，恳请读者谅解并批评指正。

编　者

目　录

第 1 章
电子商务运营概述

学习目标

- 了解电子商务的发展。
- 了解电子商务运营管理的相关概念。
- 了解"互联网＋"时代下商业模式的重构。

"菜管家"的生鲜电商之路

上海菜管家电子商务有限公司自正式运营以来，至今已在优质生鲜农产品领域探索、耕耘十余年，建立起集生鲜食品线上订购平台、企业福利、O2O服务为一体的多元化体系。依托强大的信息技术支持和广泛的生鲜食品供应链，"菜管家"目前已发展成为知名生鲜电商，可为广大用户提供一站式健康厨房体验及食材解决方案，创造云端健康生活。

"菜管家"的服务对象定位于上海的白领及各个企业。对于白领及其家庭，"菜管家"提供了包月、包年、两人份、三人份等服务，并根据消费者的要求，每天按时送货。消费者还可以将自己及家人的身体状况输入网站的系统中，经营养专家分析后，按照每个人的体质搭配膳食。对于企业，"菜管家"主要以礼品券的形式提供服务，例如，企业一次性从"菜管家"团购一批礼品券，在节日期间发放给员工作为福利，员工可以凭券根据个人意愿在"菜管家"网站上挑选自己喜欢的农产品。

"菜管家"在采购方面与农户、农民专业合作社、龙头企业合作。与农户的合作主要采用公司员工上门帮助农户分拣并取货，提供免费包装并包销，同时联手农信通与农户及时进行信息交流等形式。与农民专业合作社的合作主要集中在"良种场"，"菜管家"通过与"良种场"的合作进行品种的保护，并且负责品种的宣传和包销。与龙头企业的合作主要是龙头企业提供一定数量的农产品供"菜管家"在网上销售。此外，"菜管家"还通过与全国较有特色的种植基地，如"新疆哈密大枣""陕西核桃油"建立联系，实现部分特色农产品的全国直采。

"菜管家"在加工方面拥有自己的加工厂和冷库，可以对采购的农产品进行一定程度的粗加工和简单包装，并且可以存储一段时间。

"菜管家"在农产品配送方面有两种方式：一是商家直接配送；二是通过与第三方物流公司合作，实现当天订货当天送达。

"菜管家"销售的农产品，部分由其自行完成粗加工和包装，并贴上自己的标签，部分是对已有品牌的农产品进行网上代卖。目前，"菜管家"提供涉及人们饮食的八大类37小类近2000种，涵盖蔬菜、水果、水产、禽肉、粮油等高品质的农产品，为3000多家大中型企业提供节日福利与商务礼品服务。此外，"菜管家"还在上海市青浦区建立了符合GMP

（Good Manufacturing Practice）良好操作规范食品安全管理体系的物流仓储基地，建成了一套集客户关系管理、企业资源计划、供应链管理等信息支撑平台于一体的 IT 支持系统，开通了 COD（货到付款）和在线支付的结算体系，提供了安全、便捷的支付体验。

（资料来源：《发展农产品电子商务的案例分析与启示——以"菜管家"和 Freshdirect 为例》，有修改）

思考：什么是电子商务运营？如何提高电子商务运营管理水平？

1.1　电子商务的发展

随着计算机网络技术和电子信息技术的迅速发展，电子商务作为一种新型商务运营模式，有效地实现了信息流、物流、商流和资金流的融合。电子商务的产生和发展，极大地改变了企业的经营管理模式、人们的生活方式以及人类社会的许多层面。为了准确了解电子商务的内涵和本质，下面我们对电子商务的定义及其相关内容进行讨论。

1.1.1　电子商务的产生与发展

随着信息技术在全球范围内商业贸易活动的普及和广泛应用，出现了电子商务这种新型的商务模式。电子商务（Electronic Commerce，EC）是指利用计算机网络，主要是互联网和内联网，进行买卖、交换、配送商品、服务、信息的过程。它基于互联网，采用计算机技术和网络通信技术来实现商业贸易活动的信息化、国际化和电子化。电子商务的产生和发展有着深刻的技术背景和商业背景，它不但直接影响着全球经济以及电子商务运营管理理论和实践的发展，而且已经改变了人们的购物方式、生活方式和社会的发展历程。电子商务是推动全球经济一体化和经济增长的主要力量之一，代表了未来信息技术产业的发展趋势。

电子商务起源于美国，最早产生于 20 世纪 60 年代，在 20 世纪 90 年代开始迅速发展。在国际上，美国是世界上最早发展电子商务的国家，作为全球最大的电子商务市场之一，自 2003 年以来销售额持续增长。欧盟电子商务的发展相比美国起步较晚，但发展速度也很快，是全球电子商务发展较为领先的地区。亚洲的电子商务起步较晚，但发展空间和潜力巨大。亚太地区信息产业较发达的国家是日本、新加坡和韩国，电子商务的发展也是如火如荼。

我国的电子商务比起欧美等发达国家和地区来说起步较晚，但是由于经济快速增长和政府的高度重视及大力支持，我国的电子商务行业发展迅速，产生了 B2C、B2B 和 C2C 等电子商务模式。一方面，电子商务促进了全球经济发展，经济的迅速发展也是我国电子商务行业发展的基础动力。另一方面，计算机技术和网络通信技术日益成熟，互联网迅速普及，都为电子商务的快速发展奠定了基础条件。电子商务已经成为我国战略新兴产业和现代流通方式的重要组成部分。从传统商务到电子商务，我国的电子商务行业不断走向成熟与完善，在理性和务实的氛围内健康有序发展，极大地促进了我国的经济和社会发展。

党的二十大报告指出，依托我国超大规模市场优势，以国内大循环吸引全球资源要素，增强国内、国际两个市场两种资源联动效应，提升贸易投资合作质量和水平。稳步扩大规则、规制、管理、标准等制度型开放。推动货物贸易优化升级，创新服务贸易发展机制，发展数字贸易，加快建设贸易强国。我国商务部发布的《中国电子商务报告（2022）》显示，2022 年全国电子商务交易额达 43.83 万亿元，同比增长 3.5%；全国网上零售额达 13.79 万亿元，同比增长 4.0%；农村网络零售额达 2.17 万亿元，同比增长 3.6%；2022 年跨境电子商务进出口总额达 2.11 万亿元，同比增长 9.8%；此外，电子商务服务业营收规模达 6.79 万亿元，同比增长 6.1%；电子商务从业人数达 6937.18 万人，同比增长 3.1%。可以预测，在未来几年，中国电子商务市场交易规模将继续扩大。

1.1.2　电子商务的发展特点

近年来，电子商务的快速发展对经济社会生活的影响不断增大，正成为一些国家经济发展的重要推动力。电子商务的发展，主要有以下特点：

1. 移动电子商务发展迅速

近年来，移动互联网的快速普及为我国移动电子商务的发展奠定了基础，移动电子商务的快速发展，对经济社会生活的影响不断增大，正成为我国经济发展的重要推动力。

中国互联网络信息中心（CNNIC）发布的第 52 次《中国互联网络发展状况统计报告》显示，截至 2023 年 6 月，我国网民规模达 10.79 亿人；在网络基础资源方面，截至 2023 年 6 月，我国域名总数达 3024 万个，IPv6 地址数量达 68055 块/32，IPv6 活跃用户数达 7.67 亿；在移动网络发展方面，截至 2023 年 6 月，我国 5G 基站总数达 293.7 万个，占移动基站总数的 26%；在物联网发展方面，截至 2023 年 6 月，三家基础电信企业发展蜂窝物联网终端用户 21.23 亿户，万物互联基础不断夯实。

2. 电子商务促进了传统企业转型

互联网技术具有基础性、通用性、高渗透性等特点。随着技术的发展及应用，各个行业都将逐步被迁移到互联网中。互联网和电子商务在全球已经改变了一个又一个商业环节与产业，促进了传统行业向网络化、信息化转型。从当前已有的事实和未来趋势看，互联网促进了几乎所有传统产业的改造，如广告传媒业、批发零售业、制造业、仓储物流业、金融业、农业等，一些被认为远离电子商务的行业（如石化业）也在逐渐开始自己的电子商务转型之路。传统企业通过与自身及行业相关的其他电子商务平台的连接与合作，强化了对企业商务流程的监控，推动了商务服务质量的提升，带动了传统企业商业模式和管理模式的转变。

移动电子商务更是激发了企业转型。近年来，我国传统电子商务交易平台企业纷纷向移动电子商务转型。淘宝网、京东商城等推出了手机客户端和手机网站，不断优化用户体验。大量中小企业推出自身的 APP、移动客户端，有效提高了营销精准度和促销力度。我国传统企业，特别是中小企业也都快速向电子商务转型，开发了移动电子商务平台。移动电子商务市场的产业集中度正在快速提高。

3. 电子商务催生了新的商业模式

电子商务，特别是移动电子商务催生了很多新的商业模式。首先，移动互联网具有定位功能，实现了线下实体店和线上网店的充分融合，每家实体店或企业都可以在移动互联网上发布自己的终端应用，实体店主要提供产品展示和体验功能，解决服务客户的"最后一公里"问题，而交易则在网上完成。也就是说，互联网渠道不是和线下隔离的销售渠道，而是一个可以和线下无缝链接并能促进线下发展的渠道。O2O 模式是一个"闭环"，电商可以跟踪、分析用户的交易情况和满意程度，快速调整营销策略。其次，很多领域的供求信息有高度的分散性和瞬时性，供求不匹配将导致市场失灵，移动互联网为撮合供需双方达成交易提供了新的技术手段。再次，随着移动支付的普及，手机将取代银行卡等成为综合智能终端，移动支付和微信支付的应用带动了网络基金、P2P 网贷、众筹等线上金融服务的移动化转型。

4. 跨境电商迅速崛起

跨境电商近几年来受到了政府、投资机构及消费者的极大关注。随着中国跨境电商市场的开放、跨境电商基础环境的完善以及消费者跨境网购习惯的养成，跨境电商获得了较快发展。其主要发展特点包括：①进入精细化、垂直化竞争的时代；②从大规模制造到小规模定制，物联网、智能化等提高制造业水平，制造业正在向智能化转型，用户需求决定生产制造；③从卖"白牌"到卖品牌，小而美的品牌将会在跨境电商竞争中拥有重要的位置；④从硬广告到软沟通；⑤跨境电商将真正走向全球，从过去竞争主要集中在欧美市场扩展到全球市场。

5. 互联网金融颠覆性创新

金融业也正在接受互联网的洗礼。信息的数字化比例大幅提高，预计将有 90％或更高比例的信息会被数字化。当如此大比例的信息被数字化后，大数据在金融领域的应用条件会趋于成熟，互联网与金融的融合也将更紧密。小微信贷等互联网金融业务开辟了中小企业金融信贷的创新模式。互联网金融依靠大数据和云计算动态了解客户需求，通过减少行政成本等方式降低交易成本，通过 PC 端、手机端提供全天候的金融服务，实现了任何时候、任何地方的金融覆盖，在一定程度上取代了传统金融机构物理网点和八小时工作时间服务的僵硬模式，帮助更多的人获得金融产品和金融资源，推动了普惠金融的发展。

6. 农村电子商务星火燎原

在农业领域，农村电子商务的崛起正成为电子商务的又一波新浪潮。农村正在成为我国电子商务消费的新蓝海。与城市相比，我国农村的实体商业基础设施严重不足，电子商务正成为农村重要的消费渠道。从商务部、农业农村部到各大电商巨头，都看到了农村巨大的消费潜力，正在全力发展农村电子商务。

2022 年中央一号文件提出实施"数商兴农"工程，着眼于改善农村电子商务的服务基础设施、提升农村产品网货化能力，助力国家"乡村振兴"战略实施。随着"数商兴农"

工程深入实施，工业品下乡、农产品进城的农村电子商务双向流通格局得到巩固提升，直播电商、社区电商等新型电子商务模式在农村和农产品网络零售领域不断创新发展，在促进农产品上行、更好地保障农产品有效供给等方面发挥了重要作用。多种农产品在网络热销，农村电子商务正在成为一股不可忽视的农村新经济浪潮。

随着物流、人才等瓶颈问题的逐渐改善，农村电子商务将迎来更大的发展空间，从而带动中国农业的转型升级。

未来，电子商务经济体将继续高速成长。电子商务服务业日趋丰富和完善，为企业和个人电子商务应用赋能的作用更强，电子商务应用门槛更低。移动互联网和大数据的应用，将促进网络消费与生活的无缝连接，进一步激发和释放消费者隐性的个性化需求。

1.2 电子商务运营管理的相关概念

1.2.1 电子商务运营的意义

企业在业务开展过程中，运营管理的高效进行对于业务的顺利开展极为重要。要想提高企业运营的内部效率，公司管理层必须平衡好各部门之间的利益关系和责任关系，管理和控制运营流程，包括产品和服务需求预测、库存管理、调度管理、采购管理、供应链管理、市场营销以及人力资源管理等环节的流程。

电子商务企业和传统企业一样，都面临着如何运营管理的问题。电子商务的产生和发展为企业注入了新的机遇和活力，但是也对企业的运作模式和运营流程提出了新的要求。电子商务企业通过将互联网引入到运营管理人员的运营活动中，极大地方便了企业的运营管理并提升了工作效率。电子商务运营绝不是可有可无的，凡是期望在现代商务运营中取得理想效果的企业，必须付出努力，以提高自身的电子商务运营素质和能力。

电子商务企业应用电子商务能力的高低，在很大程度上依赖于运营工作是否到位和高效。正确认识到企业电子商务运营管理的必要性，做好运营工作，搭建好电子商务的运作平台是开展电子商务运营活动的基础条件。

1.2.2 电子商务运营的基本概念

电子商务运营是一个宽泛的话题，与企业运营存在相似之处。企业运营是对企业经营过程的计划、组织、实施和控制，是与产品生产和服务创造密切相关的各项管理工作的总称。

运营管理涵盖了企业运作过程中的方方面面，包括供应链、产品质量、生产、销售与营销、安全与健康以及环保等。运营管理主要包括计划、组织、领导、人员配置、控制和激励等基本的管理工作，运用诸如绩效评估、流程图、最佳实践信息和标杆管理等方法发现问题，并找出解决这些问题的最佳方法。电子商务运营被视为一场革命，它改变着这些工作实现的方式。电子商务运营管理是将所有的运营管理工作集中在电子商务环境中的一种应用，这种应用对于成功的商务来说都是必需的。它将互联网和数字技术结合起来进行基本的运营管理活动，侧重的是管理与电子商务运营相关的工作内容。

电子商务运营的定义与企业运营的定义存在相似之处，只是更强调电子商务环境的应用。本书将电子商务运营（Electronic Commerce Operation，ECO）定义为：将所有的运营管理工作集中在电子商务环境中的一种应用，是指一切与企业电子商务有关的运营活动的总称，如企业电子商务战略制定、平台建设与推广、内容建设、网络营销、物流建设以及客户关系管理等工作内容。

电子商务运营从名字上来看就可以分成两块——电子商务和运营（E-Commerce 和 Operation），前者指的是后台所在的平台，它被最初定义为电子商务平台（企业网站、论坛、微信公众号、APP 客户端、微博、网上商铺、网络直销店等），运营即围绕平台建设，开展各方面运营活动，如各搜索产品的优化推广、电子商务平台的维护重建、扩展以及网络产品的研发及盈利，从平台优化服务于市场，到创建执行服务市场的同时创造市场。

1.2.3　电子商务运营管理中的关键成功要素

电子商务运营涵盖的内容主要有以下几个方面，这几个方面也是运营经理的职责所在，是成功的电商企业运营管理所需的基本关键因素。

1. 电子商务运营战略的制定

电子商务运营战略对电子商务企业的成功起着举足轻重的作用。任何企业进行电子商务运营，都必须根据内外部环境变化，构建并实施在线运营的理念，规划一系列与电子商务相关的活动，以提升企业核心竞争力并最终达成运营目标。因此，企业需要了解电子商务运营战略制定的步骤和注意事项。近几年，数字革命，特别是移动互联网时代的到来，基础产业与信息产业互联互通、相互融合，不断涌现出新的市场需求。数量庞大的用户与更广泛的产业领域连接，技术创新喷薄而出，改变了传统产业的业态模式。"互联网＋"催生了新的商业业态和新的商业模式，形成了更为强大的生产力。因此，企业需要了解"互联网＋"背景下的电子商务战略转型、商业模式及其管理创新。

2. 电子商务的盈利模式

电子商务运营的首要环节是设计盈利模式。电子商务盈利模式主要包括在线销售产品、网络广告、搜索引擎、数字内容、会员制、交易佣金及网络服务等，以及数据衍生的盈利模式，如微博、微信等。充分了解各种盈利模式的特点及条件，才能正确选择出适合企业自身的盈利模式，确定出企业的电子商务产品类型和目标市场。

3. 网络营销

顺利开展电子商务运营的基础条件是：在数量庞大的电子商务企业中脱颖而出，以便被潜在客户找到。网络营销是解决这个问题的重要手段。

网络营销通过互联网向用户传递公司信息和营销信息，为最终发展成购买提供决策支持。常见的网站推广策略有搜索引擎优化、网络广告、社会化媒体工具推广（微信、微博等）、口碑营销、电子邮件营销，以及信息发布等。针对不同性质的网站，需要对各种网站推广的工具和资源充分认识和合理使用，才能制定出行之有效的网站运营推广和网络营销策略。网络营销课程中的主要内容，本书不再详细介绍，而重点对搜索引擎的使用方法和应用技巧展开讲解。

4. 电子商务物流与供应链管理

电子商务企业的仓储物流管理是企业运营的核心工作之一，是效率的集中体现。电子商务企业仓储物流部门的任务就是利用最合理的成本和时间，将商品准确、完整地送至客户手中。供应链管理是一种策略，电子商务的出现和广泛使用可以使信息和资金都能迅速、准确地在供应链各节点之间传递，在满足客户需要的同时，实现了商品可用价值的最大化，提高了以核心企业为中心的供应链的整体竞争力。电子商务物流与供应链管理也是电子商务企业成功运营的关键要素。

5. 电子商务客户关系管理

在电子商务运营中，客户关系管理同样是一个关键要素，其核心思想是通过优化客户服务和深入分析客户需求，向客户提供满意的产品和服务，以达到客户满意的目的，这样一个过程也是企业与客户建立长期、稳定、相互信任关系的过程。电子商务客户关系管理是电子商务企业的一项重要竞争战略，是一种改善企业与客户之间关系的管理机制。良好的客户关系管理能够帮助企业建立网上用户的品牌忠诚度，保持与客户的长远关系，挖掘潜在客户，把握未来商机，树立品牌形象。

6. 移动电子商务运营

移动电子商务是电子商务的扩展，为电子商务的应用拓展了新的领域，并且已经成为企业电子商务运营管理的重要内容。移动电子商务业务与传统电子商务业务的主要区别在于：用户的可移动性（泛在性）以及对有实时性要求的电子商务业务的支持。移动电子商务模式包括 APP、微博、微信运营等，只有掌握其策略要点，才能更好运用这一重要的电商模式。随着网络及移动设备的迅速发展，以及各种智能手机的普及，移动电子商务的战略价值会大幅提高。

7. 电子商务的线上线下运营策略

随着移动互联网的发展，电子商务模式也在不断更新，继 B2B、B2C、C2C 之后，O2O（Online to Offline）模式打破了"线上"与"线下"的隔离局面，促使了"线上"与"线下"的互动融合，也促进了电子商务生态发展。O2O 模式现已逐渐成为新的热点，为电子商务企业提供了新的商机，也成为企业电子商务运营管理的关键任务之一。

8. 电子商务人力资源管理

人力资源管理是传统企业的核心运营任务之一，是保证企业目标实现与职员满意度最大化的重要手段之一。电子商务企业所面临的环境以快速变化和难以预测为特点，在这种环境中，企业传统的战略、文化和时间导向都已不再有效，电子商务企业的人力资源管理是决定其运营管理成败的又一关键要素。电子商务运营团队管理的岗位划分、激励等有着不同于传统人力资源管理的特点与方法。

9. 电子商务运营效果监控评测

电子商务运营效果数据分析是根据用户习惯来调整网站方向，对网络媒介的每一个细节进行分析，完成和提高网站对用户的黏性，提高吸引力及网站关注度。这主要通过分析页面访问记录、借助多种互联网分析工具来实施，根据数据分析结果来调整网络介质的传播方式及表现形式，如系统功能改进、美工设计变动调整及改版等。以数据分析来指导运营才能有的放矢地抓住核心、抓住用户，从而更好地提升运营效果。因此这个环节虽然枯燥，但却是非常重要且不可或缺的一步。电子商务运营效果监控评测是指导可持续性运营策略的重要工作。

电子商务运营管理的主要目标就是确保电子商务顺利运营，使企业核心目标得以实现。以上关键因素对于电子商务运营管理目标的实现起到了至关重要的作用。

1.3 "互联网＋"时代下商业模式的重构

2015 年政府工作报告中首次提出"制定'互联网＋'行动计划"，互联网上升为国家发展战略。在这样的背景下，对于处在改革与发展关键期的企业而言，研究如何在"互联网＋"时代进行战略创新与转型自然而然也成为一个重要的课题。

当前，我们正经历着从工业化思维向互联网思维的转变。互联网对经济社会发展的一切领域都产生了巨大影响。随着互联网进一步的深入发展，经济全球化、信息社会化、整个社会主题的模式、社会治理的方式、经济运行的方式都发生了革命性的变化，互联网也在促生着各种新的业态。企业的商业模式创新越来越成为经济发展的取胜之道。电子商务与传统实体经济的跨界融合，为互联网环境下商业模式的创新开辟了新格局。电子商务也因此渗透到工业、农业、旅游等不同的领域，正在融入普通老百姓的生活。

互联网为什么能够如此迅速地颠覆传统行业呢？互联网颠覆实质上就是利用高效率来整合低效率，对传统产业核心要素进行再分配，重构生产关系，并以此来提升整体系统的效率。互联网企业通过减少中间环节，减少所有渠道不必要的损耗，减少产品从生产到进入用户手中所需经历的环节来提高效率，从而降低成本。"互联网＋"时代下商业模式的重构，即是利用互联网精神（平等、开放、协作、分享）来颠覆和重构整个商业价值链。

因此，对于互联网企业来说，只要抓住传统行业价值链条中的低效或高利润环节，利用互联网工具和互联网思维，重新构建商业价值链，就有机会获得成功。就目前来看，"互联网＋"背景下商业模式的重构主要分为以下 7 种。

1. 社群商业模式

互联网的发展使信息交流越来越便捷，志同道合的人更容易聚在一起，形成社群。互联网中社群的概念是指拥有相同兴趣、爱好、需求或者价值观的人形成的群体。社群经济要求不仅有粉丝，还要打通粉丝连接，形成有组织、文化、气质、利益分配机制的自生长体系，商业价值在信任体系中无"噪声"完成。常见的社群有产品型社群、兴趣型社群、品牌型社群、知识型社群、工具型社群。

社群商业模式的商业逻辑＝IP＋社群＋场景＋分享经济，其背后商业逻辑的核心是流量和信任。社群用来催化用户关系，建立用户信任，扩大用户基础。场景用来强化用户体验，让用户感觉物超所值，诱发新需求。分享经济主要解决社群商业化和持续发展的问题，用户不仅是体验者、消费者，也是分销商，通过分享模式不仅可以锁定用户，与用户形成利益共同体，还可以通过用户口碑裂变引发同频共振效应。

2. 长尾型商业模式

长尾概念由克里斯·安德森提出，是指企业从面向大量用户销售少数拳头产品，到销售庞大数量的利基（niche）产品的转变，虽然每种利基产品相对而言只产生小额销售量。利基是指针对企业的优势细分出来的市场，这个市场不大，而且暂时没有得到令人满意的服务。产品进入这个市场要有盈利的基础，如针对性、专业性很强的产品。企业在确定市场后往往用更加专业化的经营来获取最大的收益，以此为手段在强大的市场夹缝中寻求自己的出路。

但利基产品销售总额可以与面向大量用户销售少数拳头产品的传统销售媲美。它通过C2B实现大规模个性化定制，核心是"多款少量"。所以，长尾型商业模式需要低库存成本和强大的平台，并使得利基产品对于兴趣买家来说容易获得。

例如，ZARA总部拥有一支数百人的商业团队，由设计专家、市场分析专家和采购人员组成。该团队始终坚持快速设计，保持与时尚同步。ZARA利用强大的信息平台采集市场需求信息，"按需设计"节约大量产品的导入时间，降低了产品风险。ZARA每年设计的新产品近40000款，公司从中选择10000多款投放市场。但同时控制各款的数量，在ZARA专卖店中，每款衣服的上架时间不超过3周，每种款式最多补货一周，两三个星期后未卖出的产品将被运往其他专卖店或位于西班牙的本部，以让专卖店始终保持新鲜。ZARA模式与传统模式的对比如图1-1所示。

3. 免费商业模式

"互联网＋"时代是一个"信息过剩"的时代，也是一个"注意力稀缺"的时代，怎样在"无限的信息"中获取"有限的注意力"，便成为"互联网＋"时代的核心命题。注意力稀缺导致众多互联网创业者们想尽办法争夺注意力资源，而互联网产品最重要的就是流量，有了流量才能以此为基础构建自己的商业模式。所以说，互联网经济就是以吸引大众注意力为基础，去创造价值，然后转化成盈利。

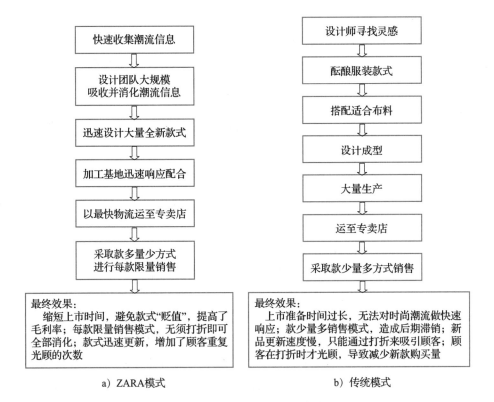

a) ZARA模式　　　　　　　　　b) 传统模式

图 1-1　ZARA 模式与传统模式对比

免费商业模式指以免费、好的产品吸引到很多的用户，然后再向不同用户提供新的产品或服务。

互联网颠覆传统企业的常用方法就是采用免费商业模式，在传统企业用来盈利的领域免费，吸引传统企业的客户群使用，继而转化成流量，然后再利用延伸价值链或增值服务来实现盈利。

信息时代的精神领袖克里斯·安德森在《免费：商业的未来》一书中归纳了基于核心服务完全免费的商业模式：一是直接交叉补贴，二是第三方市场，三是免费加收费，四是纯免费。

4. O2O 商业模式

2012 年 9 月，腾讯 CEO 马化腾在互联网大会上的演讲中提到，移动互联网的地理位置信息带来了一个新的机遇，这个机遇就是 O2O（Online To Offline），即将线下商务的机会与互联网结合在了一起，让互联网成为线下交易的前台。而二维码就是线上和线下的关键入口。将后端蕴藏的丰富资源带到前端，O2O 和二维码是移动开发者应该具备的基础能力。

狭义的 O2O 就是线上交易、线下体验消费的商务模式，主要包括两种场景：一是线上到线下，用户在线上购买或预订服务，再到线下商户实地享受服务；二是线下到线上，用户通过线下实体店体验并选好商品，然后通过线上下单来购买商品。

广义的 O2O 就是将互联网思维与传统产业相融合。O2O 的发展将突破线上和线下的界限，实现线上线下、虚实之间的深度融合，其模式的核心是基于平等、开放、互动、迭代、共享等互联网思维，利用高效率、低成本的互联网信息技术，改造传统产业链中的低效率环节。

曾任 1 号店联合董事长的于刚认为，O2O 的核心价值是充分利用线上与线下渠道各自的优势，让用户实现全渠道购物。线上的价值就是方便、随时随地，并且品类丰富，不受时间、空间和货架的限制。线下的价值在于商品看得见、摸得着，且即时可得。从这个角度看，O2O 应该把两个渠道的价值和优势无缝对接起来，让用户觉得每个渠道都有价值。

5. 平台商业模式

互联网的世界是无边界的，市场是全国乃至全球。平台商业模式（专题阅读）的核心是打造足够大的平台，产品更为多元化和多样化，更加重视用户体验和产品的闭环设计。

在互联网时代，用户的需求变化越来越快、越来越难以捉摸，单靠企业自身所拥有的资源、人才和能力很难快速满足用户的个性化需求，这就要求打开企业的边界，建立一个更大的商业生态网络来满足用户的个性化需求。互联网平台是开放的，可以整合全球的各种资源，可以让所有的用户参与进来，实现企业和用户之间的零距离。因此，通过互联网平台以最快的速度汇聚资源，满足用户多元化的个性化需求。所以，平台商业模式的精髓在于打造一个多方共赢互利的生态圈。

但是对于传统企业而言，不要轻易尝试做平台，尤其是中小企业不应该一味地追求大而全或做大平台，而是应该集中自己的优势资源，发现自身产品或服务的独特性，利用互联网瞄住精准的目标用户，围绕产品打造核心用户群，并以此为据点快速地打造一个品牌。

6. 内容产业商业模式

由于移动互联网的发展，微信等平台和相关渠道的兴起，使传统媒体遭受了前所未有的冲击。自媒体和新媒体等形式席卷整个传播行业。新媒体创业的蓬勃发展意味着内容创业迎来了春天。

内容产业商业模式的收入主要来源于广告收入、用户打赏、电商嵌入、内容付费等。以"得到"为例，"得到"是逻辑思维团队打造的内容付费产品，其商业模式是，自己找人、找资源策划制作高质量专栏售卖，然后收入分成。这个模式的优势是，不需要太依赖大 V、大咖等资源，只需做好专栏策划，建立好团队，制定好工作流程，保持专栏持续更新。而且，内容一旦完成，还可以重复售卖。

同样，知乎也推出了值乎、知乎 live 这两款明星付费产品，为广大知识和技能拥有者，提供了便捷的知识变现方式。知乎 live 的主要商业模式是，各行业达人入驻平台后，可以自主就某一话题发起一场 live，然后设置简介、内容大纲、开始时间、参与票价，用户看到后，如果感兴趣可以支付报名。Live 开始后，是通过语音直播的形式进行，主讲人可以发布语音、文字、图片等内容，并与用户实时互动。

7. 直播带货商业模式

简单来说，直播带货主要是品牌方通过直播机构（MCN，Multi－Channel Network，即多频道网络），让主播通过视频直播的方式推广售卖商品。任何购买过程实际上就是一个被说服的过程，用户在主播人格化和形象化的直播中快速被"种草"。主播需要先用强大的内容整合能力吸引用户，才能有整个环节开始的第一步，用户看似在为商品买单，实际上也是在为有趣的内容买单。无论是头部网红通过自身流量优势和供应链拿到商品资源，还是通过直播去中间商从而得到的性价比，都降低了"货"的成本，而用户在选择效率上成本也会下降，用性价比达到转化用户的效果。

所以，直播带货商业模式通过强大的主播内容整合能力和专业性让用户先喜欢进而相信，通过强大的团队和资源来选品谈价格，筛选出质量好、价格低的品类，保持用户的高复购率。而这些都需要电商平台、MCN、主播、商家、供应链层层配合，优化每一个环节，以带来商业效率的提升。

 ## 本章小结

1. 电子商务的发展

（1）电子商务的概念。即利用计算机网络进行买卖、交换、配送商品、服务、信息的过程。

（2）电子商务的发展。

（3）电子商务的发展特点。

2. 电子商务运营管理的相关概念

（1）电子商务运营的概念。即指一切与企业电子商务有关的运营活动的总称，如网络营销、客户关系管理、平台建设与推广、内容建设、物流建设以及企业电子商务战略制定等工作内容。

（2）电子商务运营的主要内容。它包括：盈利模式设计、物流与供应链管理、网络营销、客户关系管理、移动电子商务运营等。

（3）"互联网＋"时代下商业模式的重构。它包括：①社群商业模式；②长尾型商业模式；③免费商业模式；④O2O 商业模式；⑤平台商业模式；⑥内容产业商业模式；⑦直播带货商业模式。

 ## 本章习题

1. 简要分析电子商务发展的特点。

2. 什么是电子商务运营？其主要工作内容是什么？

3. 请讨论：一家实体经营的企业如果想将线上和线下业务整合在一起，将会面临哪些挑战？

4. 搜集一些中小企业开展电子商务运营的成功案例，并指出它们成功的共同之处。

5. 除了教材列出的商业模式，请查阅资料，总结"互联网＋"下还催生了哪些新的商业模式？

6. 实验与实践：

浏览几家中小企业的网站，了解其电子商务的使用。根据你的发现写一份报告，内容是关于中小企业电子商务运营中的问题。

参考文献

[1] 樊坤，祝凌曦. 电子商务概论 [M]. 北京：人民邮电出版社，2013.

[2] 崔立标. 电子商务运营实务 [M]. 北京：人民邮电出版社，2013.

[3] 刘宏，王浩，刘新飞，等. 电子商务概论 [M]. 北京：清华大学出版社，2010.

[4] 朱晓敏，刘红璐，黄磊，等. 电子商务管理 [M]. 北京：电子工业出版社，2013.

[5] 黄岚，王喆，陈海平. 电子商务概论 [M]. 北京：机械工业出版社，2014.

[6] 施尼德詹斯，曹青. 电子商务运营管理 [M]. 王强，译. 北京：中国人民大学出版社，2005.

[7] 高健，王晓静. 电子商务管理概论 [M]. 北京：清华大学出版社，2013.

[8] 杜江萍，高京广，孙德林，等. 电子商务管理 [M]. 广州：华南理工大学出版社，2006.

[9] 吴清烈. 电子商务管理 [M]. 北京：机械工业出版社，2009.

[10] 张庆丽. 电子商务安全策略研究 [D]. 开封：河南大学，2012.

[11] 王硕. 电子商务概论 [D]. 合肥：合肥工业大学，2007.

[12] 李建忠. 电子商务运营实务 [M]. 北京：机械工业出版社，2014.

[13] 周伟，刘丽红. 电子商务：理论与实践 [M]. 2版. 北京：化学工业出版社，2013.

[14] 金涛. 电子商务盈利模式的分析 [D]. 天津：天津大学，2009.

[15] 特班，金，李在奎，等. 电子商务：管理与社交网络视角 [M]. 时启亮，陈育君，占丽，等译. 北京：机械工业出版社，2014.

第 2 章
"互联网+"时代下的
电子商务运营战略

学习目标

- 掌握电子商务战略规划过程。
- 理解电子商务运营战略。
- 理解电子商务运营平台战略。
- 了解"互联网+"时代下的管理战略。

案例导入

利朗达公司：跨境电商战略调整下的自我救赎

深圳市利朗达科技有限公司（以下简称"利朗达"）成立于 2011 年 3 月，耳机是其最早经营的类目之一，LED 灯具品类也逐渐成为公司业绩高速增长的重要支撑。创业之初，利朗达看准时机，在 eBay 以多家店铺广泛铺货的方式销售产品，以提升其所控制的供应链的市场占有率，后来又逐步在亚马逊、速卖通和 Wish 等平台开设了店铺集群。2018 年利朗达同时全面铺开 13 条品线产品的销售，并大力扩张亚马逊平台的运营团队。显然，在跨境电商运营策略上，利朗达选择了"泛铺"模式。在这种模式下，利朗达虽加大了在跨境电商平台的投入，销售额也有了相应的增长，但是利润率却持续下降，运营资金不足的压力已经显现。那么，利朗达是如何在跨境电商平台的铺货狂热期开启了自我救赎，实现公司跨境电商战略调整的呢？

为了使公司尽快回归正轨，利朗达修正了当年的公司业绩目标和经营策略。首先将 20 亿元的营收目标调低至 15 亿元，同时确定了 18％ 的营业利润底线。由于精细化运营是未来发展的趋势，利朗达加大亚马逊平台团队投入的策略依然保持不变，同时对公司的全部 SKU（Stock Keeping Unit，存货单位）、业务人员进行一次评估，制定相对严格的标准进行一次优化。此外，利朗达给 SKU、业务人员这几个经营要素的个体都打上了品线标签，并给每个品线各要素的个体数量确定了额度，哪个品线下的个体表现好，哪个品线该要素的个体数量额度就会提升；反之如果表现不好，那么这个品线下的要素额度就会降低直至变为零。

公司除了一系列的断舍离操作，还搭建了"商品侵权风险审核""公司销售力量与商品数量平衡""库存跌价机制"等提升运营效率和降低风险的机制。此外，还加大了美工和文案团队的投入，以保证同一商品在多个店铺上刊登的图片和文字描述有所差异，"精铺"模式逐步成形。

在启用新的"精铺"模式后，一度"虚胖"的利朗达实现了快速的瘦身，动态要素个体额度调节机制的运行，则帮助利朗达避免了盲目扩张可能会造成的管理黑洞和效率低下的出现。此外由于加大了 SKU 的开发和运营投入，公司的产品成功率大大提升，在增加了 IT 和算法投入后整个公司的经营智能化水平也有了提高。

在新的战略模式下，利朗达树立了自己的企业使命，即要助力跨境贸易服务全球经济，明确了自己的核心价值观，即客户至上、拥抱变化、诚信负责、以人为本、包容多元、拼搏进取。

案例给予的启示

企业开展网络经营要学会在竞争中制定恰当的运营策略（包括信息技术战略和电子商务战略），帮助企业生存和发展。策略是以业绩指数为基础来评价经营的目标和指标是否完成。一旦工作目标确定，就应该改进运营计划并付诸行动。

运营管理战略规划对电子商务企业的成功具有举足轻重的作用。公司战略是一个比较宽泛的概念，它说明了一个企业如何完成其使命，其目标是什么，需要什么样的计划和政策来完成这些目标。在公司战略中，互联网扮演的角色越来越重要，对战略的各个层面都产生了影响，例如产品的开发与创新、产品和服务的配送、与供应商和客户之间的关系以及市场竞争等。所谓电子商务运营战略，就是企业运营管理者根据内外部环境变化，构建并实施在线运营的理念，以提升企业核心竞争力并最终达成运营目标的一系列电子商务相关活动。电子商务运营战略是事先的思考和规划，不包含具体的策划和执行，主要专注于方向性的选择，其战略制定过程会受到各种因素的影响。

我们知道，数字革命，特别是移动互联网时代的到来，如同一把锋利的双刃剑，一方面给传统产业带来了危机和焦虑，另一方面也能让传统产业获得勃勃生机，为传统产业的发展注入新的动力。

党的二十大报告指出，加快发展数字经济，促进数字经济和实体经济深度融合，打造具有国际竞争力的数字产业集群。基础产业与信息产业互联互通、相互融合，不断涌现出新的市场需求；数量庞大的用户与更广泛的产业领域连接，技术创新喷薄而出，改变了传统产业的业态模式；"互联网+"催生了新的商业业态和新的商业模式，形成了更为强大的生产力。移动互联网时代的碎片化、去中心化、去流量化等特征，使得"传统产业＋移动互联网"的优势突出，"互联网＋"融合创新给各个行业注入了新的生机与活力。

2.1 电子商务战略规划过程

一般来讲，企业的战略规划过程包含四个主要阶段，如图 2-1 所示，这几个阶段是循环往复、持续不断的。

1. 战略准备

在战略准备阶段，企业审视自己的宗旨和目标、内外部环境与资源、优势劣势以及互联网等新兴技术对企业经营所产生的潜在影响等。具体包括：

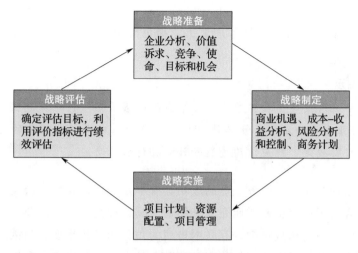

图 2-1　战略规划过程

（1）企业分析和价值定位　企业分析包括企业愿景、使命、价值诉求、目标、能力、制约因素和潜在客户。在分析的过程中，能够清楚表达出公司的价值定位，即公司的产品和服务能够为公司本身和客户带来的利益。在了解以上内容后，明确实施电子商务战略能为企业带来的潜在价值和将要采用的方法。

（2）核心竞争力　核心竞争力是企业相较于竞争对手而言所具备的竞争优势与核心能力差异，是企业所特有的、能够经得起时间考验的、具有延展性，并且是竞争对手难以模仿的技术或资源和经验的特殊组合。例如，谷歌的核心竞争力是独特的信息搜索技术，而eBay的核心竞争力则是它从事的在线拍卖业务。

为准确判断企业的核心竞争力，还需对影响企业生存发展的供应链合作伙伴、竞争对手、顾客等进行分析，常用的分析方法可使用五力模型（见图2-2）。五力模型由迈克尔·波特于20世纪80年代初提出，是许多产业制定战略时常用的竞争分析工具。五力模型可以用来揭示既定产业的竞争态势是否还能使企业获得可接受的利润。使用五力模型一般包括三个步骤：①识别每个竞争因素的关键组成部分；②评价每个因素对企业的作用和重要性；③确定在这些因素的综合作用下，企业是否有必要进入或继续留在某个行业。

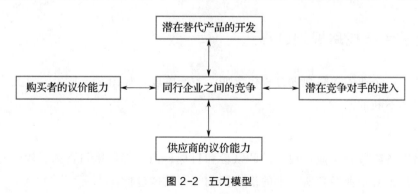

图 2-2　五力模型

按照波特的观点，既定产品的竞争本质由五大因素构成：同行企业之间的竞争、潜在竞争对手的进入、潜在替代产品的开发、供应商的议价能力、购买者的议价能力。

（3）预测　即识别对业务有影响或潜在影响的商业、技术、政治、经济或其他相关的因素。例如，电子商务战略的实施可能导致的渠道冲突和品牌不统一等问题。

常见的预测方法可使用 PEST 分析。PEST 分析是指宏观环境分析，宏观环境又称一般环境，是指一切影响行业和企业的宏观因素。对宏观环境因素进行分析，不同行业和企业根据自身特点和经营需要，分析的具体内容会有差异，但一般都应对政治（Political）、经济（Economic）、社会文化（Social and Cultural）和技术（Technological）这四大类影响企业的主要外部环境因素进行分析。

1）政治环境，包括一个国家的社会制度，执政党的性质，政府的方针、政策、法令等。政府的政策广泛影响着企业的经营行为，其很多干预往往是间接的，常以税率、利率、汇率、银行存款准备金为杠杆，运用财政政策和货币政策来实现宏观经济的调控，以及通过干预外汇汇率来确保国际金融与贸易秩序。因此，在制定企业战略时，对政府政策的长期性和短期性的判断与预测十分重要，企业战略应对发挥长期作用的政策有必要的准备；对短期性的政策则可视其有效时间或有效周期而做出不同的反应。

2）经济环境，主要包括宏观和微观两个方面的内容。宏观经济环境主要指一个国家的人口数量及其增长趋势，国民收入、国民生产总值及其变化情况以及通过这些指标能够反映的国民经济发展水平和发展速度。微观经济环境主要指企业所在地区或所服务地区的消费者的收入水平、消费偏好、储蓄情况、就业程度等因素。这些因素直接决定着企业目前及未来的市场大小。

3）社会文化环境，包括一个国家或地区的居民教育程度和文化水平、宗教信仰、风俗习惯、价值观念、审美观点等。教育程度和文化水平会影响居民的需求层次；宗教信仰和风俗习惯会禁止或抵制某些活动的进行；价值观念会影响居民对组织目标、组织活动以及组织存在本身的认可与否；审美观点则会影响人们对组织活动内容、活动方式以及活动成果的态度。

4）技术环境，是技术的进步以及新技术手段的应用对社会进步所产生的作用。企业必须关注技术创新的速度分析技术变化带来的市场机会或威胁，探讨技术环境对企业战略的影响，关注政府对技术创新的规制及其社会影响等。在衡量技术环境的诸多指标中，整个国家的研究开发经费总额、企业所在产业的研究开发支出状况、技术开发力量集中的焦点、知识产权与专利保护、新产品开发状况、实验室技术向市场转移的最新发展趋势、信息与自动化技术发展可能带来的生产率提高前景等，都可以作为关键战略要素进行分析。

（4）竞争分析　竞争分析指的是审视经营环境、了解并解释与直接、间接以及潜在竞争者相关的信息。进行这种分析的方法很多，常用战略分析工具如 SWOT 矩阵、SPACE 矩阵、BCG 矩阵等，这些工具主要用于将外部机遇和风险与内部优势和劣势相匹配。这里重点介绍 SWOT 矩阵分析，也就是对优势、劣势、机遇和挑战的分析，还有给竞争者定位的分析。

SWOT 矩阵是用于分析企业外部环境和内部条件，从而寻找二者最佳战略组合的一种分析工具。"S"代表企业自身的优势或长处（Strength），"W"代表企业自身的劣势或弱点（Weakness），"O"代表外部环境中存在的机会（Opportunity），"T"代表外部环境中存在的威胁（Threat）。

SWOT 分析的步骤是：首先，进行企业外部环境分析，列出对于企业来说外部环境中存在的发展机会和威胁；其次，进行内部环境分析，列出企业目前具有的长处和弱点；再次，绘制 SWOT 矩阵；最后，进行组合分析。

常见的组合分析战略如图 2-3 所示。可分为以下四种：

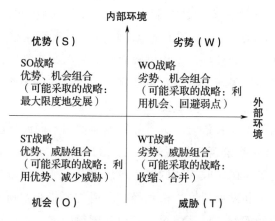

图 2-3 SWOT 分析

1）优势－机会（SO）战略。SO 战略旨在利用公司的内部优势把握外部机会。通常，企业需要先采用 WO、ST 或 WT 战略，以逐步达到能够采用 SO 战略的目的。当企业有很大劣势时，需要努力克服劣势并促使其转化为优势。当企业面临重大威胁时，需要尽力避免威胁，以便集中精力利用机会。

2）劣势－机会（WO）战略。WO 战略旨在借助外部机会弥补内部劣势。有时，重要的外部机会确实存在，但企业固有的内部劣势会阻碍企业利用这些机会。例如，市场对高续航且成本低廉的新能源汽车需求很大（机会），但某电动汽车电池生产商缺乏高续航电池生产技术（劣势）。一种可能的 WO 战略是，通过与该领域拥有该项技术的企业组建合资企业，获得这项技术。另一种可能的 WO 战略是，通过招聘或培训获得具备该技术的员工。

3）优势－威胁（ST）战略。ST 战略旨在利用企业的优势，回避或减少外部威胁的冲击。但这并不意味着一家强大的公司在经营中总要遭遇威胁。例如，九家日韩公司侵害了美国得州仪器公司的某项产品专利权（威胁），该公司利用其出色的法律部门（优势），挽回了近 7 亿美元的损失并获得了用户忠诚。

4）劣势－威胁（WT）战略。WT 战略旨在弥补内部劣势并规避外部威胁。一个面对大量外部威胁且自身有众多不足的企业的 WT 战略，很可能是为求生存不得不接受兼并，实行裁员,宣告破产甚至结业清算。

2. 战略制定

战略制定指的是根据企业自身的优势和劣势,在外部环境中制定战略来利用机遇、应对挑战,具体包括:

(1)商业机遇 选择合适的电子商务机遇,制定未来的发展蓝图。

(2)成本-收益分析 根据企业的宗旨和目标,评价每个机遇给企业带来的潜在利益,以及需要花费的潜在成本。

(3)风险分析、评价和控制 如果一个电子商务项目面临明显的风险,则需要进行风险分析、评价和控制。所谓电子商务风险,就是在开发和实施电子商务项目的过程中可能出现的负面影响。在电子商务战略中,安全风险和商务风险(如转换风险和合作风险)都需要特别关注。另外,还需要控制在线和离线业务之间的冲突和价格等问题。

(4)商务计划 在前面工作的基础上确定商业计划,内容包括:概述、技术状况、竞争态势、经营目标、确定目标受众、建立团队、编制预算、确定资金来源、网站开发规划、网络促销规划、安排媒体发布、计划评估、各种附件和确定辅助资源等。

3. 战略实施

在这个阶段,重点从"我们做什么"转变到"我们怎么做"。需要根据已经制定的战略设计具体的短期计划。具体来说,就是评估各种备选方案、安排具体的时间表、分配资源和管理项目。具体包括:

(1)项目计划 战略实施就是通过一个电子商务项目或若干个项目来实施总的战略。项目计划包括具体的项目目标、提出时间表以及确定可以测量的业绩目标。

(2)资源配置 企业的资源包括企业自有的资源、可以利用的资源和可以控制的资源,如人力、财力、技术、管理或知识以及商业流程等。另外,考虑是购买、租用,还是自主研发电子商务工具;可以将哪些业务外包,何时外包以及外包给谁;是否需要重组企业的业务流程等。

(3)项目管理 项目管理指在项目活动中运用专门的知识、技能、工具和方法,使项目能够在有限资源的限定条件下,实现或超过设定的需求和期望的过程,包括雇用员工、购买设备、办许可证、购买或开发软件以及签订合同等。

4. 战略评估

该阶段就是瞄准企业目标,不断评估其进展情况,并做出必要的战略调整,甚至进行战略重构。

(1)确定评估目标 如:对电子商务战略和各种项目的预期目标及实际完成的结果进行比较,假如没有完成预期目标,则要采取措施对项目进行调整;判断电子商务战略和项目是否与当前的环境一致;对所制定的战略进行评价,发现和解决问题。

(2)利用评价指标进行绩效评估 对电子商务运营进行绩效评估并不容易,因为需要评价的指标太多，有些指标又没有有形的结果。因此，网络团队需要列出一个严密的检查清单来对项目绩效和运行环境进行评估。电子商务战略评价的一个重要领域是网站分析，即通过点击流分析来了解网站访问者的行为。

2.2 电子商务运营战略

进行电子商务运营必须首先制定恰当的电子商务市场战略。在传统经济中，经济学家们通常把市场划分为四种类型，即完全竞争、垄断、垄断竞争和寡头垄断。在电子商务中出现了网络中的虚拟市场。电子商务市场结构的确定关系到一个电子商务企业的战略选择。

从市场增速来看，中国电子商务已经进入成熟期。中国电子商务市场竞争异常激烈，平均每天有很多电子商务网站推出，规模大小不一，良莠不齐，各具特色。激烈的竞争带来了产品、服务、网站建设内容的大大丰富。据商务部发布的《中国电子商务报告（2022）》显示，2022 年，中国电子商务交易服务营业收入达 1 5381.5 亿元，B2B、B2C 和 C2C 平台服务营业收入规模分别为 2174.5 亿元、7889.9 亿元和 5317.1 亿元；我国电子商务服务业营业收入达 6.79 万亿元，同比增长 6.1%。截至 2022 年年底，我国电子商务服务企业达 10.27 万家，吸引直接就业人数 1206 万人。在通常情况下，电子商务最常见的市场结构即是寡头垄断。电子商务的某个行业往往被几个大的企业垄断，这些企业中，一个企业的任何战略都会使其他企业做出反应。

在目前的市场结构下，电子商务企业常采取的市场战略包括以下几种。

1. 进攻型战略

所谓进攻型战略，指的是企业首先利用某种技术创新成果开发出新产品，并迅速成为该产品市场的领先者或绝对垄断者，或采用某种策略根据市场变化打乱对手的战略部署，从而获取更大的利润。这一战略的特点是开拓性强、风险性大、潜在利润高。在不同的产业中，进攻型战略各不相同，但它们都有着共同的特点，即这些战略试图破坏竞争对手的竞争优势，同时还要避免大规模重复。成功的进攻型战略要把进攻和防御两方面结合起来，同时与其他战略相"融合"。不管是哪种情况，进攻型战略的基础始终是密集的科研开发活力和市场开拓能力。与此同时，进攻型战略要获得成功，其前提是企业在该科技领域处于绝对的优势地位。因此，进攻型战略是一项长期的、风险性较高的投资活动，一旦成功，由于其绝对的领先地位，所获得的超额利润和潜在利润也将十分可观。

进攻型战略之所以成为企业常常选用的战略，是因为该战略的正确实施不仅能促使企业得到巩固和发展，而且能增强企业的核心竞争力。其主要目的表现在以下层面：①支持和扩张现有的经营领域；②拓展新的经营领域；③提升和增强企业的技术核心能力；④扩大市场占有率并增强企业的核心竞争力；⑤获取超额利润和潜在利润。

运用进攻型战略需要清楚战略的适用条件。企业要想进入市场，不仅要具有洞察市场变化和需求的能力，而且要具备一些基本条件。第一，企业在创新领域的科学技术有某些优势。第二，企业拥有一种持久的独特竞争优势。进攻型企业必须拥有一种超过对手的、明显的、确定的竞争优势，这种优势可以是成本上的优势，也可以是差异化的能力。第三，能够设立障碍避免对手的"报复"。进攻型企业必须有一些减弱对手"报复"的方法和措施，使对手不愿或不能进行"报复"。

进攻型战略在企业发展的不同阶段有不同的表现形式和类型，有时同一个企业在同一发展阶段也可以采用几种进攻型战略的组合来发展自己。进攻型战略可分为正面进攻、侧面进攻、包围进攻和迂回进攻等。

(1) 正面进攻　正面进攻是指企业利用自己的全部资源从正面向竞争对手发动进攻，攻击目标是对手的强项而非弱项。企业在实施战略前必须考虑自身的资源优势、成本优势、产品差异优势等，若使用不当，则将给企业带来巨大的损失。企业进行正面进攻可采取的方式包括降低价格、有针对性地进行广告宣传、增加产品的某些特征等，以吸引对手的顾客。

案 例

向"魔鬼宣战"

正面进攻的经典案例是 AOL 反对微软 MSN 产品一案。1994 年，当美国在线（AOL）准备发展因特网业务时，它发现其主要对手是微软。微软正在开发中的 MSN 将成为在线服务的主要技术。AOL 的战术是正面进攻，把微软咄咄逼人的挺进变成自己前进的动力，而不是把它当作阻力。AOL 的负责人在公司内外强调微软声称"我们将要主宰这个市场"，对 AOL 的员工进行宣传时，管理人员尽量把微软"妖魔化"，告诉他们"微软将要扼杀我们"。正是在这种环境中，AOL 员工进行全面备战。公司成立了作战室，以便收集微软的情报。公司的许多员工被指派为"微软观察家"。公司还进行进攻性的模拟演习。在一次会议上，公司的奥德非·韦尔佯装微软已经掠夺了 AOL 的地位，她将要入职微软并成为 MSN 在线服务的下一任总裁。当她把 AOL 的一系列弱点一一挑出来进行批判时，公司职员利昂西斯完全入戏，以为她真的要离开而感到十分愤怒。AOL 称这场战役为"微软的越南战争"。

AOL 认为，面对来自 MSN 的威胁，淡化不如强化。首先，强化 MSN 的威胁会引起同行的警惕。其次，如果 AOL 成功地传出微软将利用它对计算机操作系统的控制来启动 MSN 的信息，则美国联邦反托拉斯的官员就会对微软感兴趣。

1994 年，就在微软向市场介绍 MSN 时，AOL 根据掌握的信息，发起了一次有力的公开进攻，阻挠微软称霸。AOL 称微软的 MSN 必须作为一个独立的服务项目才能销售，而不能和 Windows 95 捆绑在一起。AOL 通过电子邮件等形式让人们了解到 MSN 可能通过捆绑销售而形成垄断。1995 年，美国司法部对微软进行了反垄断调查。

（2）侧面进攻　这是一种避实就虚、以强克弱的进攻方式。侧面进攻就是集中优势力量进攻对手的弱点，找到对手的薄弱环节，如市场中被对手忽视的产品或服务领域。1996年，微软拥有办公软件市场85%的份额，但在1997年就失去了领导地位，其原因就是受到了竞争对手的侧面进攻。微软的办公软件没有创新产品作为替代品，这是它的弱点。Lotus 和 Corel 公司一起从产品角度下功夫，开发出新的软件并推向市场，从而削弱了微软的地位。

（3）包围进攻　这一战略指企业从各个方面向对手同时发动进攻，以获取市场份额。企业只有具备了超强的人力、物力、财力以及技术创新能力，才能采取这种方式，否则会使企业顾此失彼。电子商务的先驱者亚马逊在初涉图书行业时，就对多家美国传统书店进行了包围进攻。亚马逊使用"宣传、再宣传、打折、再打折"的经营战略十分有效。

（4）迂回进攻　这一进攻方式是指企业绕过竞争对手的势力范围，以避免与其进行直接较量，而向较易进入的市场发动进攻，拓展自己的市场范围。采用迂回进攻战略，不仅可以在新的细分市场中使企业发现创新机会，从而取得第一行动的优势，而且还会改变现有的市场竞争规则，增强自己的核心竞争力，使自己在市场竞争中得到发展。这一战略采取的主要方法有：进入对手尚未察觉但企业自身始终"游刃有余"的细分市场，通过具有差异性的产品来建立新的市场，采用新一代技术改进现有产品和生产过程等。

2. 经营业务战略

经营业务战略指企业在特定的市场或行业中通过某种手段，使自己具有某种独特的竞争力，从而更好地满足顾客的需要。电子商务企业和传统企业一样有三种经营业务战略可以选择，即成本领先战略、差异化战略和集中化战略。

（1）成本领先战略　成本领先战略就是企业要想办法使自己的产品或服务价格低于竞争对手，从而获得竞争优势。实施这种战略是有条件的，企业要在现代化设备方面进行大量领先投资，采取低价位的进攻策略，利用低成本给企业带来高额边际收益。企业还要建立严格的、以数量目标为基础的成本控制系统和具有结构化、职责分明的组织机构，实施最有效的控制。

成本领先战略可以使企业在进行交易时掌握更大的主动权，避免顾客讨价还价；可以使企业建立起巨大的生产规模，产生规模经济，形成行业进入障碍，使他人难以进入该行业。但是，这种战略有其危险之处。例如：一味追求低成本，可能使企业丧失了预见产品市场变化的能力，导致生产出来的产品即使价格很低，顾客也不喜欢；此外，生产技术的更新，可能使过去的投资变成无效的资源。电子商务企业面临的竞争主要来自同行传统企业和同行电子商务企业。但同行传统企业相比同行电子商务企业在成本方面占有优势，因此电子商务企业需要考虑更多的是和同行电子商务企业之间的竞争。

（2）差异化战略　差异化战略是指企业通过各种手段使自己的产品或服务与众不同，在顾客看来具有独特性，从而建立竞争优势。差异化战略要求企业有很强的研究和开发能力，以及创造性的洞察能力，要求企业在产品质量和技术方面拥有良好的声誉，研究开发以及市场营销职能部门具有很强的协调性。它能使顾客缺乏与之可比较的选择，降低顾客对价格的敏感，降低顾客讨价还价的能力；能使顾客对产品或服务产生信赖，使替代品无法在性能或服务上与之竞争。但这种战略也有其不足之处：首先，生产成本可能较高，如果与成本领先者的产品或服务价格相差太大，则顾客可能牺牲差异化的性能、服务或质量，而去购买价位低的产品或服务；其次，差异化可能被竞争对手模仿，以致削弱了差异化产品或服务的优势。在与同行电子商务企业的竞争中，这一点显得特别重要。例如，在旅游行业中，携程旅行网就是利用先进的电子通信手段，为会员提供快捷灵活、体贴周到和充满个性化的服务来建立独特的竞争力，从而形成自己的品牌。

（3）集中化战略　集中化战略是指只针对有限的细分市场，核心是针对特定的顾客群。它可以分为产品线集中化战略、顾客集中化战略和地区集中化战略。现在已经有很多专业化经营的电子商务企业，如专门经营古玩、邮票、玉器等的企业。电子商务企业通过集中化战略选择了一个细分市场后，还可以考虑是采取成本领先战略还是差异化战略，这是它的两种变化形式。

3. 市场合作战略

市场合作战略就是两个或两个以上的企业通过合作，将能源、技术、资产等结合在一起，共同使用以求得发展，有利于企业进入新市场、获得新技术，从其他组织、个人甚至竞争对手那里获得所需的技术和人才，并迅速提高竞争能力，占领新市场。一般来说，电子商务企业至少可以寻找以下两种合作对象，即传统企业和相关行业。

（1）与传统企业合作　互联网思维的精髓之一就是迭代创新。在互联网行业，新产品和服务的迭代更新速度非常快，企业需要不断改进和创新产品，以顺应不断变化的市场需求。与传统企业相比，电子商务企业更加注重持续的产品迭代和快速的反馈循环，以便及时调整和改进产品。正是这种快速的迭代创新给电子商务企业带来了巨大商机，这样的商机是传统企业无法想象的。而传统企业的优势在于业务，它拥有自己的业务流程，拥有自己的客户群，拥有自己的品牌和高质量的业务处理能力，这些也是电子商务企业梦寐以求的。一些新兴的电子商务企业，一般在品牌、知名度和物流渠道上付出了过高的代价，短期内很难有盈利的可能，如果这些企业能和传统企业合作，则既可以获得网上竞争优势，又能够吸收传统企业的竞争优势，从而获得更快的发展。

（2）与相关行业合作　所谓相关行业，是指与自身行业相关的行业，这些行业提供的产品或服务与自己行业的产品或服务能形成很好的互补。例如，网上商城的相关行业有银行业、大型门户网站、电信集团等，旅游电子商务企业的相关行业有娱乐业、银行业、保险业、航空公司和电信集团等。如今已有一大批电子商务企业拥有了自己的合作伙伴，如淘宝网和各大物流公司合作；携程旅行网与国内外航空公司、电信集团、保险公司等多家相关行业公司取得合作。这些都是电子商务企业为赢得竞争优势实施的与相关行业合作的战略举措。

另外，在与相关行业合作的同时，还要考虑在企业之间建立技术标准联盟。企业之间标准的竞争之所以越来越激烈，是因为技术标准能够获取价值链中的大部分增值。如果电子商务企业之间在技术标准建立上结成联盟，共同开发与制定行业标准，则定能大大提高标准化效率和企业竞争优势。

4. 职能拓展战略

职能拓展战略是指电子商务企业可以"向前扩张"和"向后扩张"以求得发展，由企业本身承担起产品或服务的供应商和面对顾客的职能，通过横向收购、纵向收购、公司业务重组等方式得以实现。例如，航空公司依靠强大的电子商务系统承担起机票零售业务，成立自己的旅行社，从事旅游、租车、宾馆预订等业务。携程旅行网 2000 年收购当时国内最大的电话订票中心——北京现代通运，成为当时中国最大的宾馆分销商之一；2002 年收购北京海岸航空服务公司，建立全国统一的机票预订服务中心；2004 年与上海翠明国际旅行社进行战略合作，扩大自己的规模。2013—2017 年连续投资并购途风网、途牛网、去哪儿网、Skyscanner 等多家公司，快速打通产业链。一些企业之所以能获得强大的竞争优势，正是因为它们通过电子商务手段实施了职能拓展战略。

除了在业务职能方面的拓展以外，电子商务企业还可以利用网络环境使自身其他方面的职能得以延伸，从事生产、研发、财务、人事职能等。例如，某集团公司为了提高财务人员的工作质量和实现财务管理的规模效益，增强核心竞争力，公司将信息技术和管理融合，构建财务集中管理模式，成功地把财务管理职能拓展到企业外部前端供应链和后端客户关系的管理。

5. 市场跟进战略

市场跟进者与挑战者不同，它并不想向市场领导者发起进攻并图谋取而代之，只是想维持自己稳定的市场份额，同时因害怕在混战中损失更大而不希望扰乱现有的市场局面，所以，市场跟进者跟随在领导者后面，自觉地维持共处局面。在一些资本密集且产品差异非常不明显的行业，如钢铁、肥料、化工等行业，其产品价格的敏感度很高，如果轻易发动市场争夺战，其结果往往是两败俱伤。在这种情况下，大多数企业采取的行动是效仿市场领导者，为获得相对稳定的收益而进行市场追随。采取市场跟进战略，可以避开锋芒，潜心经营。

市场跟进战略的特点：①市场跟进战略是一种市场导向型战略，是以盈利为目的，以市场为依托，按市场运行的趋势而自行调整的战略；②实施市场跟进战略的经营者的前方必有战略先行者，跟进的经营者在某一个方面追随战略先行者；③实施市场跟进战略的经营者可以是不同类型的经营主体，它们有可能全方位地追随市场领导，也可能只少量跟进；④跟进者在实施市场跟进战略的同时，可以实施其他战略，如差异化战略，从而形成跟进中有差异或跟进中有创新的情形。

跟进者可以通过模仿获得成功。产品效仿有时和创新一样都能获得成功，因为一种新产品的开发需要进行大量的投资才能获得成功，而跟进者模仿或改良这种产品，虽然不能取代市场主导者的地位，但不需要大量投资也可以获得较高的利润。

跟进战略主要有以下三种方法：①紧密跟进，这种战略是在各个子市场和市场营销组合方面，尽可能地效仿市场领导者，这种跟进不从根本上侵犯市场领导者的利益；②选择跟进，这种跟进在某些方面跟进市场领导者，而在另一些方面各行其是，不是盲目跟进，在跟进的同时也有自己的独创性；③距离跟进，这种跟进者在主要方面，如市场目标、产品创新和价格水平等方面跟进市场领导者，但仍和主导者保持差异。

6. 市场补缺战略

在市场经济发展中，人们非常关注成功的企业，往往忽略每个行业中存在的小企业，但正是这些不起眼的星星之火，在大企业的夹缝中求得生存且发展后呈现燎原之势，这些小企业就是所谓的市场补缺者。市场补缺者，就是那些精心服务于市场的某些细小部分，而不与主要的企业竞争，只是通过专业化经营来占据有利市场位置的企业。常见的补缺者有：①专门致力于为某类最终客户服务的最终客户专业化企业；②专门致力于分销渠道中某些层面的垂直层面专业化企业；③专门为那些被大型企业忽略的小客户服务专业化企业；④只对一个或几个主要客户服务的特定客户专业化企业；⑤专为国内外某一地区或地点服务的地理区域专业化企业；⑥电子商务中只做某些技术服务的特定技术专业化企业；⑦专门按客户订单生产预订的产品的客户订单专业化企业；⑧专门服务于某一类分销渠道的分销渠道专业化企业。

2.3 电子商务运营平台战略

随着企业的电子商务意识逐步提高，越来越多的企业开始选择电子商务，并力求在成本最小化的前提下，获得最好的市场回报利润。企业电子商务运营的一个关键问题是选择一个好的模式和电子商务运营平台。

1. 电子商务运营平台的分类

传统企业转型电子商务必须根据公司实际情况做出平台战略选择，是在第三方交易平台开店还是独立建站，或外包给代运营公司。从模式上区分，企业电子商务运营通常可以分为以下两类。

（1）B2B、B2C、C2C、C2B 等第三方电子商务运营平台

1）B2B 模式是企业对企业的电子商务，即企业与企业之间通过互联网平台进行产品、服务及信息的交换，包括发布供求信息，订货及确认订货，支付过程及票据的签发、传送和接收等。常见的 B2B 平台有阿里巴巴、中国制造网和环球资源等。

2）B2C 模式是企业对消费者的电子商务，是我国最早产生的电子商务模式，如今的 B2C 电子商务网站非常多，比较大型的有京东商城、天猫商城、亚马逊、当当网等。企业可以选择在第三方大型 B2C 电子商务平台上开设企业店铺。

3）C2C 电子商务平台本来是个人对个人的交易，但很多中小企业甚至一些大企业也在如淘宝等第三方 C2C 电子商务平台中开设店铺进行运营。

4）C2B 是一种新兴的消费者对企业的电子商务模式，最先从美国流行起来。C2B 模式的核心是通过聚合分散分布但数量庞大的用户形成一个强大的采购集团，以此来改变 B2C 模式中用户一对一出价的弱势地位，使之享受到以大批发商的价格买单件商品的利益。我国现在应用最广泛的 C2B 网站有大众点评网、美团网（已与大众点评网合并，但二者保留各自的品牌且业务独立运营，包括高频到店业务，同时将加强优势互补和战略协同，推动行业升级）等。

借助第三方平台提供的技术支持、在线支付、运营辅导、品牌推广及方便的推荐物流，加盟企业只需要支付一定的加盟费用，就能直接面对消费者。在第三方电子商务运营平台开设店铺，投入低、维护方便，成为众多企业开展电子商务运营的首选，但也正是由于平台上大量企业的涌入，使得中小企业的产品信息在平台上的曝光机会与可见度越来越低，因此订单被稀释的现象也越来越严重。由于平台上的企业始终处于弱势，游戏规则掌握在平台运营商手里，运营商会根据市场情况对运营重心不断调整，服务体系也会随之变化，企业在竞争中比较被动，在客户比价中也往往被迫陷入价格竞争，因此企业逐渐选择自建网站运营平台。

（2）自建网站运营平台

有的传统企业通过投入资金，招聘业内的技术、运营等专业人才，以自建或外包的形式搭建企业的运营平台，并设立专门的电子商务部门负责网上交易平台的运营。这种模式的优点是网站的所有权和产出盈利都是自己的，能树立企业的良好形象，网站设计更符合企业需要、更加个性化，面向用户更有针对性；但缺点是投入大、产出周期长，且对网站平台的技术和运营推广层面都有较高的要求。

2. 中小企业第三方电子商务平台选择的主要要素

近些年，我国很多电子商务平台遇到了极大的冲击，传统的 B2B 和 B2C 模式在商务市场中发展已经太过于单一，竞争也越来越激烈，企业必须综合多种运营平台的优劣势分析，建立起全方位的运营平台战略。企业，特别是中小企业，除有能力的可自建经营网站外，很多均要借助第三方电子商务运营平台。但各种平台数量繁多、良莠不齐，从时间、成本、人力投入等多方面因素考虑，企业必须选择最适合自己的运营平台，在选择时一般需要注意以下几个要素：

（1）了解平台概况　平台的建立是否具备了一定的发展基础，包括这家公司的发展历史、经营状况和诚信度等，这是需要中小企业去理性分析的一个参考方面。

（2）关注平台传播效果　一般情况下，该要素直接与平台的品牌知名度有关。

（3）注重平台服务质量　电子商务平台属于高科技服务行业，主要还是以服务为主。平台能否为入驻企业提供技术支持、在线支付、运营辅导等全方位、高质量的服务，直接影响其运营效果。

（4）对比平台的售后服务　这是消费者群体最关心的问题之一，如平台的监督效果、对投诉的处理效率、相关物流等服务的完善度等。

（5）因地制宜　选择平台要力求精准、专业和深入，充分考虑市场空间、区位优势和成本预算，先定位于一个点上，再进行全方位扩展。

一方面，企业需要根据实际状况选择适合当代市场发展的平台运营模式；另一方面，选择好平台后，基于该平台的特点制定并使用恰当的运营战略对于电子商务的运营和管理也大有帮助。

2.4 "互联网+"时代下的管理战略

互联网最大的特征之一就是变化与不确定性。对于传统企业来说，移动互联网时代变幻莫测，企业成长周期缩短，环境剧烈变动。互联网颠覆了很多旧的商业模式，同时也颠覆了企业的管理模式。在互联网时代新的竞争环境下，企业必须结合自身资源、流程和传统优势，建立适应电子商务环境的管理模式。"互联网+"时代下的管理战略主要有以下几个特点。

1. 战略转型中适度的灰度性

传统企业的互联网战略转型，是一个没有借鉴、没有参考的探索领域，虽然大方向是清晰的，但在实践的过程中，需要不停地摸索和试错，找到每一个阶段新的方向。因此，企业在制定战略决策时，在战略方向范围内设置一个可变化、可调控的弹性空间，留出灰度的区域，以灵活应对市场随时可能出现的各种变化。

在战略转型时所涉及的创新和变革，势必与传统的体系发生冲突，一方面，冲突可以促进转型和发展；另一方面，过度的冲突又容易造成转型中冲突双方互不妥协，最后导致整体失败。因此，在诸多的矛盾和冲突的转型中适度妥协，才能避免过度的冲突影响转型目标的达成，即需要设置黑白之间的灰度区，保持转型中一定的灰度。

2. 高度敏捷化和扁平化的组织结构

在电子商务，特别是移动电子商务时代，我们所面临的外部市场环境具有高度不确定性。这就意味着企业要时刻保持高度的灵活性，贴近消费者，以变应变。但传统企业要想成功转型，以变应变还远远不够，主动变化比应变能力更为重要。高度的敏捷性成为互联网的重要竞争要素。"互联网+"背景下企业的敏捷性就是指企业响应市场变化的能力，比竞争对手更加快速把握机会的能力。这已成为互联网企业的重要标准之一。

主动遇见问题、主动解决问题、主动变化，就不会陷入被动。正如马化腾所说，在维护根基、保持和增强核心竞争的同时，企业各个方面的灵活性非常关键，主动变化在一个生态型企业里应该成为常态。

传统企业的特征是改良、完善、规范、效率、稳定，用精益管理和严谨的科层体系在延续性创新上不断成长，而移动互联网时代的市场环境具有高度的不确定性和变化性，企业需要在突破性创新上更加柔性、动态和灵活。以科层为导向的组织结构在急剧变化的移动互联网时代已不适用，企业必须在保持核心竞争力的同时改变组织结构。传统企业组织形式流程过长，难以适应快速变化的市场环境，如某个新的创意需要层层汇报而有可能丧失战略机会。因此，企业必须向扁平化、网络化和轻捷化转变，提高其敏捷性，建立灵活敏捷的组织结构，用按需建立、适时调整的跨领域且高自治的业务单位代替刚性架构、职能单一、依赖集中控制的传统部门。

依赖于这种灵活敏捷的模块化组织，业务单位能够实现自我管理和自组织，这种"轻捷"使组织更加快速灵活，在极具不确定性的环境中具有极强的适应力，可以更加快速灵活地对变化做出反应并极大激发组织成员的创新能力。同时，用先进技术代替低效作业，用战略联盟代替并购来获取资源和能力，保持组织的竞争力和活力，令竞争者难以复制。

3. 鼓励创新和变革的激励机制

互联网时代不仅组织结构发生了重大变化，激励体系也发生了重大的变化。在高度不确定的环境中，企业特别需要具备创新能力和变革能力的人才，需要善于总结教训、不断试错并灵活调整策略的管理者，以及敢于做出决策的领导者。但人永远是企业中最不可控的因素，在这个高度不确定、以颠覆性创新见长、保持灵活性的时代，用钱留住人、用钱创出业绩的方法不再适用。这已无法支撑移动互联网时代的激励体系变革，真正让大家爱上工作的动力因素是：工作有挑战性、在组织中可以获得认可、责任感以及个人成长。只有当一个企业根据市场的变化和互联网的特征，建立起鼓励创新和变革的组织结构和机制，才能留住员工，发挥员工的工作积极性，推动企业蓬勃发展，也才真正开始了互联网转型。

4. 因趣而生、内外链接的工作社群

互联网时代，个性需求代替了共性需求。互联网上产生了无限的个性化和多样化需求，用户可以在互联网上提出个人需求，希望企业按照自己的意愿进行生产。用户和企业之间能够实时链接、直接对话，两者之间的距离已经无限贴近。消费者不仅希望参与产品的购买和分享环节，也希望介入生产环节。当产品能让消费者随时参与并根据其意愿生产的时候，就需要企业重新构建新的销售渠道、新的生产方式和设计方式，构建一个与消费者直接沟通、交流、互动的平台。当顾客全程参与企业价值链的所有环节时，顾客和企业之间就形成了相互依存的关系。

在企业与顾客通过互联网协作沟通的过程中，不仅了解到消费者的需求，还可以将对某个事业充满热情、对某个工作或产品充满兴趣的人聚合成一个社群。这种以自组织为基础，以自主选择为导向，具有相同兴趣、共同价值取向和共同工作方向的企业内部员工与外部消费者聚合起来的群体，就称为工作社群。带有非正式组织性质的工作社群，实际上代替了传统企业所固有的、典型的自我管理型组织。工作社群是基于互联网精神成立的，以社群成员之间的真诚友善促进社交性，有助于激发士气和团队精神，可发挥社群成员的创造力和创新力，产生跨界效应；因追求共同的目标，所以更有助于促进成员团结并专注

于市场环境变化，快速做出反应，促进整个工作群组的绩效上升。通过企业与顾客的共同创造，企业可以更加充分地了解消费者及其消费趋势的变化。从某种程度上来说，消费者已经演变成品牌的创造者。因此，工作社群将消费者转化成为合作伙伴，转化成传统企业互联网化转型的竞争力，实现了与顾客一起协同创新和开放创新。

5. 边界消失、多方共享的生态平台

互联网的本质是连接、开放、协作、分享。随着未来企业的发展，互联网无组织力量、个性化需求、无界的供应链等组成的是一个平台型的商业系统，在这个系统中，内部高度扁平化，层级结构逐渐取消；外部企业边界已经模糊，能够吸收多方知识资源、资金资源、创意资源、设计资源、渠道资源等，各组成方成为利益相关者，广泛进行合作伙伴间横向或纵向的合作，形成了一个生态体系。在生态战略的布局之下，未来考验的不是企业单打独斗的能力，而是与整个生态的协同能力。生态有一个重要的特征，就是相互依存、相互依靠，甚至是相互依赖。理想的生态体系应是结构合理、功能齐全、相对稳定的，生态一旦建立，生态链一旦形成，整个生态就非常团结且会本能地阻挡或延缓下降态势，企业间利用已有的优势，共同提供更好的解决方案。

企业、社会和自然界一样，同样具有生态性。在生态环境中，差异性、多样性、进化性对物种生存是非常重要的。而在互联网时代，要提高企业的生存能力，企业生态组成的差异性、分布的广泛性和进化性也至关重要，具体表现为以下几个方面：

（1）差异性　生态体系允许不同物种相互和谐生存。在企业生态体系中，各企业应产生与众不同的创造力，能够兼容并且有意地保持在经验、价值观、能力结构方面的多元化和多样化，致力于相互兼容、相互跨界，产生不同寻常的想法和创意，生态体系才会健康、有序地可持续发展。

（2）分布的广泛性　由于网络的外部性，参与的企业越多越广泛，网络的价值就越大，用户需求越能得到满足，生态链中每一个参与协作的组织从中获取的收益也越大。因此，合纵连横是未来的重要趋势。当企业的边界消失时，创新的生态系统规模将决定资源的控制和效益，生态中的协同速度决定企业的响应速度。企业如何能最大范围地扩大视野和边界，突破组织的力量，吸收可利用资源，形成协同发展的生态圈，成为互联网化转型的重要方向。企业内部需要为创新一线的人员提供更多的创新工具、允许试错、给予更多的实验时间和空间，更重要的是将创新要素、体系和知识植入整个管理体系的进化和互联网转型之中，让更多、更广泛的人群而非仅技术人员参与创新，让自下而上、广泛分布的创新成为创新的主流力量。

（3）进化性　组织需要保持持续的进化性以能够敏锐察觉环境变化，更新企业的基因。在环境瞬变的互联网时代，传统企业僵化的体系、部门的界限等都将阻碍组织快速决策、灵活应对和提升创造能力。当创新性、创造力、灵活性成为整个管理导向的首要原则时，互联网的精神就被赋予到管理文化之中，企业及整个生态体系才会不断进步和发展。

本章小结

1. "互联网+"时代的战略转型

主要特点包括：①高度的敏捷化和扁平的组织结构；②鼓励创新和变革的激励机制；③适度的灰度性；④因趣而生、内外链接的工作社群；⑤边界消失、多方共享的生态平台。

2. 电子商务运营平台的战略选择

从模式上区分，企业电子商务运营通常可以分为：①第三方 B2B、B2C、C2C、C2B 等电子商务运营平台；②企业自建网站运营平台。

本章习题

1. 如果一家小企业想开展电子商务运营，它该如何制定其战略？

2. 简述"互联网＋"时代下企业进行电子商务战略转型的几种典型商业模式。

3. "互联网＋"时代下企业管理战略的主要特点是什么？

4. 实验与实践：

（1）浏览几家在线旅游代理公司（携程、飞猪、去哪儿、途牛等，以及国外旅游网站），比较其中三家公司的经营战略。它们是如何与实体旅游代理公司展开竞争的？

（2）亚马逊公司是全球化程度较高的公司，搜集一些它的全球化战略和案例，你从中能学到哪些有用的知识？

参考文献

[1] 王吉斌，彭盾. 互联网＋：传统企业的自我颠覆、组织重构、管理进化与互联网转型 [M]. 北京：机械工业出版社，2015.

[2] 施尼德詹斯，曹青. 电子商务运营管理 [M]. 王强，译. 北京：中国人民大学出版社，2005.

[3] 宋林林. 电子商务网站的推广策略解析 [J]. 辽宁经济职业技术学院学报，2011（2）：32-33.

[4] 宋小英. 电子商务企业盈利模式和运营策略研究 [D]. 青岛：青岛大学，2006.

[5] 卢彦. 互联网＋时代，要玩转的六种商业模式解读 [EB/OL]. [2015-06-30]. http：//www. siilu. com.

[6] 特班，等. 电子商务：管理与社交网络视角 [M]. 占丽，等译. 北京：机械工业出版社，2020.

[7] 查菲. 电子商务管理战略、执行与实务 [M]. 甄阜铭，译. 大连：东北财经大学出版社，2011.

[8] 程大为. 电子商务概论 [M]. 北京：中国财政经济出版社，2016.

第 3 章
电子商务的盈利模式

学习目标

- 了解盈利模式的概念及内涵。
- 掌握电子商务网站常见的盈利模式。
- 掌握电子商务盈利的条件。
- 了解电子商务产品及目标市场。

案例导入

揭秘京东盈利模式

作为中国知名的电商巨头，京东一直以来在市场竞争中占有一席之地。而其在品质保证、服务质量和多元化发展等方面的出色表现也吸引了大量的用户。那么，它是如何盈利的呢？

1）销售商品。京东最主要的盈利方式，就是通过销售商品获取收益。京东销售的商品涉及范围极广，从数码家电、生活用品、化妆品到服装鞋帽等应有尽有，让用户可随意挑选购买。与此同时，京东平台也会对商家收取一定的佣金，以此获得盈利。

2）物流配送。京东强大的物流配送系统为用户提供了高效的服务，而这也是京东盈利的一个重要来源之一。通过物流配送，京东对用户收取一定的配送费用，同时也通过成本控制、优化物流系统等措施降低成本，从而获得一定的利润空间。

3）金融业务。京东为用户和商家提供各种金融服务，如借贷、理财、支付等业务，通过提供这些金融服务，京东获得了一定的收益。

4）广告。让商家在京东平台上投放广告也是一种盈利方式。通过广告投放，京东能够获取商家的广告费，并从中获得一定的收益。

5）增值服务。除了基本的销售商品、物流配送、金融业务和广告外，京东还推出了一些增值服务，如增值产品的销售、大额礼品卡充值等，从中获得收益。

综上所述，京东的盈利模式是多元化的，并且在各个领域都取得了不错的成绩。在未来，随着市场竞争的加剧，京东势必会通过不断完善服务、优化经营模式等手段，来保持自己的市场优势。

资料来源：《揭秘京东盈利模式：你知道京东是如何赚钱的吗？》.

3.1 盈利模式的概念及内涵

盈利有两种意思：①扣除成本获得的利润；②经营所得，或仅仅是收益增加，未必有利润。第一种意思，在古汉语里也称为"赢"。《战国策·秦五》中有个例证，即"归而谓父曰：'耕田之利几倍？'曰：'十倍'。'珠玉之赢几倍？'曰：'百倍'。"

盈利在《现代汉语词典》中也作赢利。盈利的近义词是红利、盈余，反义词是亏本、亏损。在本书中，盈利就是收支相减之后的利润。

盈利模式是企业在市场竞争中逐步形成的企业特有的，赖以盈利的商务结构及其对应的业务结构，是企业的一种获利方式。商务结构主要是指企业外部交易对象、交易内容、交易规模、交易方式、交易渠道等；业务结构是指满足商务结构需要的企业内部从事的研发、采购、生产、营销、管理等业务内容。业务结构直接反映的是企业资源配置的效率，商务结构直接反映的是企业资源配置的效益。

从狭义上讲，盈利模式就是企业相对稳定、系统的盈利途径和方式。盈利模式决定任何企业的生死，决定企业核心竞争力价值的高低。

不管什么企业，其盈利模式大都包括五个基本要素，即利润源、利润点、利润杠杆、利润屏障和利润通道。

（1）利润源　利润源是企业的目标市场，也是其产品与服务的购买者和使用者群体，顾名思义，是利润实现的源泉。一家企业要想拥有理想的利润源，首先要保证其具备一定的规模，其次要对利润源的需求和消费行为有深刻的认识和了解，最后还应该善于挖掘和创造新的、潜在的利润源。

（2）利润点　利润点是企业赖以盈利的产品和服务，是实现利润的基础。好的利润点，一要符合目标市场的需求，二要为构成利润源的客户创造价值，并且能够为企业带来利润而不仅仅是收入，利润点反映的是企业的产出。

（3）利润杠杆　利润杠杆是指企业为了获得利润而进行的产品生产、服务提供、内部管理以及吸引顾客购买等一系列业务与管理活动，这是实现利润最大化的关键。

（4）利润屏障　利润屏障是指企业（网站）为防止竞争者掠夺本企业的利润而采取的防范措施，这是实现利润的必要保障。

（5）利润通道　利润通道是指企业（网站）获得利润的途径，是利润实现的必经之路。它反映了信息、产品、服务、资金的流向，以及由此连接的企业（网站）实现利润的直接来源。

案　例

B 站盈利模式分析

我国的视频网站从 2005 年开始萌芽。随着互联网技术的进步，视频行业也在飞速发展。根据中国互联网络信息中心发布的《中国互联网络发展状况统计报告》，截至 2023 年 12 月，我国网络视频用户规模达 10.67 亿人，较 2022 年 12 月增长 3613 万人，占网民整体的 97.7%。其中，短视频用户规模为 10.53 亿人，占网民整体的 96.4%。但是，不少长视频网站面临收入难以覆盖成本的困境。短视频领域内，抖音与快手占据较大市场份额。而上海哔哩哔哩科技有限公司（以下简称"B 站"）具有错位竞争优势，定位于中长视频，拥有庞大的年轻用户群体是其受到众多投资者青睐有加的一个重要原因。B 站独特的弹幕文化、社群氛围、业务形式为其用户黏性的建立打下了基础。

1. 社群形成初期自发性盈利模式

2009—2011 年，B 站只是一个服务于二次元文化爱好者的内容分享平台，其社群用户的积累主要来源于二次元爱好者。在社群形成初期，B 站并未盲目扩大用户数量，而是采用了精细化运营的方式。为了筛选社群用户，维护社群氛围，B 站建立了严格的筛选机制。要想成为该网站的会员，需要先通过 100 道与社群文化、规则等相关的题目测试。虽然会员筛选机制的建立限制了用户数量的增长，但也为 B 站初期的社群文化及用户黏性奠定了基础。在这一时期，B 站没有盈利，处在每个月都赔钱赚吆喝的状态。

B 站的业务可以分为线上和线下两个部分。通过对发展初期 B 站社群内容的分析，可以推测：其线上盈利来源主要为少量的页面广告及游戏业务；线下盈利来源则主要是以二次元为主题的活动，如 BML（Bilibili Macro Link）系列活动等。在这一时期，B 站并没有财务数据来展现其具体的收入、支出情况。

2. 社群成长中期多元化盈利模式

2011—2015 年，B 站顺利完成多轮融资，有了一定的经济积累。随着国家出台扶持二次元发展的相关政策及我国泛二次元人数的增加，B 站的用户数量逐渐增多，视频内容趋于多样化，其目标用户也由二次元爱好者扩大为泛二次元爱好者。

B 站通过购买各类知名正版番剧，吸引了大量观众用户，2014 年陈睿以合伙人身份正式加入 B 站团队，逐渐将其打造成动漫、游戏、音乐等爱好者最喜爱的视频平台之一，B 站也逐渐走向规范化，开始重视版权，注重 UP 主的原创内容，B 站也从之前以搬运视频为主的平台网站，逐渐成长为现在的站内 90% 的视频均为 UP 主自制的原创内容的视频网站，并不断"破圈"，成为现在越来越多年轻人甚至各个不同年龄段的人所熟知的视频平台之一。

3. 社群成熟后期自觉性盈利模式分析

2018 年 3 月 28 日，B 站于美国纳斯达克上市，意味着 B 站正式完成了商业化。此时，B 站的核心用户由泛二次元群体扩大为"Z 世代"用户群体。"Z 世代"是指出生于 1995—2009 年间的群体。根据 QuestMobile 研究院的调查数据，截至 2018 年，B 站已成为"Z 世代"最受喜欢的视频平台。"Z 世代"具有其独有的用户特征：愿意为爱好、兴趣付费且习惯于线上社交。B 站以弹幕、社群文化等方式强化社群成员联系，推出创作者激励计划并持续引进优质 PGC，旨在为用户提供更加优质的社群内容，满足社群成员需求。在此基础上，B 站开始在维持用户口碑的同时增强企业流量变现能力。

B 站现在已经发展成为全球最大的视频网站之一，拥有庞大的用户群体，其影响力也越来越大，作为如今视频网站的佼佼者，在中国网络视频领域拥有绝对的领导地位，而在未来，B 站发展潜力还将越来越大，对中国经济、文化产生越来越大的影响。

3.2　电子商务网站常见的盈利模式

电子商务盈利模式是企业如何利用电子商务方式获取利润和降低成本的模式。由本章开篇案例可以看出来，京东的盈利模式多种多样。

（1）在线销售商品　在线销售商品是京东的主要盈利模式。京东销售商品的范围极广，包括数码家电、生活用品、化妆品、服装鞋帽等。至今，京东业务已涉及零售、科技、物流、健康、产发、工业、保险等领域，包括自有品牌和国际品牌。

（2）第三方平台费　京东除了销售自有产品之外，同时构造了一个第三方平台，类似于 C2C 模式中的网上交易平台，为双方提供交易市场。京东充当这样的交易平台，可以为企业发布信息和广告，提供安全方便的交易环节，从中收取一定的佣金，以此获得盈利。

（3）应用服务　京东为用户提供高效的物流、金融、店铺运营、营销方案制定等应用服务。例如，京东金融业务为用户和商家提供了各种金融服务，包括借贷、理财、支付等业务。通过提供这些金融服务，京东获得了一定的收益。

除此之外，京东推出了京东云服务。京东云是京东集团旗下的云计算综合服务提供商，依托京东集团在云计算、大数据、物联网和移动互联应用等多方面的长期业务实践和技术积淀，向全社会提供云服务平台。京东云包括基础云、数据云两大产品，提供四大解决方案——电商云、产业云、物流云、智能云，将计算/存储能力、电商/物流平台构建能力、大数据管理挖掘能力在内的资源完整对外开放。

京东是典型的 B2C 电子商务网站，对于同一商业模式的电子商务企业，其盈利模式有相似之处。但对于不同商业模式的电子商务企业，其盈利模式是不同的。下面简单介绍 B2B 和 C2C 电子商务模式的盈利方式。

B2B 电子商务模式是指企业与企业之间通过专用网络或因特网，进行数据信息的交换和传递，并开展交易活动的商业模式。目前，B2B 电子商务模式包括两种类型。一种是大型企业自建 B2B 网站来开展电子商务活动，企业通过 B2B 网站可以进行企业推广及宣传、网上营销活动开展、网上订购及支付管理、客户管理、业务管理等，如海尔、联想等企业；另一种是作为第三方电子商务平台，是目前 B2B 中最常见的。第三方电子商务平台又分为两种类型。一种是综合性平台，指可服务于多个行业与领域的电子商务网站，如阿里巴巴、环球资源网、中国供应商等；另一种是行业垂直性平台，指定位于某一特定专业领域的电子商务网站，如中国化工网、中国医药网、中国服装网、中国纺织网、机电之家等。B2B 模式主要是通过广告、搜索、交易、增值服务、线下服务、商务合作等方式盈利。

目前，C2C 模式是企业通过为买卖双方搭建交易平台，按比例收取交易费用，或提供平台方便个人开店铺，以会员制的方式收费。由于 C2C 的交易风险更加难以控制，因此合理的交易机制是必需的。如 eBay 的 PayPal、阿里巴巴集团旗下的支付宝、腾讯集团旗下的微信支付等支付工具以及赔付制度，在很大程度上改善了这种购买信任危机，由此也衍生了新的盈利模式。以支付宝为例，其主要盈利来源于交易中的手续费和常驻资金的银行存款利息；另外支付宝为个人用户推出的一项余额增值服务产品——余额宝，通过余额宝借助天弘基金销售功能实现盈利。

综上所述，电子商务企业的盈利模式主要包括：在线销售产品、网络广告、搜索引擎、数字内容、会员制、交易佣金、其他网络服务等。

3.2.1 在线销售产品

在线销售产品盈利模式主要有纯网络型网上商店和传统零售企业网上商店两种类型。前者典型代表如亚马逊、当当网、京东商城等，后者典型代表如海尔智家等。

在线销售产品盈利模式成功的关键，首先要有合适的产品，如亚马逊和当当网选择图书、京东商城选择3C类产品。其次，要有全面的产品目录分类，如亚马逊随着商品门类扩张，已经为消费者提供图书、音乐、影视、手机数码、食品、母婴等上万种的产品，种类齐全，已经成为一家综合商城。再次，要有方便的订购流程，满足消费者的消费体验。例如，亚马逊通过"货到付款"等多种支付方式，为消费者提供便利、快捷的订购体验。最后，要有完善的售后服务。例如，京东为消费者提供商品推荐、订单跟踪、客服中心（呼叫中心和客户留言）、便利的退换货等完善的售后服务。

3.2.2 网络广告

网络广告就是在网络平台上投放的广告，是利用网站上的广告横幅、文本链接、多媒体在互联网刊登或发布广告，通过网络传递到互联网用户的一种高科技广告运作方式。随着智能移动设备的广泛普及，网络广告业务具有强劲的发展势头。网络广告的形式主要包括信息流广告、开屏广告、详情页广告和视频广告。

1）信息流广告属于原生态广告类型，它以图片、图文、视频等多种形式存在，以原生内容的形式展示，自然融入用户所浏览的内容中，这种广告方式容易让用户接受，不易受到排斥。

2）开屏广告是指软件启动加载时强制展示的广告形式，有着近100%的曝光率和高点击率。

3）详情页广告是通过内容来阐释产品的性能、明确受众用户属性等提高用户对该产品的兴趣，从而刺激用户的潜在需求进行消费。

4）视频广告相比于图片广告，有着内容形式更丰富、感染力更强、能表达更多信息的优势。一条有创意的视频，用户不会在意这是否是广告。

3.2.3 搜索引擎

搜索引擎的主要收益来自其他网络公司和一些希望借搜索引擎推广自己产品的企业。

可以概括地说，搜索引擎的收入来自技术授权、关键词广告、竞价排名和网络实名。搜索引擎的广告不同于各类网页上的传统弹出式广告，基本是文本广告，让人感觉这些广告就是搜索结果的一部分，而不是商家推出的广告，但在不知不觉中，就给用户留下了深刻的印象。

1. 技术授权

由于搜索引擎自身对技术的要求很高，有些公司不愿将巨大的人力、物力花费在搜索引擎的研究上。它们可以从一些大的搜索引擎公司买到搜索技术转为己用，这可以为搜索引擎公司带来不小的收益。例如，雅虎、美国在线（America Online，AOL）、宝洁公司等均使用 Google 的搜索技术，Google 按照搜索的次数来收取授权使用费。这种盈利方式主要是在较大门户网站和搜索引擎公司之间进行，虽然发生金额一般较大，但频率较低。

2. 关键词广告

关键词广告是目前采用较多的一种盈利模式。在用户向搜索引擎输入需要查询的关键词或主题后，可以得到这些关键词或与主题相关的各条链接。如果厂商需要，搜索引擎可把和这些关键词或与主题密切相关的介绍性广告也都搜索出来。但为了不影响用户在搜索结果中快速寻找自己想要的结果，这些链接广告一般单独排在网页的右边，用户可以选择性地查看或不查看，不会影响用户使用搜索引擎的效果和心情。经过检验，这种区别于传统广告方式的营销方式具有非常明显的效果，商家产品的广告可以准确地送到它们期待的目标消费者群体。搜索引擎公司则可以根据网络广告的点击量，按照事先约定的单价向厂商收取一定的费用。关键词广告为搜索引擎公司带来经济利益，拓展了搜索引擎公司的盈利模式，也给搜索市场的发展带来了更大的空间。

3. 竞价排名

雅虎子公司于 2000 年首次开始使用竞价排名的收费方式。这种收费方式推出以后很快成为搜索引擎的主流收费模式。竞价排名的主旨思想是根据用户的点击率进行收费，在用户搜索的结果中，排名企业的推广信息优先显示在用户面前。广告如果没有被用户点击，则不收取广告费。若被点击，则根据点击的次数来收取费用。在各个相同关键词的广告中，为每次点击支付价格最高的广告会排在第一位，其他位置同样按照企业自己设定的广告点击价格来决定广告的排名位置。相对于其他收费模式来说，竞价排名按照点击效果付费，企业的广告费用能够用到刀刃上，企业可以根据点击情况判断自己产品的受关注程度。传统广告、弹出广告或固定排名等一般收费固定，并且费用较高，是一般实力雄厚的大企业才会运用的方式，因此这种根据点击率收费的方式受到各层次企业尤其是中小企业的青睐。但是，竞价排名在给网站带来收益的同时，也引发了突出的社会问题，让搜索引擎面临更多的法律争议，应谨慎对待。我国也在积极研究相应的法律法规，予以引导和规范。

4. 网络实名

第一代上网方式是用 IP 地址上网，第二代上网方式是用域名上网，网络实名被称为第三代中文上网方式。这种上网方式就是各种机构可以将本机构的名称、品牌、产品等注册为网络实名，也就是相关的中文名称。用户以后想要进入该机构的网站无须记忆复杂的域名网址，直接在搜索引擎窗口或浏览器地址栏中输入已经注册的中文网络实名，即可进入网站。如用户需要进入天津大学的网站，以前需要输入网址（http：//www.tju.edu.cn/），而现在只需直接输入天津大学即可。通过这种方式搜索出来的不是有关的网络链接，而是直接将指定的网页打开，搜索引擎公司可以为用户提供这种查询服务。这种服务的好处是跨过了显示网络链接的中间环节，方便用户直接进入该机构的网页，可以带动访问量，这时搜索引擎公司主要是靠出售网络实名来盈利。网络实名与网络广告等传统互联网营销模式相比，其查找指向性更强，能方便用户有目的地查找相关商业信息。网络实名尽管面向几乎所有的互联网用户，但营销成本只有网络广告的几十分之一，甚至几百分之一。

3.2.4 数字内容

数字内容是指以互联网技术为核心，将图像、文字、声音、影像等内容运用数字化处理技术进行整合和运用的产品或服务，包括新闻、报刊、图书、软件、游戏、动漫、音乐等。选择数字内容盈利模式的网站以数字内容为主要收入来源。

数字内容提供多种盈利模式，其中，内容和版权盈利是数字内容产业最根本也是最原始的盈利模式。内容和版权盈利模式指在数字内容产业中，主要依靠所生产的数字内容产品对外版权收费和内容产品使用收费的盈利模式。主要表现为数字内容（视频、音频、电子文字、图片）的版权使用以及以数字化内容组合而成产品的对外销售服务模式，如超星数字图书馆、中国知网等。

数字娱乐是对相关产业带动最广、增长最快、发展潜力最大的一种盈利模式。数字娱乐指以动漫、卡通、网络游戏等基于数字技术的娱乐产品。数字娱乐涉及移动内容、互联网、游戏、动画、影音、数字出版和数字化教育培训等多个领域。例如：腾讯 2022 年年度财报显示，公司总收入 5546 亿元，其中网络游戏收入达到 2074 亿元；网易 2022 年第四季度财报显示，公司总收入 253.54 亿元，网络游戏收入更是达到 175 亿元，约占总收入的 69%。

移动数字内容也成为一种新的趋势，用户对娱乐内容在移动设备上的消费迅猛攀升。例如，腾讯 2022 年网络游戏收入 2074 亿元，其中手机游戏收入为 1605 亿元，客户端游戏收入为 469 亿元。

3.2.5 会员制

会员制收费模式是指包括网上店铺出租、公司认证、产品信息推荐等多种服务组合而成的套餐式增值服务，它一般适用于提供企业之间交易平台的 B2B 电子商务网站，其典型代表网站是阿里巴巴。

阿里巴巴现有业务的 95% 以上收入来自会员制收费模式，包括国际网站以中国外贸企业为服务目标的"中国供应商"会员，中文网站以国内内贸企业为服务目标的"诚信通"会员。例如，"中国供应商"会员年费 2 万～6 万元，服务范围包括第三方认证、阿里巴巴商铺、优先排名、买家信息独享、到国外参加各种展会、客户培训等服务。

会员制收费模式的竞争对手主要为 B2B 电子商务模式，但前者的收费较稳定。会员制收费模式必须根据客户的需要不断完善服务的内容。会员制服务可以把网站的各种增值服务打包销售，服务对象可以包括所有企业。

3.2.6　交易佣金

交易佣金盈利是指企业通过支持一个交易活动来收取相关费用，费用根据所处理交易的数量或规模来确定。网站作为新的中介形式，对交易相关信息进行整理和过滤，帮助交易双方完成网上交易，其业务主要包括旅行服务、汽车销售、证券交易、在线订票、在线银行、拍卖等。

交易佣金盈利模式成功的关键因素主要有三点：①完善的交易平台；②专业的服务支持；③安全、便捷的在线支付系统。以携程网为例，携程旅行是中国领先的在线旅行服务公司，是将有资质的酒店、机票代理机构、旅行社提供的旅游服务信息汇集于互联网平台供用户查阅的互联网信息服务提供商，主要通过向酒店、航空公司、保险公司收取代理费，向 VIP 会员收取会员费和酒店机票预定保险等代理费，向企业收取广告推广费等方式盈利。

3.2.7　其他网络服务

互联网的发展不能缺少网络服务，如企业网站建设、域名注册、服务器虚拟主机租用服务、网站推广服务、搜索引擎优化、网站运营咨询服务等。既然互联网已经成为经济体系和生活的重要组成部分，那么就会需要一大批的互联网服务提供商。

案　例

网易云音乐的盈利模式

网易云音乐是一款互联网音乐产品，以歌曲个性化推荐、歌单、独家自制 DJ 节目、音乐社区分享和音乐指纹为核心功能，主打发现"好音乐"和分享"好音乐"。网易云音乐于 2013 年 4 月 23 日正式发布，至今用户数已突破 8 亿。

1. 产品定位

网易云音乐是一款定位于"音乐＋社交"，以用户为中心的提供音乐服务的 APP。依托于专业音乐人、好友推荐及社交功能，在线音乐主打歌单、个性推荐、电台等，专注于发现和分享。

网易云音乐能够在竞争激烈的条件下占领一席之地的重要原因就是其最早开创了专属

社区并进行了有效的社区运营，建立了音乐社区为用户提供内容分享、音乐社交，为其带来了很大的用户并提升了用户黏性。2020 年 7 月，网易云音乐上线了新功能，在播放页进行"一起听"，你可以和好友一起听歌，此外你还可以选择自己的音乐偏好，从而匹配其他兴趣相似的伙伴共同听歌。其显示距离、收听时间以及实时语音，更好地显示了其社交氛围，这个功能更好地连接了社交和音乐，让音乐爱好者有一种全新的音乐分享的方式。

2. 用户画像

（1）学生群体　这一群体有更多的时间社交、看视频、听音乐，也有学习的兴趣，且年龄基本在 24 岁以下。

（2）年轻白领、互联网从业者　一般来说，这个群体的人，对于新事物的追求略高于其他年龄群体和行业。但相对而言压力较大、时间零碎，愿意通过学习开拓自己的视野和事业，是感情较丰富的一个群体。

（3）专业的音乐人、音乐创作人　这一群体比较追求时尚、自由、分享、品质。

3. 盈利模式

（1）广告投放　首先，评论是网易云音乐的一大特色，而翻阅评论基本上已经是网易云音乐使用者的习惯，因而在评论中投放广告更符合合作厂商和网易云音乐的利益要求。其次，对于新的音乐人的扶植（如界面对新音乐人的广告投放）也成为网易云音乐的收入之一。最后，是最常见的开屏广告，开屏广告主要是中高端品牌以及网易自营产品的推广。

（2）增值服务　网易云音乐常见的增值服务有三种：①VIP 服务，获取 VIP 能获得更高清音质的体验，而且能免广告、获取个性皮肤等。②免流量听歌。③知识付费，需要用户先付费才能收听相关内容。

（3）云音乐商城　云音乐商城主要有三种方式：①积分商城，可以用积分兑换合作商的优惠券或者代金券。②福利社，一般经营被赋予音乐意义或者与音乐相关的产品。③普通电商类，一般销售网易自己的产品或者音乐专区的相关产品。

（4）票务系统　网易云音乐的票务系统，不仅有针对性地服务于相应用户群体，也减少了商业广告对用户体验的影响。用户点击相应演出信息，链接到具体页面，可详细查看演出的时间、地点、价格和座位并进行购票。

如今在线音乐企业都在布局自己的泛娱乐生态圈，尤其是 TME，已经形成自己的生态闭环，而网易云音乐还需多做尝试，打破封锁。

资料来源：《竞争由来已久，鹿死谁手还未可知》.

3.3　电子商务盈利的条件

电子商务的运营和盈利要考虑的因素很多，包括电子商务网站建设、推广、销售的产品、竞争对手情况、营销水平、网站成熟度、网站规模、客户服务、人力资源等。总而言之，电子商务盈利需要具备五个基本条件：①合适的产品；②网站功能定位明确；③有目标流量；④高转化率；⑤良好的客户关系。

3.3.1　合适的产品

　　产品既包括通常意义上的产品，也包括服务等，合适的产品是一切的基础。所谓合适，即产品或服务要适合网络销售，产品的质量要过硬。虽然网站推广一般并不与客户见面，但网站要以合适的产品和服务为基础。例如 B2C 零售，首先，网络零售的产品需要便于运输，即体积不宜过大，质量不宜过重，且不容易损坏或变质；其次，商品的货值不能过低，如果货值低于运费，则这种商品的利润空间就非常小，不利于盈利，商品的价位最好在大部分消费者的信用卡额度之内，因为消费者在网上完成支付需要使用信用卡，所以这个价位的商品要便于消费者直接网上支付；最后，还要判断消费者从当地购买和网上购买商品的区别，消费者在当地买不到的产品或虽然能够买到但是价格很昂贵的产品更有利于进行网上零售。

　　随着微博、微信、抖音等移动社会化网络应用的快速发展，网上新闻传播范围广且速度快，所以，保证产品质量就显得更加重要。以京东商城为例，京东商城是中国 B2C 市场最大的 3C 网购专业平台之一，是中国电子商务领域最受消费者欢迎和最具影响力的电子商务网站之一。京东商城之所以成功，其很大一部分归因于它的产品，京东商城承诺所有的商品都是正品，且可以享受到与传统店面一样的售后服务，在为消费者创造价值的同时，自己也获得了巨大的成功。

3.3.2　网站功能定位明确

　　电子商务网站建设的好坏，直接关系企业实施电子商务能否成功，能否为企业带来价值和利益。网站不仅代表着企业的网上品牌形象，同时也是开展网络营销的根据地，网站实现的功能对网络营销的效果有直接影响，网站功能定位不明确、不准确是许多网站失败的主要原因。因此，对企业网站功能准确定位是网站建设中要解决的首要问题。

　　网站功能定位必须在动手建立网站之前的网站策划阶段就确定下来，不能走一步看一步。网站目标要非常明确，具有可操作性。针对电子商务网站，购物引导性的网站设计是让网站亲近消费者并提高商家销售的核心。购物引导性网站设计就是按照潜在消费者的购物习惯，引导消费者一步步在网站上展开购物的网站设计思路。这种思路会应用到网站建设的各个方面，集中体现在网站的购物流程中。对于面向营销的网站来说，如果想要吸引潜在客户，则需要考虑如何使其能按照预先设想的道路，从主页到需求的产品页面，再到支付页面，直至最后交易的结束页面，其中每一步都是不容出错的。

　　但有的网站并不一定适合让用户直接在网站上购买商品，例如，如果网站销售的产品是软件，则很可能网站目标不是试图让浏览者直接购买，而是吸引不同的浏览者下载免费试用软件，最后的销售达成是通过软件本身的易用性及强大的功能说服用户，试用软件有效期结束后以适当方式提醒免费用户升级为付费版本，或付费才能继续使用。

网站的目标是尽快让用户下载软件，其他一切都是在浏览者已经变成用户之后才有意义。另外，还有些网站是为了辅助实体店的营销活动，网站本身并不能产生任何交易。

不管网站功能定位如何，网站作为电子商务的窗口和工具，其重要性就像一个成功人士需要合适的、有品位的衣装一样，要具备最起码的专业形象。首先，商务网站应通过文字、图案、颜色甚至声音等媒介充分展示产品或服务的特色，让用户能在最短的时间内抓住企业所要传递的核心思想。例如，百度主要提供搜索引擎功能，界面简洁，空白的一张网页中集中凸显检索文本框以吸引用户注意，如图 3-1 所示。其次，处理好信息服务与在线销售的关系。网络和电子商务的最大优势在于信息的传递，可以在企业网站上提供丰富的相关产品信息、专业知识介绍和售前/售后服务。

图 3-1 百度首页

3.3.3 有目标流量

网站流量是网络营销人员最熟悉的部分。有了网站流量，就有潜在用户，就有销售的机会。得到网站流量的方法很多，网站要得到的不是泛泛的流量，而是目标流量，即吸引与网站相关的人群，该人群寻找网站销售的产品，想了解网站上提供的信息，或想通过网站产品解决遇到的问题。

只有目标流量才能给网站带来利润。网上有一些方法可以带来大量非目标流量，如优化一些与网站不相关但热门的关键词，购买强迫式的弹出广告等。但是这样的方式反而会给用户带来负面影响，如一位正在看世界杯新闻的用户，其使用的网页突然弹出一个窗口，强迫这个用户打开一个卖儿童玩具的网站，这位用户会在该网站购买任何东西吗？90％的可能性是增加这位用户对该网站的厌恶。这样的网站流量没有任何意义。

3.3.4 高转化率

提高网站转化率就是要卖出网站的产品。潜在用户访问站点，只是给了站点一个机会。该网站必须能够充当一个最好的销售员，用各种方式说服用户购买。在某种意义上来说，网站卖出东西，是打赢了一场心理战。

提高网站转化率需要考虑的因素非常多，包括精确设定网站目标、考虑网站的实用性和易用性、以网络营销为导向设计网站风格和网站文案写作、尽量提高用户的信任度、引导用户行为、优化购物流程等。

3.3.5　良好的客户关系

电子商务盈利的另一个主要因素是建立"以客户为中心"的服务理念。客户是企业赖以生存的基础，客户关系的好坏与企业的生存密切相关。作为电子商务网站来说，提供优质服务，让客户满意是建立良好客户关系的重要前提。

在今天的消费市场中，客户需求多样化、个性化的特征，要求电子商务企业都能对这些变化做出及时快速的反应，这也是企业立足于市场与保持发展的必要条件。同时，企业之间的竞争在很大程度上是客户资源的竞争，谁能把握住客户的需求，并以最快的速度做出响应，谁就能吸引新客户、维护老客户，从而在竞争中取胜。由于市场的激烈竞争使得许多商品的品质区别越来越小，产品的同质化倾向也越来越强，这种商品的同质化结果，使得品质不再是客户消费选择的最主要标准之一，越来越多的客户更加看重的是商家能为其提供何种服务，以及服务的质量和及时程度。为了保持企业持续、稳定、健康地发展，企业网站必须注重提高自身的服务质量，增进与客户的沟通，树立良好的服务形象和品牌形象，加强企业的竞争能力。

3.4　电子商务产品的类型与选择

对在传统商务条件下盈利的产品，如果是简单地、不加选择地移植到电子商务中，那么能盈利吗？回答是否定的。对"什么东西可以在网上销售"进行思考和研究，选择出适合由电子商务企业来经营的产品，重新确定电子商务产品的内容是很重要的。

产品的整体概念可分为五个层次：

1）核心利益层次，即产品能够提供给消费者的基本效用或益处，是消费者真正想要购买的基本效用或益处。

2）有形产品层次，即产品在市场上出现时的具体物质形态，主要表现在品质、特征、式样、商标、包装等方面，是核心利益的物质载体。

3）期望产品层次。在电子商务中，消费者位于主导地位，消费呈现出个性化的特征，不同消费者可能对产品的要求不一样，因此产品的设计和开发必须满足消费者这种个性化消费需求。

4）延伸产品层次，即消费者购买有形产品和期望产品时，附带获得的各种利益的总和，包括产品说明书、保证、安装、维修、送货、技术培训等。

5）潜在产品层次，即在延伸产品层次之外，由企业提供能满足消费者潜在需求的产品层次。它主要是产品的一种增值服务，与延伸产品的主要区别是，消费者没有潜在产品层次仍然可以很好地使用需要的产品的核心利益和服务。

电子商务大多是以互联网作为营销渠道的，那么互联网具有的随时性、全球性、数字化、网络外部特性、交互性、多媒体、整合性等特征，使得符合这些特征的产品更适合通过电子商务销售。一般而言，适合在电子商务平台销售的通常是以下产品。

1. 相对标准化的产品

现在很多产品几乎都是通过电子商务来销售了，互联网发展得越来越快，而且普及到各行各业。但是，相对来说，标准化的产品更适合电子商务。首先，便于宣传，如华为的某一款手机，康佳的某一款电视，这些产品都是可以标准化的，且经过长期的宣传，本身企业已经积累起了较好的口碑，这类产品在消费者心中知名度较高。其次，适合标配，退货率较低。

标准化的产品适合电子商务，其实是一个争论比较多的话题。标准化有标准化的好处，但在享受它带来的福利的同时也要付出高昂的代价。其中，最直接的代价就是标准化导致竞争太激烈。例如，和京东、亚马逊等大企业相比，如果价格没优势，信用没优势，物流又跟不上，最终还是留不住消费者。

2. 价格区间定位合理的产品

产品本身价值不宜过高或过低。合理的产品适合做电子商务，价格太低的，没必要在网上买。价格太高的产品，消费者大多不信任，或选择去实体店买，即使在网上买也会选择几个做得比较大的商家，而不会选择一个刚创业的商家。

产品定价策略一般采用低价位定价。互联网作为信息传递工具，在发展初期是采用共享和免费策略发展而来的，网上用户比较认同网上产品的低廉特性。此外，由于通过互联网进行销售的成本低于其他渠道的产品，因此在网上销售产品一般采用低价位定价。

3. 适合物流的产品

物流是电子商务的一个瓶颈，贵重物品不适合做物流。贵重物品一直是电子商务行业物流的短板，贵重物品需要交高保费，这是大多数企业和消费者都不能承受的。尽管几家大的物流企业也在尝试在部分地区做贵重物品物流的实验，但大多数地区快递公司不做贵重物品的业务。

4. 电子形式的产品

电子商务的销售成本很大一部分是花在产品的制造、运输、库存上的费用，如果这些费用能够降低甚至消除，那么整个网站的利润率将大大提高。电子形式的产品或服务包括电子书、软件、游戏、线上服务平台、数据库、付费会员网站、音视频教程、点卡、电话卡、联署网站、付费电子杂志等。这些电子媒介形式的产品或服务，一旦研制成功，复制及运输成本几乎为零。而且整个销售过程可以完全自动化，不必人工做任何事，是最适合在网上销售的。很多这类产品在线下销售都不太可能，只有在互联网出现后才迅速普及，成为很多网络营销高手的首选。

5. 网上热销的产品

网上热销的产品表明了两个现象。其一，别人正在卖的产品，说明一定有不错的销路；其二，已经热销的产品，说明消费者已经克服了网上购买这类产品的心理障碍，其他网站卖类似产品时对消费者来说是多了一个选择。

研究热销产品的渠道，可以访问京东、亚马逊、当当、淘宝、eBay、阿里巴巴等大型电子商务网站，这些网站通常都会列出热销产品。例如，当当网的热销榜，就列出每月每年度各类图书热销的书目。

没有在热销榜中的产品也都可以自由查看有多少网店在销售、哪些产品人气旺、问的问题最多、促销活动有多少、销售量如何等信息。虽然说网络营销需要创意，但也需要寻找利基产品，但是模仿其他已经成功的盈利方式是最安全可靠的。

找到已经热销的产品，并不意味着就应该卖同样的产品或在同样的地方去卖。这些热销产品只是提供一个大致方向，还应该尽量挖掘相似或同样类型但有特色的产品，并且以自己特有的方式进行销售。

6. 重复购买的产品

有些产品或服务大体上是一次性的，如数码相机、电视机等。有些产品是持续性的，也就是说，客户要持续消费，只要成功向客户推销一次，接下来可能会从这里消费数年，如收费会员网站、打印机耗材、虚拟主机服务等。

很多产品并不是明显需要多次消费的，但是却可能把一个偶然进入网站的客户发展成为不断购买的忠诚客户，如服装、化妆品、母婴产品都是很容易多次购买的产品。数据也表明，这类电子商务网站盈利的主力确实就是回头客。要想持续发展，不仅要有吸引流量的能力，更要有黏住客户的能力。尽量寻找可持续的产品，发展一个客户的成本比维护一个老客户要高得多，一个客户能持续购买，利润率和客户终身价值将极大提高。

7. 具有易被关注的品牌和式样的产品

在网络营销中，生产商与经营商的品牌同样重要，一方面要在浩如烟海的网络信息中获得浏览者的注意，必须拥有明确、醒目的品牌；另一方面，由于网上消费者可以面对很多选择，同时网上的销售无法进行购物体验，因此，品牌是消费者比较关注的方面。

通过互联网对全世界国家和地区进行营销的产品要符合该国家或地区的风俗习惯、宗教信仰和教育水平。同时，由于网上消费者的个性化需求，网络营销产品的式样还必须满足消费者的个性化需求。

3.5　电子商务目标市场

3.5.1　确定目标市场

运行一个电子商务网站，首先要找出目标市场，然后再考虑产品。很多企业和个人站长最容易犯的错误就是，研发或找到一种自己觉得不错的产品，然后再去市场上征求意见、试销。这种产品有可能是研发部门技术人员的灵感，也有可能是企业领导觉得某产品应该受欢迎。但实际上是不是用户所需要的产品呢？只有等产品开发出来，才能拿到市场上检验，有的时候结果是失败的。

一个小企业或个人想运行电子商务网站，应该先找出目标市场，再开发产品。如果产品是目标市场人群一直在主动寻找的，那么销售的阻力就会小得多。为什么网上卖赚钱窍门、减肥美容等产品非常多，而且销量及利润率都很高，因为大家都对财富、健康、仪表有需求。

考虑销售什么产品，首先要抹去对产品的偏好，不要假设某一个产品肯定会受到欢迎，更不要无缘无故地就爱上自己的产品。虽然是自己的心血，但别人的想法可能不一样。其次，要从自己的兴趣出发，到论坛、贴吧、微博里看看爱好相同的人都在讨论什么？他们有什么需要？有什么困难？有什么焦虑？哪些问题问得最多？把这些问题都记下来，然后问问自己：我能帮他们解决这些问题吗？如果能，是通过某种产品吗？这样找到一个最有前途的产品。例如，Corey Rudl 是个赛车爱好者，经常浏览关于汽车的论坛和新闻，他发现很多人都在问去哪儿买奔驰车上的那个标牌？想买这个标牌的人还真不少，不过卖车的公司又不屑于卖这个小东西，所以还不好买。Corey Rudl 就建了一个只有一两页的网站，专门卖这个标牌。货源其实很简单，直接找奔驰美国分公司就行了。他直接在车主们聚集的论坛发帖子营销，利润在每个月 1 万美元以上。最后，具体研发产品。生产产品可能仅靠小企业或个人的能力是不行的，但在这个时代，确定目标市场难，找到某种产品并不难。大部分情况下，在某个地方有某个企业，就在生产你想要的这种产品。那么你要做的就是挖出这种产品，然后提供给需要这种产品的人群，来解决他们遇到的问题。

3.5.2 发现用户真正需求

一款新产品发售如果遭遇失败，被称为"新可乐"。这是一个富有传奇色彩的营销事件。1985 年，可口可乐宣称改变了经典的配方，推出"新可乐"，从而引发了轩然大波。它让人们看到一个成熟品牌的惊人力量，也让人们看到，如果动摇一个成熟品牌的核心，将对品牌本身产生多么巨大的影响。

新可乐的例子中有意思的地方是，可口可乐公司在研发之前进行了市场调研，询问被调查者是否对一种口感更好的可乐感兴趣。大部分被调查者回答说会对新可乐感兴趣，会适应新的可口可乐，愿意尝试新的可口可乐，只有少数被调查者对新口味可乐不乐观。

这与 Corey Rudl 市场调研方法的区别是，可口可乐做的是直接问用户是否会对新产品感兴趣，这就是问题所在。谁不对新东西感兴趣呢？尤其是当新可乐被描述为更好喝时，谁又会拒绝呢？但用户不会对自己的言论负责任。调查时表示会对新口味感兴趣，但最后产品推出，大部分人还是选择了旧可乐。

而 Corey Rudl 的调研方式则稍有不同，他并没有问用户需不需要奔驰车的标牌，而是调查用户自己在主动寻找什么、用户自己有什么一直存在的困难和烦恼。这种主动的表达才是最真实的需要。真要问奔驰车主需不需要标牌，恐怕大部分都说不需要。

很多用户并不知道自己需要什么。有的用户以为自己需要某件东西，但其实不需要；有的用户需要解决一个问题，但却想使用错误的方法和产品。

苹果公司是经常引领大众需求，而不是盲目听从用户意见的公司。在研发 Mac 计算机时，苹果公司的创始人乔布斯走进会议室，把一本电话簿往桌子上一扔，对设计师们说：我要一个这样的机器。在苹果个人计算机推到市场之前，用户压根不知道自己需要个人计算机，更不知道计算机竟然可以做成电话簿那么小。那时候的人还以为计算机至少得像大衣柜那么大。

有的时候，用户需求隐藏得更深。例如，一个用户要买电钻，也许他要解决的问题只是想在墙上钻个洞，然后打个钉子挂东西。要解决这个问题很可能不需要使用电钻，而只需要一个能粘在墙上的强力贴而已。所以要摸清用户真正的需求，直接问用户想要什么有时候并不准确，用户的回答可能会将企业误导至错误的方向。

研究用户面临需要解决的问题或正在寻找的产品，常用的方法是到网上搜索，在返回的搜索结果中能看到各种各样的需求，如果能从中找到重复出现的产品，并且能满足这个需求，那么就确定了网站应该开发什么样的产品。

本章小结

1. 盈利及盈利模式

（1）盈利。有两个意思，一是指扣除成本获得的利润；二是指经营所得。

（2）盈利模式的概念及内涵。盈利模式是企业在市场竞争中逐步形成的企业特有的，赖以盈利的商务结构及其对应的业务结构，是企业的一种获利方式。盈利模式包括五个基本要素，即利润源、利润点、利润杠杆、利润屏障和利润通道。

2. 电子商务网站常见的盈利模式

（1）在线销售产品；

（2）网络广告；

（3）搜索引擎；

（4）数字内容；

（5）会员制；

（6）交易佣金；

（7）其他网络服务。

3. 电子商务盈利的条件

（1）合适的产品；

（2）全面的产品目录分类；

（3）方便的订购流程；

（4）完善的售后服务。

4. 电子商务产品的类型与选择

（1）相对标准化的产品；

（2）价格区间定位合理的产品；

（3）适合物流的产品；

（4）电子形式的产品；

（5）网上热销的产品；

（6）重复购买的产品；

（7）具有易被关注的品牌和式样的产品。

5. 电子商务目标市场

（1）确定目标市场

（2）发现用户真正需求

 本章习题

1. 电子商务网站常见的盈利模式主要有哪几种？

2. 电子商务网站盈利应具备哪些条件？

3. 电子商务产品应具备哪些特征？

4. 列举几种常见的网络广告。

5. 实验与实践：

比较京东、天猫、苏宁易购三个网站的产品特点，并进行目标市场和价格策略的分析。

参考文献

[1] 崔立标. 电子商务运营实务 [M]. 北京：人民邮电出版社，2013.

[2] 戴建中. 电子商务概论 [M]. 2版. 北京：清华大学出版社，2012.

[3] 昝辉. 网络营销实战密码：策略·技巧·案例 [M]. 北京：电子工业出版社，2013.

[4] 丁奕盛. 网络营销实战解析 [M]. 北京：电子工业出版社，2015.

[5] 程大为. 电子商务概论 [M]. 北京：中国财政经济出版社，2016.

第 4 章
网络营销

学习目标

- 了解网络营销的概念。
- 理解网络营销与传统营销的比较。
- 掌握网络营销的职能和方法。
- 了解网络品牌运营管理

宜家家居的营销转型实现传统企业营销模式创新

2020 年 12 月 7 日，瑞典家具连锁品牌巨头宜家（IKEA）宣布，拥有 70 年历史、每年发行量上亿的《宜家家居指南》（IKEA Catalogue）将告别读者，不仅仅是停止印刷发行新的纸质版本，同样内容的电子版本，读者恐怕也无缘再见。据悉，这是全球范围内的宜家特许经营商——国际宜家系统有限公司（Inter Ikea Systems BV），在收集并综合考虑客户和店铺的意见后做出的慎重决定。

自 1951 年问世以来，《宜家家居指南》（以下简称《家居指南》）从未间断出版，受到世界各地读者的欢迎。每一本《家居指南》都影响着消费者的购物心理，引领着人们走进宜家商城。据说在《家居指南》发行后的九、十月，通常会迎来一波购物高峰，而这两个月的销量，几乎占宜家全年销售额的 40%。

停止印刷发行《家居指南》的原因很简单，这本鼎盛时期一年能发行超过 2 亿册的宜家纸质刊物，在线上化内容流行的现在已经很难满足用户的需求。数据显示，宜家在全球市场陷入了客流减少的瓶颈。和 2018 财年 9.57 亿人次和 2019 财年的 10 亿人次相比，2022 财年，宜家全球门店的客流量仅为 8.22 亿人次。

在此背景下，宜家决定布局线上营销，但是宜家并不是单纯把印刷品内容变成电子文档搬到线上。而是在停刊之前的 2020 年 10 月，宜家就打造了一档自制的家居改造系列节目——《宜家去你家》，此档节目会针对不同的目标客户群，推出相应一期的改造节目，这一内容对消费者的针对性更强。同时，它的适应性也更强，因为可以将内容打造成为长视频、短视频、图文、话题等各种形式，适应不同内容平台的推广要求。

此外，宜家还专门在微信上打造了一个"宜家灵感 plus"的小程序，这里除了《宜家去你家》这个节目以外，还有让粉丝们分享自己家装的系列节目——《他们的家》，以及专门针对年轻租房人群的节目——《租房改造》。

宜家还在自己的官网和新浪官方微博上向消费者发出邀请，收集大家因空间限制难以实现的居家梦想，以引起消费者的关注和共鸣，鼓励他们亲自动手实现自己的居家梦想。宜家想要告诉这些人，并不需要抛弃自己的梦想，只是需要把梦想缩小一点。

当消费者注册并参与进来后，可以通过新浪微博上的"一键同步"功能，将自己的居家梦想分享给社交平台上的好友，吸引新一批梦想者参与进来，形成一种循环递增式的线上传播。同时在线下，宜家通过新闻发布会、研究报告分享等传统传播方式让更多的人知道可以让梦想超越空间，激励更多的人去线上注册、参与。

2021 年 12 月，"IKEA 宜家家居"账号在抖音开通。宜家几乎保持了每天直播的习惯，只不过，当时宜家售卖的还是各式家居用品和家装服务。而 2022 年 7 月新开的抖音账号"IKEA 宜家风味屋"，定位在售卖宜家美食上。在没有过多宣传的情况下，自带网红光环的"IKEA 宜家风味屋"账号开设 3 个月，粉丝数已突破了 3.6 万人。2022 年 9 月 24 日，该账号尝试首场直播，近 4h 的直播中，即使没有上架任何商品链接，也吸引了接近 5 万观看人次，6.2 万点赞。

低价质优的美食，似乎让宜家的引流逻辑一目了然：美食自带流量，轻易就能引发社交平台的火爆，吸引大量好奇尝鲜的用户前往线下门店。宜家将餐厅放在商场中间的设计也让消费者在商场中花费更多时间。

同时，低价的美食也对消费者产生了锚定效应：冰激凌和热狗物美价廉，那商场里的其他产品（家装）应该也是物美价廉的划算商品。在宜家，当你行走在前往餐厅的路上，路过一个个精美的样板间，看到一件件根据不同场景进行摆放的家具和生活用品，很难不心动。在抖音购买了宜家美食团购券的年轻人表示，自己本来是去核销团购券的，没想到最后出商场的时候提了一堆小玩意："餐厅在商场很里面的位置，走过去的路上有各种促销打折，不知不觉就拿了个台灯，拎了个花瓶。"

宜家的营销负责人强调，相对于传统的线下门店，线上营销渠道的开拓能弥补线下门店周边城市消费者无法到店的短板，通过优质的线上营销内容，直接激发了消费者购买宜家产品的兴趣和意愿，最终推动了整体的销售增长。

4.1 网络营销的发展

电子商务产品要进入市场，电子商务运营的第一件事情就是营销。

营销一直是商业运营活动的一个重要组成部分。营销的目的就是要吸引更多的客户并保持。传统的市场营销主要有电视、广播、纸媒（报纸、杂志）和户外广告四大渠道。网络出现后，进入了营销的新时代，新的工具被添加到营销手段中，市场划分越来越细，营销理念越来越新。

4.1.1 营销的概念

营销的定义有很多，每种定义都反映了人们对营销的不同理解。其中，最具有代表性的，当属美国市场营销协会和现代营销学之父菲利普·科特勒的定义。

美国市场营销协会的定义是：市场营销是创造、传播、传递和交换对顾客、客户、合作者和整个社会有价值的市场供应物的一种活动、制度和过程。

在被誉为"营销圣经"的《营销管理》（第 15 版）中，科特勒是这样定义营销的：营销管理是指选择目标市场，并通过创造、传递和传播卓越的顾客价值来获取、维持和增加顾客的艺术和科学。同时，科特勒也给出了市场营销最简洁的定义：有利可图的满足需求。

总之，市场营销是一种企业经营活动，是企业有目的、有意识的行为。满足和引导消费者的需求是市场营销活动的出发点和中心。

4.1.2　网络营销的概念

网络营销这一概念的产生是以互联网的发展为基础的，伴随着互联网的不断发展壮大，基于它的应用也在不断增多。网络营销是借助互联网、信息通信技术和数字交互式媒体来实现营销目的的活动。网络营销通过互联网等电子手段促进产品、服务及思想（知识）的交换，以实现买卖双方的目标，从而建立并维护客户关系。这一定义包括以下拓展含义：

（1）网络营销是一个过程　网络营销是确立企业战略、营造市场机会、阐明销售方略、摸清客户情况、设计营销计划、评估销售业绩等一系列活动的持续过程。

（2）建立并维护客户关系　营销的目的是建立并产生持久的客户关系。本书第 6 章会专门讲述客户关系管理，是本节的拓展。

（3）网络营销要满足消费者的需求　这种需求不仅包括产品效用的满足，而且包括价值需求；这种需求不仅包括消费者现在的需求，也包括未来潜在的需求。

（4）网络营销具有"技术"的特点　网络营销具有传统营销的特点，但更多的营销活动依赖于网络在线执行。利用网络为基础的信息技术，包括利用 Web 技术的网站建设、搜索引擎、电子邮件、链接、数据库、数据仓库和数据挖掘、多媒体技术、虚拟现实技术等，为企业和市场提供了以前无法达到和想象的获得信息和处理信息的技术能力。因此，面对新的营销环境，应该充分利用新的营销手段。

（5）网络营销是通过互联网进行信息交换的　它具有许多网络带来的新特点，如空间的虚拟性、全球性、时间无限制性、信息沟通的互动性和廉价性等。它可以实现无店面销售，可以 24h 经营和进行信息沟通等。因此，网络营销要特别注意和研究这些网络技术和特性对交易的影响。

（6）网络营销实现企业的目的　网络营销不仅要满足消费者的需求，也要满足企业的目的，包括企业的利润目的。网络营销是一个双向价值的创造过程，消费者获得比其付出价格更高的价值，而企业则支付低于交易的价格，实现利润。

4.1.3　网络营销与传统营销的比较

从本质上说，网络营销是营销的一部分，但它与传统营销相比，仍有很多不同，具体有以下几点。

（1）网络营销具有传统营销无法比拟的优势　它不只是那些有实力的大企业才可以利用的营销方式，中小企业也可以利用网络营销发掘商机，进行商业活动，把小企业做大。

（2）网络营销的互动性极强，有助于实现企业的全程目标　在互联网环境下，企业，尤其是中小企业可以通过电子布告栏（BBS）和电子邮件等方式，与消费者进行双向互动式的沟通，让他们参与产品的设计、生产、推广等，提高消费者的参与性和积极性。同时，企业可以了解全世界同类产品的相关信息，实现了以较低的成本在营销全过程中收集到消费者即时的信息。

（3）网络营销使网络消费者个性化趋势日益突出　同传统营销相比，网络营销更加关注消费者的变化，把握消费者的需求。网络为消费者充分体现个性化提供了平台。消费者通过网络可以更广泛地选择商品和服务，或向企业直接提出自己的要求。企业也可以通过网络及时了解消费者需求，使企业能更好地掌握他们的需求信息，能为消费者提供个性化的服务。网络缩短了企业与消费者之间的时空距离，从而能制定更有效的营销策略。

（4）网络营销使购物过程更加容易和理智　在传统营销中，企业向消费者传递商品的信息是一种单向的传播沟通手段。而网络营销使消费者通过网络非常方便地了解自己想知道的任何有关商品和企业的信息，足不出户便可获取丰富的商品信息，极大地改变了传统市场中信息不对称造成的消费者处于劣势的境况。消费者可以从容地对各种商品进行比较，选择合适的产品和满意的服务。

（5）网络营销有利于降低企业的成本费用，增强竞争优势　对企业而言，运用网络营销手段，一方面可以降低企业的采购成本，另一方面也可以降低营销成本。很多网络营销企业依赖于网络直销模式或借助于第三方网络平台的营销模式。

4.1.4　传统营销理论与网络营销理论

1. "4P" 营销理论

美国管理学家杰罗姆·麦卡锡（E. Jerome McCarthy）于 1960 年在《基础营销》一书中第一次将企业的营销要素归结为四个基本策略的组合，即著名的 "4P" 理论：产品（Product）、价格（Price）、渠道（Place）、促销（Promotion）。他认为四个基本策略相互关联，共同作用于市场的营销效果。

（1）产品（Product）　产品是满足消费者需求的实物或服务，是基本策略中的一个重要因素。产品策略需要考虑产品的设计、功能、品牌、质量、包装等因素。为了制定有效的产品策略，企业需要深入了解消费者需求，有针对性地开发产品，并持续改进产品，以满足消费者不断提高的需求。

（2）价格（Price）　价格是指消费者购买产品或服务所需支付的金额，反映了产品的价值和成本。企业应根据市场需求、成本和竞争情况等因素制定合理的价格策略。常用的定价方法包括成本导向、竞争导向和顾客导向三种。

（3）渠道（Place）　渠道是指产品从制造商到消费者的销售网络，包括批发商、零售商和物流等。企业需要根据目标市场特点、产品特点、竞争对手情况等因素选择合适的渠道策略。同时，企业需要与渠道合作伙伴建立良好的合作关系，以确保产品能够及时、准确地到达消费者手中。

（4）促销（Promotion）　促销是通过各种传播手段，如广告、公关、促销活动等，提高产品知名度、激发消费者购买欲望的过程。企业需要制定合理的促销策略,包括选择合适的传播渠道、开发有效的广告创意、开展有针对性的促销活动等。同时,企业还需要对促销效果进行跟踪和评估,以不断优化促销策略。

2. "4C"营销理论

进入网络时代,尽管这些传统要素仍然有效,但已不足以支撑和应对网络经济时代的竞争,因为今天的竞争已变成为争夺顾客对网站的忠诚。对网站的忠诚度是网络经济时代市场营销最主要的目标。美国学者罗伯特·劳朋特(Robert·Lauterborn)教授在 1990 年提出了"4C"营销理论。它以顾客的需求为导向,重新设定了市场营销组合的四个基本要素,即顾客(Customer)、成本(Cost)、便利(Convenience)和沟通(Communication)。它强调企业首先应该把追求顾客满意度放在第一位,其次是努力降低购买成本,然后要充分注意购买过程中的便利性,而不是从企业的角度来决定销售渠道策略,最后还应以消费者为中心实施有效的营销沟通。

(1)顾客(Customer) 顾客主要是指顾客的需求。企业必须先了解和研究顾客,根据顾客的需求来提供产品。同时,企业提供的不仅仅是产品和服务,更重要的是由此产生的客户价值(Customer Value)。

(2)成本(Cost) 成本不单是企业的生产成本,或者说"4P"中的价格(Price),它还包括顾客的购买成本,同时也意味着产品定价的理想情况,应该是既低于顾客的心理价格,又能够让企业有所盈利。此外,这中间的顾客购买成本不仅包括其货币支出,还包括其为此耗费的时间、体力和精力,以及购买风险。

(3)便利(Convenience) 便利,即为顾客提供最大的购物和使用便利。"4C"营销理论强调企业在制定分销策略时,要更多地考虑顾客的方便,而不是企业自己方便。要通过好的售前、售中和售后服务来让顾客在购物的同时,也享受到便利。便利是客户价值不可或缺的一部分。

(4)沟通(Communication) 沟通则被用以取代"4P"中对应的"促销"。"4C"营销理论认为,企业应通过同顾客进行积极有效的双向沟通,建立基于共同利益的新型企业/顾客关系。这不再是企业单向的促销和劝导顾客,而是在双方的沟通中找到能同时实现各自目标的通途。

3. "4I"营销理论

互联网时代,随着论坛、微博、微信和抖音等诸多社会化媒体的出现,企业进入全媒体营销时代。虽然原有营销理论中这些传统要素仍然有效,但不足以支撑和应对网络经济时代的竞争,因为今天关于用户的竞争,已变成为争夺"用户的注意力和时间",谁能捕获用户的注意力,谁能抓住更多用户触达时间,谁就能获得更多的销售机会和市场增量。内容生产能力成为企业营销的核心竞争力,优质内容成为高流量的重要砝码。企业可以通过内容生产向用户传达有关企业的相关信息,促进销售,从而实现营销的目的。在此背景下,国内的一些营销专家提出了"4I"营销理论,即趣味(Interesting)、利益

(Interests)、个性（Individuality）和互动（Interaction）。

（1）趣味（Interesting） 趣味指的是互联网具有的娱乐属性。因此，企业生产的内容要有趣味性、有话题感，要尽量选择目标用户关心和感兴趣的话题，引导其关注产品或品牌理念、功能、价值。

（2）利益（Interests） 利益指的是内容能为目标受众提供怎样的利益和价值，例如，有的内容可以让用户学到新的知识，有的内容能为用户提供有用的信息，有的内容可以对用户起到激励作用等，这些都是内容的利益和价值属性。

（3）个性（Individuality） 个性指的是企业通过各类媒体平台发布内容，宣传自己的产品和服务，塑造良好的企业形象，并进行用户管理的方式。但是很多企业发布的内容和风格都大同小异，在碎片化的网络时代，很难吸引用户的注意力。因此，企业的各类媒体账号需抓住个性这一特质，使用符合个性化的表达方式和传播方式，塑造独特的品牌形象。

（4）互动（Interaction） 互动指的是企业基于内容发布渠道和传递渠道与用户进行用心、有效的沟通，例如，在网站、论坛和社会化媒体上积极回复用户的留言、评论和提问，对他们的疑问和关注给予反馈，这不仅能够增加用户的参与度，还能够提升企业的品牌形象和信任度，从而吸引用户收藏企业网站、关注企业微博、抖音和小红书等媒体账号，长期保持用户关注度。

4.2 网络营销的职能和主要方法

4.2.1 网络营销的职能

开展网络营销的意义就在于充分发挥各种职能，让电子商务运营的整体效益最大化。网络营销的职能是通过各种方法来实现的。网络营销的各个职能之间并非是相互独立的，同一个职能可能需要多种方法的共同作用。下面介绍网络营销的几种主要职能。

1. 树立品牌

网络营销的重要任务之一就是在互联网上建立并推广企业的品牌。知名企业的线下品牌可以在线上得以延伸，一般企业则可以通过互联网快速树立品牌形象，并提升企业整体形象。网络品牌建设是以企业网站建设为基础，通过一系列的推广措施，达到顾客和公众对企业的认知和认可。在一定程度上说，网络品牌的价值甚至高于通过网络获得的直接收益。

网络品牌是在传统品牌的基础上发展起来的。传统的品牌对于企业来说就是企业的品牌在消费者心中树立的形象。一个好品牌的客户影响是深入人心的，在此基础上将品牌延伸到网络产品，如网站名称、网址域名、网站标志（Logo）等。在网络用户心目中树立的形象就是网络品牌，这个定义是狭义的定义。广义的网络品牌定义是：一个企业、个人或组织在网络上建立的特定产品或服务在人们心目中树立的形象。那么，如何建设网络品牌呢？

（1）网站建设是网络营销的基础，也是网络品牌建设和推广的基础 在网站中有许多可以展示和传播品牌的机会，如网站上的标识、网页上的内部网络广告、网站上的介绍和新闻等有关内容。搜索引擎常被作为网站推广和产品促销的主要手段。

（2）利用网络广告进行品牌营销。网络广告在网络品牌推广方面具有针对性和灵活性的特点，可以根据营销策略需要设计和投放相应的广告，如根据新年、情人节、购物节等不同节日设计相关的形象广告，并采用多种表现形式投放于不同的网络媒体。利用网络广告开展品牌推广可以是长期的计划，也可以是短期的推广。

（3）渗透性营销对于网络品牌推广同样有效 例如，借助于有趣的微信链接使网友主动相互传播，达到品牌传播的目的。除此之外，常见的渗透性营销的信息载体还有免费电子邮箱、电子书、节日电子贺卡、在线优惠券、免费软件、在线聊天工具等。

（4）建立网络营销导向的网络社区 网络社区营销不仅是指建立论坛、聊天室等网络社区，也可以是企业在微信上建立的公众号。通过二维码推广等方式吸引大量粉丝关注企业公众号，这样不仅可以向粉丝定时传播产品或服务信息，还可以实现与粉丝的互动，粉丝之间也能相互交流经验，这时网络社区对网络品牌的价值就表现出来了。当然，建立网络社区要有合理的经营管理方式，一个吸引用户关注和参与的网络社区才具有网络营销价值。

2. 网络调研

市场调研是网络营销的重要内容和基本职能。企业一般通过在线调查表或电子邮件等方式完成网络调研。根据调研结果，企业才能提出解决问题的建议，作为营销决策的依据。例如，企业可以在网上展示尚未试制的虚拟产品，利用网络互动的特性，请消费者参与设计，提出自己的要求并可开展订购，从而减少新产品样本开发的费用和风险。

相对于传统方式，网络调研突破了时空的限制，更加便捷、经济、实时和客观，同时兼具可检验性和可控性。

网络调研一般要经历确定网络调研问题和调研目标、确定网络调研对象和调研方法、进行信息收集、整理和分析、提出研究报告等步骤，为企业开展数据库营销和智能营销等提供数据基础。采用的方法主要有网络问卷法、专题讨论法、网络观察法、在线实践法，这四种方法均采用直接向网络用户收集信息的调研活动，也可以称为直接调研法。另外，还可利用网络环境中的二手信息资料进行间接调研，不直接与信息收集对象发生正面接触，完全从第三方的立场收集信息，因而具有较高的客观性，如利用搜索引擎查找资料、访问网站收集信息、利用网络数据库收集信息等。

3. 信息发布和销售促进

网站是一种信息载体，通过网站发布信息，将一定的信息传递给目标人群，包括顾客、潜在顾客、媒体、合作伙伴、竞争者等，这是网络营销的主要方法和基本职能之一。为实现有效的信息发布，企业需抢占优良的网址并加强网站宣传、精心策划网站结构、维护网站。相对于其他功能来说，网站推广显得更为迫切和重要，网站所有功能的发挥都要以一定的访问量为基础。

营销的基本目的是为增加销售提供帮助，网络营销也不例外。大部分网络营销方法都直接或间接地与促进销售有关，但促进销售并不限于促进网上销售，事实上，网络营销在很多情况下对于促进线下销售也十分有价值。

4. 网络消费者分析

互联网用户作为一个特殊群体，它有着与传统市场群体截然不同的特性，因此要开展有效的网络营销活动必须深入了解网上用户群体的需求特征、购买动机和购买行为模式。互联网作为信息沟通工具，正成为许多兴趣爱好趋同的群体聚集交流的地方，并且形成一个特征鲜明的网上虚拟社区。了解这些虚拟社区的群体特征和偏好是进行网上用户行为分析的关键。

确定和找到适当的消费群体或目标市场是企业营销成功的前提。网上用户作为一个特殊的消费群体在购买需求动机、购买心理动机、购买行为方式、购买过程等方面与传统市场上的消费群体在特征上有着明显的区别。因此，有效的网络营销活动必须深入了解网上用户群体的需求特征、购买动机和购买行为方式，找到正确的消费市场并做好客户关系管理。

5. 网络营销策略制定

不同的企业在市场中处于不同的地位。在采取网络营销实现企业营销目标时，必须采取与企业相适应的营销策略。

企业的营销活动是从确定向目标市场提供产品和服务开始的。产品是市场营销组合中最重要的因素。作为网上产品和服务营销，必须结合网络特点重新考虑产品的设计、开发、包装和品牌推广策略，根据网上消费者的总体特征确定最适合于在网络上销售的产品和服务，在网上充分展示产品的性能、特点、品质、使用说明等，并针对消费者的个性化需求开展一对一的营销服务。

适当的价格策略是企业赢得竞争的重要手段。网络固有的全球性、信息公开和低交易成本等特点使消费者对产品和价格充分了解，因此电子商务定价必须从实际出发，分析目标用户的支付能力、比哪些竞争对手的产品更有价格优势、采取什么样的促销活动、多长时间内实现目标等，并根据企业战略目标把握好利润空间，适度控价。

营销渠道建设也是营销策略的重要组成部分。所谓营销渠道，是指产品从生产者转移到消费者或使用者所经过的途径。互联网将企业和消费者直接连在一起，使渠道更加简单和多功能化。渠道的选择可以是直销方式或中介的多层次的网络营销渠道，如安利的直销模式、阿里巴巴的网络中介模式等。

促销是企业为了激发顾客的购买欲望，扩大产品销售而进行的一种宣传工作。互联网作为一种信息双向沟通渠道，最大的优势是可以实现双方沟通，突破时空限制直接进行交流，而且简单、高效、费用低廉。网络促销通常采取的方式有折价促销、赠品促销、抽奖促销、积分促销、联合促销等。

4.2.2 网络营销的主要方法

网络营销需借助一定的方式来实现。随着移动互联网、智能设备等的发展，各种新的网络营销方法层出不穷。本书只介绍几种主要方法。

1. 网络广告

网络广告作为最重要的促销工具之一，目前得到迅猛发展。它作为新型广告方式，同传统的报纸、期刊、无线广播和电视等广告方式相比具有交互性和直接性。网络广告是开展网络促销活动最有效的沟通渠道之一。

传统广告是基于印象的联想型劝诱机制，通过反复的感官冲击使受众留下印象。传统广告与消费者的交互作用较弱，其广告效果的测试也是比较困难的。网络广告的沟通方式不是传统促销中"推"的形式而是"拉"的形式，不是传统的"强势"营销而是"软"营销。网络广告主要基于信息的理性说服机制，通过提供海量信息、信息展现、信息比较，使消费者更易做出理性的判断。同时，网络广告是一种即时交互式广告，它的营销效果是可以测试的，并在一定程度上克服了传统广告效果测试的困难。

企业发布网络广告，一般有以下几种方式：

（1）按钮型广告（Button） 这是网络广告中最早和最常见的方式。通常是一个链接着公司的主页或站点的公司标志，并注明"Click Me"，希望网络浏览者主动点击。

（2）旗帜型广告（Banner） 网络媒体在自己网站的页面中分割出一定大小的一个个画面来发布广告，因像一面旗帜，故称旗帜广告。旗帜广告允许客户用极简练的语言和图片介绍企业的产品或宣传企业的形象。

（3）移动广告（Mobile） 这是一种为改变旗帜广告比较呆板的缺点而出现的新广告形式。该广告是一种可以在屏幕上移动的小型图片，当用户单击该图片时，该广告会自动扩大到全屏。

（4）主页广告（Homepage） 企业将所要发布的信息内容分门别类地制作成主页，放置在网络服务商的站点或企业自己建立的站点上。主页广告可以详细地介绍企业信息。

（5）分类广告（Classifieds） 它类似于报纸杂志中的分类广告，是一种专门提供广告信息服务的站点，在站点中提供按产品或企业等可以分别检索的深度广告信息。这种形式的广告向那些想了解广告信息的访问者提供了一种快捷、有效的途径。

2. 广告联盟营销

广告联盟营销，也称为网络联盟营销，是指商家（又称广告主，在网上销售或宣传自己产品和服务的厂商）利用专业联盟营销机构提供的网站联盟服务拓展其线上及线下业务，扩大销售空间和销售渠道，并按照营销实际效果支付费用的新型网络营销模式。广告联盟营销包括三要素：广告主、联盟会员和联盟营销平台。

广告联盟营销主要有两类形式：一类是靠中小会员网站来发布广告，如搜狗、百度、雅虎等广告联盟，多数都属于这一类。联盟自己本身没有广告发布网站，依靠在数量庞大的中小网站展示广告并且产生点击来挣取佣金。另外一类就是大型门户站的广告联盟，如新浪竞价，他们的广告发布都是在新浪网站上进行发布的，广告联盟下面没有中小网站。

（1）广告联盟营销收费方式可以分为以下几种

1）按照时间计费（Cost Per Date，CPD），CPD 又称按全流量广告购买。即在 24h 中，播放的都是同一则广告。通常门户类网站的广告位均是按 CPD 购买，品牌形象展示效果较好，预算充足的情况下，常使用此种模式，如门户网站通栏、对联等。

2）按照印象展现数量计费（Cost Per Mille，CPM）。按 CPM 购买，指按每一千人次的浏览量为单位购买广告；比如广告主购买了 100 个 CPM，即就有 10 万人次看到这则广告。这种购买方式可以比较合理节省广告费用，通常用于品牌新品上市时，需要有大量的品牌形象曝光期间使用，如视频网站贴片广告、富媒体广告等。

3）按照点击次数计费（Cost Per Click，CPC）。按 CPC 购买，指广告主为用户点击广告的行为付费。通常在推广微型网站等需要有用户参与的行为时，较常使用此种模式，如搜索引擎关键字购买等。

4）按照行动成本数计费（Cost Per Action，CPA）。按 CPA 购买，指按广告投放实际效果，即按回应的有效问卷或订单来计费，而不限广告投放量。CPA 的计价方式对于网站而言有一定的风险，但若广告投放成功，其收益也比 CPM 的计价方式要大得多。

5）以实际销售产品数量来计算广告刊登费用（Cost Per Sale，CPS）。CPS 广告是网络广告的一种，广告主为规避广告费用风险，按照广告点击之后产生的实际销售笔数付给广告站点销售提成费用。

（2）广告联盟营销的主要优势

1）双赢局面。对于广告主，这种"按效果付费"的营销方式意味着他们只需要在对方真正带来了"生意"后才付钱，而且用户的每一个点击行为和在线活动都可以被管理软件记录下来，从而更清楚了解广告费用的用途；而对于联属会员，只要有访问量，他们不需要有自己的产品就能产生利润。

2）更广的网络覆盖面以及品牌强化。如果广告主的网站在 Google 或百度等搜索结果中的排名较低，而联盟会员网站却可能在排名较高的位置中占据很高比例，那么，广告主无须对自身网站进行特别优化就可凭借在联盟会员网站上的链接和旗帜广告吸引目标市场的大部分潜在用户，这对于提高访问量和强化品牌是非常有效的。

3）可计算的结果　强大的联盟营销管理平台具有跟踪记录、分析记录，并使用这些记录分析来为产品开发和营销策略提供科学决策依据的功能。由于通过这种方式可以基本上解决网站访问量的问题，商家可以将精力放到产品开发、客户服务以及销售渠道上面，大大提高工作效率。

4）额外的增值服务　提供中间联盟营销管理平台的服务商可以为广告双方提供许多额外的增值服务，包括有价值的市场营销报告和广告主在联盟营销平台上的业绩报告。中间服务商还可以为网站促销活动提供策划及运作、电子邮件营销支持、与联盟网站进行交流及宣传活动等服务，提高广告主的营销活动效果。

3. 电子邮件营销

电子邮件营销（E-mail 营销）是互联网上最早出现的商业活动之一。电子邮件营销是网络营销信息传递的有效方式，也是主要的用户服务手段之一。电子邮件营销是指通过电子邮件的方式向目标用户传递有价值信息的一种网络营销手段。电子邮件营销的定义中强调了三个基本因素：基于用户许可、通过电子邮件传递信息、信息对用户是有价值的。三个因素缺少一个，都不能称之为有效的电子邮件营销。

（1）电子邮件营销的主要优势

1）范围广。随着国际互联网的迅猛发展，全球网民总数已经超过 46 亿。面对如此巨大的用户群，只要企业拥有足够多的电子邮件地址，就可以在很短的时间内向数千万目标用户发布广告信息，营销范围可以是中国乃至全球。

2）成本低廉。电子邮件营销是一种低成本的营销方式，所有的费用支出就是上网费，成本比传统广告形式要低得多。

3）应用范围广。广告的内容几乎不受限制，适合各行各业。因为广告的载体就是电子邮件，所以具有信息量大、保存期长的特点。电子邮件具有长期的宣传效果，而且收藏和传阅简单方便。

4）针对性强、反馈率高。电子邮件是点对点的传播，可以实现有针对性、高精准的传播，如针对某一特点的人群发送特定邮件，也可以根据需要按行业和地域等进行分类，然后针对目标用户进行邮件群发，使宣传一步到位。

5）实现连续推销。电子邮件营销可以使网站营销人员与邮件订阅者保持长期联系，实现连续沟通。以这种方式建立的强烈信任和品牌价值是很少有其他网络营销方式能够达到的。网站有任何新产品，或有打折促销活动，都能及时传达给长期用户，销售转化率也比随机来到网站的用户高得多。

（2）开展电子邮件营销的一般过程　开展电子邮件营销的过程，就是将有关营销信息通过电子邮件的方式传递给用户的过程。为了将信息发送到目标用户电子邮件，首先应该明确向哪些用户发送信息，发送什么信息，以及如何发送信息。开展电子邮件营销一般要经历下列几个主要步骤：

1）制订电子邮件营销计划，分析目前所拥有的电子邮件营销资源，如果公司本身拥有用户的电子邮件地址资源，则应先利用内部资源。

2）决定是否利用外部列表投放电子邮件广告，并且要选择合适的外部列表服务商。

3）针对内部和外部邮件列表分别设计邮件内容。

4）根据计划向潜在用户发送电子邮件信息。

5）对电子邮件营销活动的效果进行分析和总结。

（3）开展电子邮件营销需要注意的问题　电子邮件是企业和现有用户沟通常用的渠道

之一。但是做好电子邮件营销也并非那么简单，不恰当的邮件投放不仅不能收到理想的投资回报，甚至可能造成收件人的反感。在开展电子邮件营销时需要注意以下问题：

1）不要在未经用户允许的情况下发送电子邮件，切忌滥发邮件。如果强制性地将邮件发送到目标用户的邮箱，那么在违背了电子邮件营销的基本概念下，一方面降低了自己网站的品牌美誉度，另一方面有可能使收件人将网站拉入黑名单。获得用户允许的方式一般包含线上与线下两大类，线上的方式有注册、订阅、促销活动等，线下的方式有名片交换、展会收集用户信息等。

2）邮件的内容要注意精挑细选。邮件内容的可读性决定着阅读者是否愿意花费时间去阅读。邮件的内容一定要保证主题鲜明、精简、灵活，切忌邮件没有主题、内容繁杂或采用附件形式。

3）发送邮件要有一个固定周期。为发送邮件设置一个固定时间，如每周二中午。按时发送邮件，一方面反映出企业的专业化，增加用户的信心，另一方面也有助于规范营销人员的工作。切忌邮件没有一定的发送周期或发送过于频繁，如有时每周发送几次，有时又连续几个星期没有任何音信。这样不仅使用户无法对接收邮件产生一定的预期，而且还可能招致用户反感。

4）及时回复邮件。评价电子邮件营销成效的标志之一是顾客反应率。但有了顾客回应还必须及时回复。顾客对服务及时性的要求越来越高，希望能在几个小时之内获得来自企业对自己咨询问题的及时回复，否则就会失去耐心。

5）清晰的邮件退订说明。所有电子邮件必须包含有关收件人如何退订或修改首选项的清晰说明。每封电子邮件必须包含一个链接让收件人可以选择退出接收来自发件人的邮件。通过单击该链接，收件人将自动从邮件列表中移除其电子邮件地址，并停止接收来自发件人的邮件。不能退订的邮件或没有明确告诉用户退订方法的邮件，实则等同于垃圾邮件，反而引起用户的反感。

6）最佳的邮件格式。邮件内容需要有一定的格式，如纯文本格式、HTML 格式和富媒体格式，或是这些格式的组合。哪种邮件格式更好，目前没有绝对的结论，与邮件的内容和用户的阅读特点等因素有关，如果可能，则最好给用户提供不同内容格式的选择。

7）发件人信息要明确。发件人显示的内容也是一种信息传递方式，即使收件人不打开邮件阅读，从发件人名称也可以对该公司的品牌增加一些印象。切忌隐藏发件人姓名和地址，使收件人产生疑惑和不信任，甚至直接加入垃圾邮件列表。

4. 社会化媒体营销

社会化媒体主要是指一个具有网络性质的综合站点，其内容大多由用户自愿提供，而用户与站点不存在直接的雇佣关系。如微信、QQ、微博，它们极大地改变了人们的生活，将我们带入了一个社交网络的时代。社会化媒体营销是指利用社交网络、在线社区、博客或其他互联网协作平台媒体来传播和发布资讯，从而形成营销、销售、公共关系处理和客户关系服务维护及开拓的一种方式。

（1）社会化媒体营销的优势　由于社会化媒体具有用户互动交流、由用户产生和共享内容、形成用户关系和社区的特点，因此使得社会化媒体营销具备了如下主要优势：

1）提高网络曝光量和点击流量。社会化媒体一般都拥有海量注册用户，企业利用社交媒体网络上的粉丝关注效用和社群效应，增加企业的产品与服务信息的曝光量，增加注册用户数量并实现与潜在用户之间更为广泛的沟通，持续深化关系。由于社会化媒体用户数量巨大，且用户之间分享、互动频繁，因此品牌信息极容易被迅速传播，尤其是当品牌信息与社会焦点事件相关联时，提升了品牌知名度。

2）准确定向目标用户。通过社交网络可以了解用户大量极具价值的信息，如年龄、工作等基础数据并通过对用户发布和分享内容的分析，有效判断用户的喜好、消费习惯及购买能力等信息。此外，随着移动互联网的发展，社交用户使用移动终端的比例越来越高，移动互联网基于地理位置的特性也将给营销带来极大的变革。这样通过对目标用户的精准人群定向以及地理位置定向，企业在社交网络的推广信息自然能收到比在传统网络媒体更好的效果。

3）吸引更多的业务合作伙伴。社交媒体的属性特征使得用户在社交媒体上能够获得比搜索引擎更加全面和完善的资讯，也更容易判断合作伙伴的经验和能力，从而为企业带来更多潜在的合作机会。企业的社会化营销团队还可以实时发起与潜在用户的互动，持续深化与潜在用户的关系，促进对企业产品与服务的兴趣，并且适时地发起社会化营销活动来促进成交。

4）提升搜索排名。传统的官方网站以产品信息发布为主，内容多是静态信息和资讯，内容更新频率比较低，主要通过关键词来被搜索引擎收录。而社交媒体上的信息更新与内容互动要频繁得多，企业在社交媒体上频道页面的更新率非常高，容易在搜索中排在更靠前的位置。

5）带来高质量的销售机会。社交媒体对于销售机会具有显著的促进效应。企业通过社交媒体发布消息，发放网络优惠券，发起与产品有关的话题，监控感兴趣的用户行为，结合电子邮件营销、视频营销、口碑营销和博客营销等，带来了大量的销售机会。三只松鼠是社会化媒体营销的成功案例，例如，他们进行了名为"三只好兄弟"的微博营销活动。在活动中，三只松鼠通过发布有趣的视频和图片，展示了自己产品的创新和多样性，同时传递了品牌年轻、时尚、健康的形象。活动的传播范围非常广泛，吸引了大量用户参与，并取得了巨大的成功。

6）有利于进行舆论监控和市场调查。在社交网络出现以前，企业想对用户进行舆论监控，难度是很大的。而如今，社交媒体在企业危机公关时发挥的作用已经得到了广泛认可，任何一个负面消息都是从小范围开始扩散的，只要企业能随时进行舆论监控，便可有效地降低企业品牌危机产生和扩散的可能。其次，通过对社交平台大量数据的分析，或进行市场调查，企业能有效地挖掘出用户的需求，为产品设计开发提供很好的市场依据。

（2）社会化媒体营销对策　社会化媒体营销对于很多企业来说已经是企业营销的必备

项目，在营销中关键的几点有：让目标客户触手可及并参与讨论；传播和发布对目标客户有价值的信息；让消费者与品牌或产品产生联系；与目标客户形成互动。具体对策包括以下几点：

1）精准定位。企业应精准定位目标群体。不同的社交平台有着不同的顾客群特征，企业第一步就要根据自身定位和客户群特征来判断和选择适合企业的社交平台。

2）建构品牌社群。在开放的网络结构下，顾客的身份已经从原来的受众转变成了品牌建构全程的参与者，甚至顾客比品牌本身拥有更大的品牌建构权，在开放的网络结构里，品牌与顾客是相互作用的关系。企业利用社交媒体建立起自己的品牌社群。

3）建立社交关系链。在社会化属性日益增强的互联网中，关系链自然是社会化媒体最重要的组成部分。社会化媒体营销的一个显著优势就是顾客对于信息的信任度高，而信任度高的原因就是社交关系链。社会化媒体营销一定要增大营销内容的传播动力，通过社交关系链实现内容的快速传播。

4）做好数据监测和报告。实时的监控和定期的数据分析是必不可少的。企业需要有一套监控机制来服务，找到关心的问题和相关人物。哪些客户在社交网络上提到了自己？他们对品牌的评价如何？哪些人是最关心自己的，他们是否有消费的需求？企业需要找到这些内容，并加以回馈。同时，定期的报告和总结也是推动企业社会化营销的关键，互联网上的信息千变万化，企业的营销策略也应该与之相适应。

5. 口碑营销

口碑营销是指企业在品牌建立过程中，通过顾客间的相互交流将自己的产品信息或品牌传播开来。口碑营销又称为"病毒式"营销[⊖]，其核心内容就是能"感染"目标受众的病毒体——事件，"病毒体"威力的强弱则直接影响营销传播的效果。在今天信息爆炸的时代里，顾客对广告甚至新闻都具有极强的免疫能力，只有制造新颖的口碑传播内容才能吸引大众的关注与议论。口碑营销具有宣传费用低、可信任度高、针对性强、提升企业形象、发掘潜在顾客成功率高、缔结品牌忠诚度、更加具有亲和力等优势。

有效的口碑营销的基本要素如下：

1）提供有价值的产品或服务。大多数口碑营销计划提供有价值的免费产品或服务来引起注意，因为"免费"一直是最有效的营销工具。

2）提供无须努力向他人传递信息的方式。携带营销信息的媒体平台必须易于传递和复制，如微信、微博、电子邮件等。

3）信息传递范围很容易从小规模向大规模扩散。信息传递方法必须有利于从小到大迅速改变。

⊖　病毒式营销是指通过类似病理方面和计算机方面的病毒传播方式，即自我复制的病毒式传播过程，利用已有的社交网络去提升品牌知名度或达到其他的市场营销目的。病毒式营销是由信息源开始，再依靠用户自发的口碑宣传，达到一种快速滚雪球式的传播效果。——编者注

4）利用公共的积极性。巧妙的病毒性营销计划会让公众产生积极性。

5）利用现有的关系网络。大多数人都是社会性的，每个人都有自己的"朋友圈"和关系网络。只有把信息置于人们现有的通信网络之中，才能迅速地把信息扩散出去。

6）利用他人的资源。最具创造性的口碑营销计划是利用他人的资源达到自己的目的，如会员制计划。在别人的网站设立自己的文本或图片链接，为对方网站进行推广的同时也为自己带来了访问量。

6. 定制营销

定制营销（Customization Marketing）是指在大规模生产的基础上，将市场细分到极限程度——把每一位顾客视为一个潜在的细分市场，并根据每一位顾客的特定要求，单独设计、生产产品并迅捷交货的营销方式。它的核心目标是以顾客愿意支付的价格并以能获得一定利润的成本，高效率地进行产品定制。美国著名营销学者菲利普·科特勒将定制营销誉为21世纪市场营销的最新领域之一。

全新的网络环境为定制营销的形成提供了技术基础。定制营销的一个重要特征就是数据库营销，通过建立和管理比较完全的顾客数据库，向企业的研发、生产、销售和服务等部门和人员提供全面的、个性化的信息，来理解顾客的期望、态度和行为，根据顾客的要求及在需求上存在的差异，将信息或服务化整为零或提供定时定量服务，顾客根据自己的喜好去选择和组合，形成定制营销。

（1）定制营销的优势　与传统的营销方式相比，定制营销体现出其特有的竞争优势：

1）能体现以顾客为中心的营销观念。从顾客需要出发，与每一位顾客建立良好关系，并为其开展差异性服务，满足其个性化需求。

2）实现了以销定产，降低了成本。定制营销将确定和满足顾客的个性化需求放在企业的首要位置，同时又不牺牲效率，它的基本任务是以顾客愿意支付的价格并以能获得一定利润的成本，高效率地进行产品定制。

3）在一定程度上减少了企业新产品开发和决策的风险。在定制营销中，顾客可直接参与产品的设计，企业也根据顾客的意见直接改进产品，从而实现一定程度上的产品创新，并能始终与顾客的需求保持一致。

（2）定制营销的不足　当然，定制营销也并非十全十美，它也有不利的一面：

1）由于定制营销将每一位顾客视作一个单独的细分市场，这固然可使每一位顾客按其不同的需求和特征得到有区别的对待，使企业更好地服务于顾客。但另一方面也将导致市场营销工作的复杂化、经营成本的增加以及经营风险的加大。

2）技术的进步和信息的快速传播，使产品的差异日趋淡化，今天的特殊产品及服务，到明天则可能就大众化了。产品、服务独特性的长期维护工作因此变得极为不容易。

3）定制营销的实施要求企业具有过硬的软/硬件条件。首先，企业应加强信息基础设施建设；其次，企业必须建立柔性生产系统；最后，也是最重要的，定制营销的成功实施必须建立在企业卓越的管理系统之上。

7. 其他营销方法

除以上方法外，还存在搜索引擎营销、目录登录、文章营销、事件营销、资源合作营销、线上线下相结合营销、付费搜索竞价广告等很多营销方法。企业必须选择最合适的营销方法组合，并注意营销效果的监控和测评，才能获得好的效果，取得网络营销的成功。

4.3　网络品牌运营管理

网络营销的重要任务之一就是在互联网上建立并推广企业的品牌，以及让企业的线下品牌在线上得到延伸和拓展。网络营销为企业利用互联网树立品牌形象提供了有利条件，无论是大型企业还是中小型企业、其他机构或者个人，都可以通过互联网展现品牌形象。

4.3.1　网络品牌的概念

品牌是一种名称、术语、符号、标志、设计或者是所有这些的组合。品牌的形成主要是为了和其他竞争对手的产品或服务相区分，代表着一个或一组生产者的产品或服务。

网络品牌具有两种类型，一种是企业原有的产品品牌在互联网这一新兴平台的延伸，通过网络的方式或是在网络的环境下加以推广和宣传，这种网络品牌的概念主要着力于"品牌网络化"；另一种是品牌产生于互联网，通过互联网创设、生长、成熟起来，互联网是其唯一的生存和发展空间。

4.3.2　网络品牌传播的特点

当前品牌格局已发生较大改变，数字经济赋能品牌发展，网络品牌尤其一些新兴互联网品牌的出现更好地满足了人们日益多元、细分、不断升级的消费需求，为消费市场带来了新的活力和生机。与传统品牌相比，网络品牌的传播呈现出以下特点：

1. 品牌信息形式多样化，传播呈现"去中心化"

传统媒体受版面、时间、内容等限制，传播信息有限，难以满足受众对多样化信息获取的需求。在移动互联网时代，真正实现了将文字、声音、图片、视频、语音结合的多媒体传播，品牌信息形式也越来越多样化。在传统的品牌推广中，是以品牌传播主体或组织者为传播中心来决定信息形式和传播渠道。如今内容流量的入口越来越多，用户生产内容的门槛越来越低，原有的信息受众也成了信息的生产者和发布者，使品牌信息中心不再唯一化，而是呈现出多点开花的"去中心化"。

2. 品牌信息由单向传播模式变为网状传播模式

大多数传统的品牌传播方法是单向的，主要通过电视和印刷媒体传播。这种传播方式是由企业向消费者发起的，消费者被动接受，所以传统的品牌传播是由企业到消费者的单向品牌塑造过程。但在移动互联网时代，新的信息传播方式层出不穷，信息传播的渠道越来越"多元化",消费者可以通过网站、论坛、微博、公众号、抖音等多种渠道获取信息,原有的品牌信息从发布者到接受者的单向传播模式已经开始向"双向沟通"乃至"多向实时沟通"的网状传播模式转变,也使得品牌信息传播范围更广,效率更高。

3. 网络品牌越来越个性化、"人格化"

当前,由于内容生产过剩、信息量过载导致不同品牌之间对消费者注意力的争夺程度越来越激烈,在此背景下,如何通过彰显品牌个性,抓住消费者的注意力成为网络品牌推广的首要目标。品牌个性是消费者认知中品牌所具有的"人格特质",是企业经过分析和提炼,有意识地将目标消费者所拥有或认可的个性特质移植或注入品牌之中,使得品牌具有某种有别于其他品牌商品的独特性格特征。差异性文化植入以及视觉、营销、渠道等方面进行文化价值一致性的输出和立体的年轻化,使产品、品牌与年轻人产生共鸣,得到目标消费群体快速回应,实现产品与消费者的情感沟通与共鸣,一些知名网络品牌如褚橙、三只松鼠等,在品牌个性化和"人格化"塑造方面取得了很好的成效。

4. 企业越来越重视网络品牌的 IP 设计

近年来,IP 或超级 IP 现象在国内逐渐兴起。IP(Intellectual Property),字面意思为"知识产权",也称为"智力成果权",原本主要出现在文学影视、动漫游戏等领域,特指对具有原创性、故事性、传播性和话题性的内容进行深度挖掘或再创造,进而发挥出其更大的商业价值。IP 可以拉进品牌与大众的沟通距离,让品牌与消费者之间的沟通变成了人与人之间的沟通,所以 IP 如今越来越多地被应用到商业领域的跨界营销、产品开发和品牌传播等方面。通过传递 IP 的核心价值观,让更多的消费者认识到品牌后,更加认可品牌的价值观从而变成深度粉丝,达到最高程度的商业转化。很多传统品牌都成功开发了自己的网络 IP,如故宫博物院打造的故宫 IP、中国邮政打造的"外滩网红邮筒君"等,都成了品牌形象塑造和传播的强有力工具。

5. 企业越来越重视品牌的私域运营

在如今信息冗余的互联网上,消费者的注意力严重分散,品牌的传播遭遇了越来越多的挑战。如何与消费者建立持续稳定的连接,让消费者变为品牌的忠实粉丝,并影响越来越多的人选择自己的品牌,成为网络品牌运营的重要内容,这也促使企业越来越注重品牌从公域流量到私域流量的转化。私域是指品牌拥有可重复、低成本甚至免费触达用户的场域,如由企业控制的社交媒体账号、社群等。相对于公共平台,私域流量具有更高的控制权和隐私保护,更容易实现品牌价值的传播和用户忠诚度的提升。通过私域,品牌方可以和消费者实现高频次、深程度、高质量的有效沟通,同时与消费者之间建立更信任的双向关系。

4.3.3 网络品牌运营管理的内容

品牌运营管理是指通过有计划、有组织、有针对性地开展活动来提升品牌价值、增加品牌影响力和提高品牌知名度的过程。网络品牌运营管理主要的工作，就是企业通过各种渠道在消费者心目中建立起自身在网络渠道的品牌形象，通过各种方式，提升品牌的知名度和美誉度，提高消费者的认知度与忠诚度，促进品牌健康、可持续地发展。

1. 品牌战略规划与定位

品牌的战略规划包括品牌的发展目标、发展愿景、发展规划等内容，通过战略分析做出市场洞察，从而找到品牌在市场中破局的关键点，确定品牌定位。

品牌定位是建立一个与目标市场有关的品牌形象的过程和结果，包括市场定位、价格定位、形象定位、地理定位、人群定位、渠道定位等内容。确定恰当的品牌定位首先需要在细分市场中找到正确的目标消费者群体，然后明确本品牌产品在相应细分市场中的主要竞争对手，并厘清本品牌和竞争品牌的相似性和差异性，在目标消费者群体的心目中塑造最佳的品牌形象和适合的品牌联想点，最终实现企业的利益最大化。

品牌定位是实现差异化的最有效的手段，将品牌定位到消费者思想中，这种定位必须新颖、独特，和消费者的理性需求和期望相一致。网络品牌并没有改变这个从战略基础上建立品牌的需求，因此品牌定位也是整个网络品牌运营体系的首要工作。

2. 品牌形象塑造与 IP 开发

品牌形象是消费者通过认知后建立的对品牌的联想的集合，它能够影响大众对品牌的购买和消费行为。成熟的网络品牌可以通过其品牌形象向消费者充分表达该品牌的个性，传播其自身独有的品牌文化，同时通过向消费者传递宣传信息来增加品牌知名度。品牌形象的塑造是一项立体的、多维的、动态的、复杂的社会系统工程，涉及企业、员工、产品服务质量、品牌标志和宣传推广等多方面的内容，需要持之以恒的积累和投入。品牌形象塑造不能仅仅停留在满足产品使用功能的水平上，要关注消费者的深层次需求，如可以根据消费者的情感需求形成品牌吸引力。

IP 是辅助品牌进行受众传播的强有力的营销手段，IP 的表达形象可以是企业成员的个人形象，如"格力电器的董明珠"；也可以是拟人化的形象，如"江小白"；也可以是动漫、卡通形象，如"迪士尼"。IP 的开发工作主要是围绕某一个人、某一事件或某一物体而展开故事挖掘、情节设计、矛盾冲突等创造性工作，为企业的品牌建设和传播带来源源不断的流量集聚和变现潜力。以具有品牌属性的 IP 形象为载体表达品牌价值观，也是将品牌与人的关系快速转化为人与人关系的一条捷径。

3. 网络品牌传播管理

网络品牌传播管理工作的主要内容是针对品牌营销内容、信息发布渠道和传播渠道的管理。传统的网络品牌传播是以企业网站建设和第三方平台信息发布为主要方式，通过一系列的推广措施，达到公众和消费者对企业及其产品的认知和信任。网络品牌传播要善于讲故事，策划故事中所蕴含的人文精神，将关键内容通过故事传达出去。

如今网络品牌进入全渠道整合营销时代，除了企业官网外，企业 APP 和建立在各种社交网络平台的官方账户，如企业官方微博、公众号、抖音号、小红书等也成为企业用于品牌传播的重要阵地。企业需要独具匠心、创造性地生产符合企业整体形象的内容，综合运用各种线上线下的营销推广方式，既要包括线下和传统媒体，也要包括各类社交媒体、搜索引擎优化（SEO）、联盟营销、移动营销等，为品牌提供完整的曝光、口碑和可见度，让品牌在全网环境中更具竞争力。

4. 网络品牌用户运营

网络品牌用户运营的目的在于以通过提供有价值的内容、与用户互动、建立用户关系等方式，增加用户对企业的好感和信任感，从而提高用户的忠诚度和黏性，以此提高销售转化率和复购率。用户运营的工作内容主要包括通过线上线下融合方式，对互联网用户进行吸引、培育、转化、维护等工作。当前，由于用户增长红利见顶，市场开始由"增量竞争"转向"存量竞争"，导致品牌获客成本上升，用户留存难，因此网络品牌用户运营的重心也转移到私域流量运营。私域流量意味着完全真实的用户关系和可重复使用的固定流量资源，资源不需要付费，用户可以在任意时间和任意频次使用，内容直接触达用户，如自媒体、粉丝群、用户群、微信号朋友圈等，是关键意见消费者（Key Opinion Consumer，KOC）可以辐射到的一个圈层，是社交电商领域的概念。私域流量运营的主要工作包括以下方面：

（1）用户管理　通过数据分析，了解用户需求，根据用户特征制定相应的用户运营策略，包括拉新、留存、提升活跃度等。

（2）内容策划　针对不同用户群体，定制有针对性的内容策略，包括文章、图文、视频等，提升用户黏性，建立品牌口碑。

（3）社群运营　通过建立社群，加强与用户的互动，提高用户参与度和忠诚度。

（4）数据分析　通过对用户数据进行分析，了解用户行为和需求，不断优化和改进私域流量运营策略。

（5）营销转化　通过私域流量运营，吸引更多的潜在用户，转化为实际购买用户，提升企业的业绩和收益。

5. 网络品牌舆情监测与危机管理

负面舆情对企业品牌的威胁是无法忽视的现实问题。在移动互联网上，舆论一旦形成就可迅速传播，无论是真实还是虚假的信息，都可能导致企业品牌形象受损、信誉降低，甚至出现生存危机，因此网络品牌舆情监测与危机管理也是网络品牌运营的重要内容。舆情监测的工作内容是通过社交媒体、微信公众号、微博等平台对用户的评论、转发、点赞等行为进行监测和分析，了解公众对其服务质量和口碑的态度和反应，也可通过舆情分析工具对公众的反馈和行为进行数据分析和挖掘，为其提供更准确的公关策略和决策支持，避免出现品牌危机。

品牌危机（Brand Crisis）是指由于组织内外突发原因而对品牌资产造成的始料不及的负面影响，包括品牌形象的损害以及品牌信任度的下降。品牌一旦发生危机，就会造成消费者对品牌评价的降低、对品牌产品认可度和信任度的下降，导致企业市场销售额下降，甚至倒闭。因此一旦出现品牌危机事件，要根据危机类型和严重程度快速反应，制定合适的处理措施，一般采取以下应对措施：

（1）信息发布　及时、准确、透明地发布信息，回应公众关切。

（2）舆论引导　通过舆论引导公众关注焦点，减轻危机影响。

（3）危机处理　采取措施，解决危机根源问题，消除危机隐患。

（4）形象重塑　通过公益活动、品牌传播等手段，重塑品牌形象。

6. 品牌评估

企业在实施品牌运营管理活动时，应对品牌运营效果进行全面评估，以便及时发现和解决问题，提高品牌价值。品牌评估可以从以下几个方面进行：

（1）品牌知名度　通过市场调研、问卷调查等方式，了解品牌知名度的提升情况，比较前后的差异。

（2）品牌形象　通过用户调研、社交媒体反馈等方式，了解品牌形象的变化情况，比较前后的差异。

（3）销售业绩　通过统计销售数据、订单量等方式，了解销售业绩的提升情况，比较前后的差异。

（4）用户参与度　通过统计用户参与度、互动量等方式，了解用户对品牌的参与度和与品牌互动情况。

（5）媒体曝光度　通过媒体报道、社交媒体转发等方式，了解品牌在媒体上的曝光度和影响力。

根据评估结果调整和改进运营策略，通过持续的评估和改进，可以不断提升品牌运营的效果和投资回报率（ROI）。

案　例

茶百道 IP 打造，用一只熊猫讲好茶的故事

茶百道诞生之初，就提出做一杯"鲜果＋中国茶"的好茶饮。企业瞄准年轻人市场，采取独立自主的产品研发模式，持续创新，不断探索天然食材与中国茶的搭配，创造出高品质、多元化的茶饮风味。

在茶百道的品牌表达中，从 2018 年开始就出现了大熊猫元素，但在品牌认知上与消费者的关联还不强。在这个背景下，企业在 2023 年进行了全面的品牌升级，并推出了最新的品牌 IP "茶茶"，一只融合了中国传统文化元素与新一代性格特征的熊猫形象。"茶茶"不是一只普通的熊猫，而是一只有故事、有足迹、有性格的熊猫，它会捣乱、会工作，也会跋山涉水地为大家找一杯好茶。

企业之所以结合熊猫形象来设计品牌 IP，是因为熊猫在国际交往中是"友好大使"，代表友谊、善良、和谐。在世人眼中，熊猫蠢萌可爱的形象已深入骨髓，这种人们对熊猫已有的认知，正是品牌需要的心智资源。此外，熊猫栖息的环境，对海拔、湿度、温度等

都有严苛要求，它每天寻觅最新鲜的竹子食用，讲究"精贵"，这一点也与茶百道的品牌理念契合。这只"喝茶的熊猫"正式发布后很快成为茶百道的品牌图腾，简洁、直观地传达了"一杯好茶"的品牌诉求，既是对过去经典的回归，又是对未来愿景的重塑。

同时，茶百道将英文名称从"ChaBaiDao"更改为"ChaPanda"，一方面可拓展品牌历史中"熊猫"元素的延续，另一方面又能通过谐音点题的方式关联"茶百道"中文发音，更重要的则是，新的英文名，能更准确地体现茶百道对自身产品所用茶底的高标准——茶饮业的"茶中熊猫""茶中精贵"。

茶百道为了将新IP扩大知名度，强化消费者情感链接，2024年，以品牌IP"熊猫茶茶"为基础，借势推出了"熊猫寻茶"系列活动。熊猫寻茶，寻的是"好茶为底，制造新鲜"的"鲜"，也是城市中，茶饮生活的"闲"。企业以品牌IP"茶茶"的旅途为主线，前往中国各优茶核心产区开启"熊猫寻茶"系列活动，邀请明星红人与茶百道一起溯源好茶发源地，寻觅和体验中国广袤大地的特色好茶，同时以独具地区特色的创意装置和好茶内容唤起本地人的文化自豪感与价值认同感。

通过讲述"茶茶"的故事，串联起后续一系列创意动作：微综艺、TVC、线下活动等，用强故事感进一步强化"茶百道＝好茶"的心智标签。活动取得了意想不到的效果，线上互动总数突破1000万＋，包含点赞、评论、分享、转发；总曝光突破1.2亿＋，包含阅读、曝光，包含评论晒图、原创动态分享；其中"茶百道龙井煎茶"新品话题阅读量达2206万，艺人官宣代言人身份的话题更是直接突破1.1亿的曝光量。

茶百道的熊猫"茶茶"IP，不仅是对品牌视觉的焕新，更是对品牌内核的深挖和再定义。这一IP通过呈现熊猫的呆萌可爱一面，在消费者心中树立了品牌记忆，提高品牌的国民度和辨识度，让每一位消费者都能深感品牌"探索精神"的力量与厚度。企业通过对该IP多角度、多层次的整合传播，成功触动了年轻消费群体，赢得了他们的好感和认同，开启了品牌形象新篇章。

 ## 本章小结

1. 网络营销的发展

（1）网络营销是借助于互联网络、信息通信技术和数字交互式媒体来实现营销目的的活动。网络营销通过互联网等电子手段促进产品、服务及思想（知识）的交换，以实现买卖双方的目标，从而建立并维护客户关系的过程。

（2）网络营销具有传统营销无法比拟的优势：网络营销的互动性极强；网络消费者个性化趋势日益突出；网络营销使购物过程更加容易和理智；网络营销有利于降低企业成本费用。

（3）网络营销与传统营销理论："4P"理论与"4C"理论。

2. 网络营销的职能和主要方法

（1）网络营销的职能：树立品牌、网络调研、信息发布和销售促进、网络消费者分析、网络营销策略制定等。

（2）网络营销的主要方法：网络广告、广告联盟营销、电子邮件营销、社会化媒体营销、口碑营销、定制营销和其他营销方法。

3. 网络品牌运营管理

（1）网络品牌运营管理的内容：品牌战略规划与定位、品牌形象塑造与 IP 开发、网络品牌传播管理、网络品牌用户运营、网络品牌舆情监测与危机管理、品牌评估。

（2）网络品牌用户运营：用户管理、内容策划、社群运营、数据分析、营销转化。

（3）网络品牌危机处理的手段：信息发布、舆论引导、危机处理、形象重塑。

 本章习题

1. 简述传统营销和网络营销有何不同。

2. 解释网络营销理论从"4P"到"4C"的转变。

3. 简述社交媒体营销的优势。

4. 网络广告有哪些类型？

5. 网络营销有哪些职能？

6. 为什么要进行网络品牌运营管理？

7. 如何打造一个品牌 IP？

8. 实验与实践：

浏览几家在线旅游代理公司（携程、飞猪、去哪儿网、途牛等，以及国外旅游网站），比较其中三家公司的网络营销方法有何不同。

参考文献

[1] 程大为. 电子商务概论 [M]. 北京：中国财政经济出版社，2010.

[2] 冯英健. 网络营销基础与实践 [M]. 4 版. 北京：清华大学出版社，2013.

[3] 褚福灵. 网络营销与策划 [M]. 北京：经济科学出版社，2007.

[4] 昝辉. 网络营销实战密码：策略·技巧·案例 [M]. 北京：电子工业出版社，2013.

[5] 特班，金，李在奎，等. 电子商务：管理与社交网络视角 [M]. 时启亮，陈育君，占丽，等译. 北京：机械工业出版社，2014.

[6] 庞守林，张汉明，丛爱静，等. 品牌管理 [M]. 北京：清华大学出版社，2017.

[7] 张夏恒. 网络品牌开发与管理 [M]. 武汉：武汉大学出版社，2018.

第5章
电子商务物流与供应链管理

学习目标

- 理解电子商务与物流的关系。
- 理解电子商务环境下的几种物流模式、物流平台及其分类。
- 掌握采购管理的含义，电子商务下的采购管理流程。
- 掌握库存管理；电子商务下几种常见的库存管理方法。
- 掌握电子商务物流配送的概念和特征；电子商务物流配送流程及构成。
- 掌握供应链管理的概念；电子供应链的构成以及电子供应链的管理策略。
- 了解跨境电子商务的概念及模式，跨境物流及其模式及跨境物流管理。

中国邮政速递物流

中国邮政速递物流是中国经营历史最悠久、网络覆盖范围最广的快递物流综合服务提供商。中国邮政速递物流在国内31个省（自治区、直辖市）设立分支机构，并拥有中国邮政航空有限责任公司、中邮物流有限责任公司等子公司，业务范围遍及全国的所有市县乡（镇），通达全球200余个国家和地区，自营营业网点近9000个。

中国邮政速递物流主要经营国内速递、国际速递、合同物流等业务，国内、国际速递服务涵盖卓越、标准和经济不同时限水平和代收货款等增值服务，合同物流涵盖仓储、运输等供应链全过程，拥有享誉全球的"EMS"特快专递品牌和国内知名的"CNPL"物流品牌。

1. 国内速递

EMS拥有首屈一指的航空和陆路运输网络以及200多个高效发达的邮件处理中心，国内范围通达全覆盖，并拥有多种不同的快递产品和增值服务，满足客户多样化、个性化的寄件需求。国内业务有：即日专递、国内特快专递、标准快递、电商标快、快递包裹、政务专递、商务专递、极速鲜、港澳台特快专递、港澳台e特快、港澳台包裹、香港e邮宝、港澳台小包。下面以即日专递、国内特快专递、极速鲜和港澳台包裹为例介绍国内速递服务特性。

（1）即日专递　即日专递主要依托自主运输网，在特定线路提供高效、安全的当日寄件、当日送达的寄递服务。其服务特性有：面向文件、物品类邮件；提供保价、代收货款、返单、密码投递等增值服务，暂不支持收件人付费；提供核心区域1小时上门服务；提供包装服务；提供满足不同材质、大小的绿色环保包装材料；邮件全程追踪，提供APP、官微等多种查询方式；提供专业的线上、线下客户服务。

（2）国内特快专递　国内特快专递是中国邮政最早开办的产品，在全国范围内开通，主要依托自主航空网，提供高效、安全的国内文件和物品寄递服务。服务特性有：在指定服务范围和时间内，提供今天寄明天到的次日递承诺服务；提供保价、代收货款、收件人付费、返单、密码投递等增值服务；提供核心区域1小时上门服务；提供包装服务；提供满足不同材质、大小的绿色环保包装材料；邮件全程追踪，提供APP、官微等多种查询方式；提供专业的线上、线下客户服务。

（3）极速鲜　极速鲜是中国邮政 EMS 打造的生鲜类特快专递产品，致力于为生鲜类客户提供高品质、高时效的寄递服务。寄递产品涵盖海鲜、大闸蟹、冷鲜肉、茶叶、樱桃、荔枝、杨梅、草莓、鲜花等百余种品类，依托邮政自主航空及陆运网络，叠加冷链专线、主动客服、信息提示、优先派送等增值服务，为生鲜类产品搭建极速送达、鲜美到家的绿色通道。

（4）港澳台包裹　港澳台包裹业务为中国大陆地区客户向香港、澳门和台湾地区邮寄大件物品提供便利。客户可以自主选择航空、陆运两种运输方式。

2. 国际速递

中国邮政国际业务为用户提供通达全球 200 多个国家和地区的寄递服务。根据不同产品，可提供信息查询、邮件保价、延误赔偿和丢失赔偿等增值服务，以满足用户寄递物品、文件资料和信件等不同类型的需求。中国邮政国际业务分为出口业务和进口业务。

（1）出口业务　中国邮政国际出口业务分为优先类、标准类、经济类、货运类和海外仓配服务。

1）优先类包括国际（地区）特快专递、中速快件、e 特快。优先类是时效最快的寄递服务，邮政内部优先处理，使用最快的运输工具运递，境外使用快递类网络优先处理和投递，全程节点轨迹可视。

2）标准类包括 e 邮宝、挂号小包、国际包裹、e 包裹、中邮商业专线。标准类是时效较稳定的寄递服务，邮政内部快速处理，使用性价比较高的运输工具运递，境外使用标准类网络处理和投递，主要节点轨迹可视。

3）经济类主要是平常小包。经济类是时效相对较长、价格最有竞争力的寄递服务，使用成本相对较低的运输工具运递，境外使用非优先网络处理和投递，部分节点轨迹可视。

4）货运类主要是中速快运。中速快运业务主要面向制造业出海、传统贸易、跨境电商批量发货客户等，依托邮航自主运力和战略合作航司舱位，多口岸海运航线、中欧班列和边境卡班资源，形成覆盖全球的网络，为制造业出海提供国际货运和海外仓头程等产品服务。

5）海外仓配服务包括中邮海外仓和中邮 FBA。

（2）进口业务　进口业务主要包括中邮海外购、商业渠道进口业务和中速快运。其中，中邮海外购是中国邮政致力解决跨境电子商务进口物流服务需要，通过在线系统制单、海关电子申报、在线关税缴纳、全程状态跟踪等服务，为境外到中国日益增长的跨境电子商务市场提供高效、正规、合法的国际个人快件包裹入境申报的配送服务。商业渠道进口业务为中国日益增长的跨境电子商务进口市场提供高效、正规合法且时限稳定的进口个人包裹入境快件申报及配送服务。中速快运主要面向制造业出海、传统贸易、跨境电商批量发货客户等，满足货运市场多样性服务需求，同时可为客户定制个性化解决方案。

（资料来源：中国邮政速递物流官网.）

5.1 电子商务物流管理

5.1.1 电子商务物流的核心概念

1. 物流

物流是物品从供应地向接收地的实体流动过程中,根据实际需要,将运输、储存、采购、装卸搬运、包装、流通加工、配送、信息处理等功能有机结合起来实现用户要求的过程。

2. 物流管理与电子商务物流管理

1)物流管理(Logistics Management)是指在社会生产过程中,根据物质资料实体流动的规律,应用管理的基本原理和科学方法,对物流活动进行计划、组织、指挥、协调、控制和监督,使各项物流活动实现最佳的协调与配合,以降低物流成本,提高物流效率和经济效益。

2)电子商务物流管理可以理解为"物流管理电子化",利用电子商务技术(主要是计算机技术和信息技术)进行物流运作与管理,实现企业间物流资源的共享和优化配置,是推动物流行业发展的新型管理模式。电子商务物流管理包括采购管理、库存管理、运输管理和配送管理等四个环节。

3. 逆向物流

逆向物流(Reverse Logistics)的概念起源于 20 世纪 90 年代,最早是由美国学者 Douglas Lambert 和 James Stock 提交给美国物流管理协会的一份研究报告中提出的。在其研究报告中指出,逆向物流的流程包含瑕疵货品的退货,原材料的替换,原材料的再利用,废弃物处理、维修和再制造。

逆向物流有狭义和广义之分。狭义的逆向物流不包括废弃物处理。废弃物处理是指对淘汰的或者更新换代下来的产品进行回收处理的过程。广义的逆向物流包括废弃物处理,即通过回收活动,使得废弃物产生量最小,在正向、逆向物流形成的闭环物流活动中实现更高的效率,从而保证原材料得到最大限度的利用。

逆向物流具有不确定性、方向相反性、流通速度慢、资源循环利用等特征。

(1)不确定性　逆向物流的不确定性主要体现在废弃品产生的时间、数量、类别、品质等方面都是不确定的,而且分散性比较大。

(2)方向相反性　与正向物流方向相比,逆向物流的方向是相反的。产品回收从消费者处经过收集点、回收点,最终流向零售商、制造商或再制造商。

(3)流通速度慢　在实施逆向物流的开始阶段,因为废弃物及瑕疵货品的数量较少、品类繁多,以及废弃物及瑕疵货品的收集、处理、拆解分类过程复杂,需要经历长时间的累积才能形成一定规模。

（4）资源循环利用　逆向物流管理可以实现原材料的循环利用，在通过原材料的再销售为企业发展带来良好的经济效益的同时，还可以向公众推行可持续发展思想。

4. 绿色物流

绿色物流是指物流行业面对当前节约资源、低碳减排和保护环境的政策和文化要求，对于包裹材料、配送运输及人力资源等物流运输链各环节进行规划减排的发展模式。绿色物流的范围很宽泛，包括废物回收物流。

绿色物流要求体现在物流运输的各领域中，不仅局限于企业价值，还要实现资源的绿色可循环。它要求物流公司合理整合其所持有的资源，摒弃污染环境的有害资源，利用绿色可循环资源，实现绿色包装、绿色物流配送、绿色人员装配和绿色仓储等。绿色物流的目标是打造和谐、低碳、绿色的运输物流行业，协调实现物流业经济与生态双渠道的可持续发展。

5.1.2　电子商务与物流的关系

1. 物流对电子商务的影响

（1）物流是实现电子商务的重要保证　电子商务的优势之一是能大大简化业务流程，降低企业运作成本。物流是电子商务的重要组成部分，在电子商务环境下，企业成本优势的建立和保持必须以可行和高效的物流运作为前提。电子商务企业要在竞争中取胜，不仅需要合适的产品、正确的营销策略及方式，更需要加强"品质经营"，强调时效性，其核心既包括服务、产品、信息和决策反馈的快速性，也包括物流配送的及时性。电子商务的核心内容是商品的交易，而商品交易涉及商品所有权的转移、货币的支付、信息的获取与应用、商品本身的转交四个方面，即商流、资金流、信息流、物流。对于少数商品和服务来说，可以直接通过网络传输的方式进行配送，如各种电子出版物和信息咨询服务等。而对于大多数商品和服务来说，物流仍要经由物理方式传输，只有商品和服务真正到达客户手中，电子商务活动才告终结。没有现代化的物流，电子商务活动只会退化为"一纸空文"。所以说，物流是实现电子商务的重要保证。

（2）物流影响电子商务的运行质量　物流是一种服务，面临着服务信誉和服务质量的问题。对电子商务企业来说，货物送达时是客户在购物过程中唯一一次与商家面对面的机会。物流服务的质量，将直接影响企业在客户心中的形象，从很大程度上决定了是否还有下一次交易的可能。在以客户为中心的电子商务时代，每一个与客户接触的环节，都会影响与客户关系的建立以及对客户忠诚度的培养。

（3）物流是实现电子商务企业盈利的重要环节　良好的物流管理可以大大降低企业成本。在传统商务交易中，物流成本可以占到商品总价值的30%～50%，而现代物流业可以大大降低来自该部分的成本。

综上所述，物流在电子商务中的作用至关重要。电子商务必须以现代物流技术为支持，才能体现出其具有的无可比拟的先进性和优越性。

2. 电子商务对物流的影响

（1）电子商务给物流带来了新的机遇 在电子商务环境下，事务处理实现了信息化，物流成为整个市场的运行核心之一。物流企业成为代表所有生产企业、供应商向客户进行实物供应的最集中、最广泛的提供者，是进行市场实物供应配送的唯一主体。电子商务把物流提升到了前所未有的高度，可以说，电子商务为物流的发展提供了新的机遇。

首先，电子商务可使物流实现网络的实时控制。在电子商务环境下，物流的运作是以信息为中心的，信息不仅决定了物流的运动方向，也决定了其运作方式。在实际运作过程中，通过网络进行信息传递，商家可以实现对物流的实时控制，使物流更加合理化。

其次，电子商务的蓬勃发展必将导致物流企业的逐渐强化。在电子商务环境下，消费者在网上的虚拟商店购物，并在网上支付，配送的功能则由物流企业承担。也就是说，虽然实际的商店、银行没有了，但是物流企业的事务非但没有简化，反而加重了。物流企业不仅要将消费者从在线商店订购的货物送到其手中，还要及时调整库存。物流企业既要为生产企业服务，又要为在线商店服务，还要为具体的消费者服务。

最后，电子商务促进了第三方物流的极大发展。第三方物流是指由物流劳务的供方、需方之外的第三方去完成物流服务的物流运作方式。因为电子商务的跨时域性和跨区域性，所以要求其物流活动也具有跨区域或国际化特征。而在线商店一般很少自己投资建设大范围的配送网络，所以它对第三方物流的要求也十分迫切。第三方物流可大大简化交易过程，减少货物周转环节，降低流通费用。

（2）电子商务给物流带来了挑战 电子商务对物流带来机遇的同时也带来了挑战，对物流企业提出了更高的要求。

首先，电子商务对物流的时效性提出了更高的要求。电子商务最大的优势就是能简化业务流程，降低运作成本。而电子商务环境下企业的成本优势必须以可靠和高效的物流作为保证。现代企业竞争的核心就在于"时效性"，包括服务的及时性、产品的及时性、信息的及时性以及决策反馈的及时性。这些都必须建立在强大的物流能力基础之上。

其次，电子商务使物流需求发生了新的变化。互联网的推广将整个世界联系在一起，加快了世界经济的一体化。因为电子商务的跨区域性和跨时域性，使物流需求出现明显的跨国性。国际物流在企业商务活动中必然占有越来越重要的地位。

5.1.3 电子商务物流模式

电子商务物流模式是指以市场为导向、以满足顾客要求为宗旨，能够获取系统总效益最大化，适应现代社会经济发展的物流模式。它主要包括自营物流、物流联盟、第三方物流和第四方物流。

1. 自营物流

自营物流是指企业自身经营物流。在电子商务刚刚萌芽的时期，电子商务企业规模不大，从事电子商务的企业多选用自营物流的模式。自营物流意味着电子商务企业自行组建物流配送系统，经营管理企业的整个物流运作过程。一般而言，采取自营物流模式的企业大都是规模较大的集团公司，他们通过组建自己的配送系统来完成企业的配送业务，包括对内部各场、店的配送和对企业外部顾客的配送。例如，京东自营店。

自营物流的优势有：①企业掌握了控制权。企业可以对物流系统运作的全过程进行有效的控制，协调物流活动的各个环节，能以较快的速度解决物流活动管理过程中出现的问题，获得供应商、销售商以及最终顾客的第一手信息，以便企业随时调整自己的经营战略。②降低了交易风险。企业通过企业内部控制原材料的采购、产成品的销售，避免多次交易费用，降低交易风险。③避免商业机密的泄露。当企业将运营中的物流要素外包时，可能会将企业经营中的商业信息泄露。④提高企业品牌价值。企业采用自营物流模式，能够自主地控制营销活动，一方面，可以亲自为顾客服务，使顾客了解企业、熟悉企业产品，提升企业的形象；另一方面，企业可以掌握最新的顾客需求信息及市场信息以调整企业的战略方案，提高企业的竞争力。

自营物流的不足：①企业成本增加。企业投入大量资金用于仓储设备、运输设备以及人力资本，必然会减少企业对其他重要环节的投入，削弱了企业的核心竞争力。②企业管理人员需要花费大量的时间、精力和资源从事物流工作，导致效率低下，可能会影响企业主营业务的发展。③难以形成物流规模效应。对于规模不大的企业来说，其产品数量是有限的，采用自营物流模式，不能形成规模效应。一方面会导致物流的成本过高，另一方面，由于规模有限，因此不能更好地满足企业的需求。

2. 物流联盟

物流联盟是制造业、销售企业、物流企业基于正式的相互协议而建立的一种物流合作关系，参加联盟的企业汇集、交换或统一物流资源以谋取共同利益，合作企业仍保持各自的独立性。物流联盟为了取得比单独从事物流活动更好的效果，在企业间形成了相互信任、共担风险、共享收益的物流伙伴关系。企业间不完全采取导致自身利益最大化的行为，也不完全采取导致共同利益最大化的行为，只是在物流方面通过契约形成优势互补、要素双向或多向流动的中间组织。物流联盟是动态的，只要合同结束，双方就又变成追求自身利益最大化的单独个体。

企业间物流联盟的组建方式：①纵向一体化物流联盟。该方式是指上游企业和下游企业发挥各自的核心能力，发展良好的合作关系，从原材料采购到产品销售的全过程实施一体化合作，形成物流联盟。②横向一体化物流联盟。该方式是由处于平行位置的几个物流企业结成联盟，弥补现有物流市场条块分割的缺陷。③混合模式。该方式是以一家物流企业为核心，联合一家或几家处于平行位置的物流企业和处于上下游位置的中小物流企业加盟组成。这些物流企业通过签订联盟契约，共同采购和配送，构筑物流市场，形成相互信任、共担风险、共享收益的集约化物流伙伴关系。混合模式是物流企业间为实现运作效率的提高而在职能分工的基础上进行优势互补的一种融合，是一种基于各自不同的核心竞争力的物流资源整合。④以项目为管理联盟模式。利用项目为中心，由各个物流企业进行合作，形成一个联盟。⑤基于 Web 的动态联盟。由于市场经济条件下的激烈竞争，为了占据市场的领导地位，供应链应成为一个动态的网络结构，以适应市场变化、柔性、速度、革新、知识的需要，不能适应供应链需求的企业将从中淘汰，并从外部选择优秀的企业进入供应链。

3. 第三方物流

第三方物流（The 3rd Party Logistics）是指独立于买卖之外的专业化物流公司。第三方物流长期以合同或契约的形式承接供应链上相邻组织委托的部分或全部物流功能，因地制宜地为特定企业提供个性化的全方位物流解决方案，实现特定企业的产品或服务快捷地向市场移动，在信息共享的基础上，实现优势互补，从而降低物流成本，提高经济效益。国际上知名的第三方物流公司有 UPS、DHL、联邦快递、马士基等，国内有顺丰、德邦物流、中远物流等。

第三方物流在发展中已逐渐形成鲜明特征，主要表现在以下五个方面：

（1）关系契约化　首先，第三方物流通过契约形式来规范物流经营者与物流消费者之间的关系。物流经营者根据契约规定的要求，提供多功能直至全方位一体化物流服务，并以契约来管理所有提供的物流服务活动及其过程。其次，第三方物流发展物流联盟也是通过契约的形式来明确各物流联盟参加者之间权责利的相互关系的。

（2）服务个性化　首先，不同的物流消费者存在不同的物流服务要求，第三方物流需要根据不同物流消费者在企业形象、业务流程、产品特征、顾客需求特征、竞争需要等方面的不同要求，提供针对性强的个性化物流服务和增值服务。其次，从事第三方物流的物流经营者也因为市场竞争、物流资源、物流能力的影响需要形成核心业务，不断强化所提供物流服务的个性化和特色化，以增强物流市场竞争能力。

（3）功能专业化　第三方物流提供的是专业物流服务。从物流设计、物流操作过程、物流技术工具、物流设施到物流管理必须体现专门化和专业水平，这既是物流消费者的需要，也是第三方物流自身发展的基本要求。

（4）管理系统化　第三方物流应具有系统的物流功能，是第三方物流产生和发展的基本要求，第三方物流需要建立现代管理系统才能满足运行和发展的基本要求。

（5）信息网络化　信息技术是第三方物流发展的基础。物流服务过程中，信息技术发展实现了信息实时共享，促进了物流管理的科学化，极大地提高了物流效率和物流效益。

第三方物流的主要优势：①可以使企业集中精力于核心业务，而把物流等辅助功能留给第三方物流公司。②灵活运用新技术，实现以信息换库存，降低成本。③减少固定资产投资，加速资本周转。企业自建物流需要投入大量的资金，对于缺乏资金的企业，特别是中小企业而言是沉重的负担。而第三方物流不仅减少了设施的投资，还解放了仓库和车队方面的资金占用，加速了资金周转。

第三方物流的主要劣势：①企业对物流的控制能力降低。由于第三方的介入，使得企业自身对物流的控制能力下降，在双方协调出现问题的情况下，可能会出现物流失控的风险，从而使企业的客服水平降低。②客户关系管理的风险。首先是企业与客户的关系被削弱，由于生产企业通过第三方来完成产品的配送与售后服务，因此同客户的直接接触减少，这对于建立稳定密切的客户管理非常不利。其次是客户信息泄露风险，客户信息对企业而言是非常重要的资源，但第三方物流公司并不只面对一个客户，在为企业竞争对手提供服务时，企业的商业机密被泄露的可能性将增大。③连带经营风险。第三方物流是一种长期的合作关系，如果服务商自身经营不善，则可能影响企业的经营，解除合作关系又会产生较高的成本，因为稳定的合作关系是建立在较长时间的磨合期上的。第三方物流确实能给企业带来多方面的利益，但这并不意味着物流外包就是所有企业的最佳选择。

4. 第四方物流

第四方物流（The 4th Party Logistics）是一个供应链的集成商，通过调集、管理和组织自己的以及具有互补性的服务提供商的资源、能力和技术，为客户提供一个综合的供应链解决方案。第四方物流利用了整个供应链的影响力，可以为客户带来更大的价值。

第四方物流最大的优越性在于它能保证产品更快、更好、更低成本地送到需求者手中。当今经济形式下，货主/物流企业越来越追求供应链的全球一体化，以适应跨境电子商务的需要，跨境电子商务企业同样需要集中精力于其核心业务，因而必须更多地依赖于物流外包。不只在操作层面上进行外包，而且在战略层面上也需要借助外界的力量。需要第四方物流提供的功能如下：①供应链管理功能，即管理从货主/物流企业到客户的供应全过程；②物流一体化功能，即负责管理物流企业之间在业务操作上的衔接与协调；③供应链再造功能，即根据货主/物流企业在供应链战略上的要求，及时改变或调整战略战术，使其经常高效率地运作，保证其所提供的物流服务速度更快、质量更好、价格更低。

第四方物流模式一般有三种，即协同运作模式、方案定制模式和行业创新者模式。

（1）协同运作模式　在该运作模式下，第四方物流企业与第三方物流企业建立合作关系，二者共同开发市场，在开发的过程中，第四方物流企业向第三方物流企业提供技术支持、供应链管理决策、市场准入能力以及项目管理能力等。

（2）方案定制模式　在该运作模式下，第四方物流企业只为一个客户提供物流方面的运作和管理。通常由第四方物流企业与客户成立合资公司，客户在合资公司中占主要份额，因为大多数物流企业不希望将自己限制在一个客户中。

（3）行业创新者模式　该模式也是作为第三方物流企业和客户沟通的桥梁，将物流运作的两个端点连接起来。第四方物流提供行业整体物流的解决方案，这样可使其运作规模能更大限度地扩大，使整个行业在物流运作上获得收益。

第四方物流无论采取哪一种模式，都突破了单纯发展第三方物流的局限性，能真正的低成本运作并实现最大范围的资源整合。

5.1.4　电子商务物流的基本技术

1. 射频识别技术

射频识别（Radio Frequency Identification，RFID）是 20 世纪 90 年代开始兴起的一

种自动识别技术，它利用射频信号通过空间电磁耦合实现无接触信息传递，并通过所传递的信息实现物体识别。RFID既可以被看作一种设备标识技术，也可以被归类为短距离传输技术。

RFID系统主要由三部分组成：电子标签（Tag）、读写器（Reader）和天线（Antenna）。其中，电子标签具有数据存储区，用于存储待识别物品的标识信息；读写器是将约定格式的待识别物品的标识信息写入电子标签的存储区中（写入功能），或在读写器的阅读范围内以无接触的方式将电子标签内保存的信息读取出来（读出功能）；天线用于发射和接收射频信号，往往内置在电子标签和读写器中。

RFID技术的工作原理：电子标签进入读写器产生的磁场后，读写器发出的射频信号，凭借感应电流所获得的能量发送出存储在芯片中的产品信息（无源标签或被动标签），或主动发送某一频率的信号（有源标签或主动标签）；读写器读取信息并解码后，送至中央信息系统进行有关数据处理。

RFID的特点：无须接触、自动化程度高、耐用可靠、识别速度快、适应各种工作环境、可实现高速和多标签同时识别。RFID被广泛应用在物流管理、门禁安防系统、生产制造和装配、物品监视等多个领域。

2. RuBee

RuBee是IEEE推出的无线传输标准之一，也被称为IEEE 1902.1。RuBee技术可以作为RFID技术的重要补充，可以在某种情况下消除RFID技术的局限性。RuBee依赖于低频磁性波来跟踪产品和交换信息。RuBee并不是取代RFID技术，而是作为后者的补充。RuBee的基地台或标签采用磁性播送方式，利用电磁波来传送资料，电磁波的特性之一是可以穿透绝大部分的物体，这个特性协助RuBee应用在RFID无法使用的环境中，如金属、水、石头，甚至是电子噪声干扰严重的环境。RuBee在资料接收方面降低了敏感性，也使其不易读入环境的噪声。

RuBee网络目前已经应用在商业化领域中，包括用于医院的高价值医疗设备的智能货架，用于库存追踪的智能商店和仓库货架，以及用于家畜、珍禽等进口动物的农业网络中。

3. 条码技术

条码（Bar Code）是将宽度不等的多个黑条和空白，按照一定的编码规则排列，用以表达一组信息的图形标识符。条码又被称为条形码，最早出现于20世纪40年代，到了20世纪70年代，才真正应用于生产领域。

条码技术包括条码编码技术、快速识别技术和计算机管理技术。它是实现计算机管理和电子数据交换必不可少的前端采集技术。物流条码是物流过程中用以标识具体实物的一种代码，利用识读设备可以实现自动识别和自动数据采集。条码隐含着数字信息、字母信息、标志信息、符号信息，主要用以标识商品的名称、产地、价格、种类等，是全世界通用的商品代码标识方法。

条码的工作原理是黑条对光的反射率低而空白对光的反射率高，黑条和空白的宽度不同，使得扫描光线产生不同的反射接收效果，反射光照射到条码扫描器内部的光电转换器上，光电转换器将强弱不同的反射光信号转换成相应的电信号，形成可以传输的电子信息。

条码技术根据编码方式的不同分为一维码技术和二维码技术。

一维码包括 UPC 商品条码、EAN 商品条码、Code39 条码等。例如，EAN-13 码是一种常见的、通用的终端产品条码标准，主要应用在超市和其他零售业。如某产品的 EAN-13 码是 6901234567892，其中前三位组成前缀码，表示国家的代码，由国际物品编码协会统一决定，我国为 690～692；中间 4 位数字组成制造商代码，由我国物品编码中心统一分配并注册，一厂一码；之后 5 位数字为产品代码，标识每个制造商的商品，由厂商根据规定自己编制，其字符集为 0～9；最后一位为校验码，用以检验前面各码的正误。

二维码是指能够在横向和纵向两个方向同时表达信息，不仅能在很小的面积内表达大量的信息，而且能够表达汉字和存储图像。二维码依靠其庞大的信息携带量，能够阅读过去使用一维码技术阅读的信息，并且还有错误修正技术及防伪功能，增加了数据的安全性。二维码主要有 PDF417 码、Code49 码、Code 16K 码、Data Matrix 码、MaxiCode 码等。由于其具有信息量大、可靠性高、保密性高、抗损性强、防伪性强等优点，现在已经应用在国防、公共安全、交通运输、医疗保健、工业、商业、金融、海关及政府管理等多个领域。

4. 地理信息系统技术

地理信息系统（Geographic Information System，GIS）是以地理空间数据库为基础，在计算机硬件和软件系统的支持下，对整个或部分地球表层（包括大气层）空间中的有关地理分布数据进行采集、储存、管理、运算、分析、显示和描述的技术系统。GIS 把地图的视觉和空间地理分析功能与数据库功能集成在一起，提供了一种对空间数据进行分析、综合和查询的智能化手段。

GIS 一般包括计算机系统（硬件和软件）、地理数据库系统、应用人员与组织机构三个基本部分。计算机硬件系统由运算器、控制器、存储器、输入设备和输出设备五部分组成，计算机软件系统由核心软件和应用软件组成；地理数据库系统由数据库和地理数据库管理系统组成，主要用于数据维护、操作和查询；地理信息系统的开发需要技术和经验，需要投入高强度的人力和开发资金，所以应用人员与组织机构是必不可少的。

GIS 在物流中的应用主要表现在以下几方面：①利用 GIS 强大的地理数据功能来完善物流分析技术；②实时监控车辆等移动目标的位置，根据道路交通状况向移动目标发出实时调度指令；③与 GPS 和无线通信技术有效地结合，再辅以车辆路线模型、最短路径模型和网络物流模型等，建立功能强大的物流信息系统，使物流变得实时且成本最优。

5.2 电子商务采购管理

5.2.1 采购管理

1. 采购管理的含义

采购管理是指从计划下达、采购单生成、采购单执行、到货接收、检验入库、采购发票的收集到采购结算的采购活动的全过程,对采购过程中物流运动的各个环节状态进行严密的跟踪和监督,实现对企业采购活动执行过程的科学管理。采购管理是企业生产管理和经营管理中的一个重要环节,在电子商务日益发展的大背景下,企业也正在从传统的采购模式向电子商务的电子采购模式不断发展。采购管理流程一般包括采购计划管理、采购订单管理和发票管理三部分。

(1)采购计划管理 采购计划管理是对企业的采购计划进行制订和管理,为企业提供及时准确的采购计划和执行路线。采购计划包括定期采购计划(如周、月度、季度、年度)和非定期采购任务计划(如系统根据销售和生产需求产生的采购计划)。通过对多对象、多元素的采购计划的编制和分解,将企业的采购需求变为直接的采购任务,一般情况下企业的采购计划可以通过以销定购、以销定产、以产定购等多种采购应用模式进行制订。

(2)采购订单管理 采购订单管理以采购订单为源头,对供应商确认订单、发货、到货、检验、入库等采购订单流转的各个环节进行准确的跟踪,实现全过程管理。采购订单包括多种形式的流程,通过流程配置可进行多种采购流程选择,如订单直接入库,或经过到货质检环节后检验入库等。在整个过程中,企业可以实现对采购存货的计划状态、订单在途状态、到货待检状态等的监控和管理。采购订单可以直接通过电子商务系统发向对应的供应商,进行在线采购,生成电子订单。利用电子商务系统,可以提高企业采购订单管理的效率。

(3)发票管理 发票管理是采购结算管理中重要的内容,采购货物是否需要暂估、劳务采购的处理、非库存的消耗性采购处理、直运采购业务、受托代销业务等均在此部分进行处理。通过对此流程进行配置,一般允许用户更改业务处理规则,也可定义新的业务处理规则,以适应企业业务不断重组、流程不断优化的需要。电子商务背景下的采购管理所处理的业务大多数是电子采购业务,利用电子采购数据进行发票管理可以提高检验效率和准确率。

2. 采购管理的职能

(1)保障供应 采购管理的首要职能,就是要实现对整个企业的物资供应,以保障企业生产和生活的正常进行。

(2)供应链管理 在市场竞争越来越激烈的当今社会,企业之间的竞争实际上就是供应链之间的竞争。企业有效地进行生产和销售,离不开供应商的支持和相互之间的协调配合。一方面，只有把供应商组织起来，建立起一个供应链系统，才能形成一个友好及协调的采购环境，保证采购供应工作高效顺利地进行；另一方面，只有与供应商沟通、协调采购供应操作，才能建立起友好的供应商关系，从而建立起供应链，并进行供应链运作和管理。

（3）信息管理　采购管理部门是企业和资源市场的物资输入窗口，同时也是企业和资源市场的信息接口。所以采购管理除了保障物资供应、建立起友好的供应商关系之外，还要随时掌握资源市场信息，并反馈到企业管理层，为企业的经营决策提供及时有力的支持。

5.2.2　电子商务下的采购管理

电子商务采购是在电子商务环境下的采购模式，即网上采购，又被称为电子采购。通过建立电子商务交易平台，发布采购信息，或主动在网上寻找供应商、寻找产品，然后通过网上洽谈、竞价、订货、支付，最后通过物流进行货物配送，完成整个交易活动。

1. 电子商务采购流程

电子商务采购流程主要包括采购前的准备工作、采购中供需双方的磋商、合同的制定与执行、交付与清算过程等环节。

（1）采购前的准备工作　对于采购商来说，采购前的准备工作就是向供应商进行宣传和获取有效信息的工作。在电子商务环境下，供应商通过电子商务平台积极把自己产品的信息资源（如产品价格、质量、公司状况、技术支持等）发布出去，采购商随时通过网络查询并掌握自己所需要的商品信息资源，双方通过互动，共同完成商品信息的供需实现过程。电子采购的信息交流通过网络完成，跨越了时间和地域的限制，其速度和效率是传统方式所无法比拟的。

（2）采购中供需双方的磋商　在电子商务环境下，传统采购磋商的单据交换过程可以演变为记录、文件或报文在网络中的传输过程。企业一旦选择了合适的能保证最佳产品质量、最合理价格、最优质服务的供应商，就可以在网上与其进行磋商、谈判。各种商贸单据、文件（如价目表、报价表、询盘、发盘、订单、订购单应答、订购单变更要求、运输说明、发货通知、付款通知、发票等）在电子商务交易中一般都转化成标准报文格式，以减少漏洞和失误，规范整个采购过程。

（3）合同的制定与执行　磋商完成之后，通过电子商务平台制定具有法律效力的电子合同，一方面可以杜绝采购过程中的不规范行为，另一方面也可以避免因无效合同引起的经济纠纷。在此过程中，所有电子报文的准确性、机密性、完整性等安全要素皆由电子商务平台来保证。

（4）支付与清算过程　企业与供应商可以通过三种方式进行支付与结算：①电子货币，包括数字货币、电子钱包和电子信用卡等；②第三方支付，包括支付宝、微信支付、PayPal 等；③电子支票，如电子支票、电子汇款、电子划款等。其中，第三种方式主要用于企业与供应商之间的大额资金结算。

2. 电子商务采购优势

与传统采购相比，电子商务采购具有以下优势：

（1）减少了采购环节，提高采购效率　首先，通过电子商务平台可以更加有效地组织管理企业的内部资源进行集中采购，减少了采购环节；其次，采购人员合理地利用采购平台进行供应商选择、产品询价、订货等活动，可以大大提高采购效率。

（2）缩短了采购周期，降低了采购成本　在电子商务环境下，企业与供应商之间可以随时了解对方需求，并在网上开展询价、洽谈及交易等业务活动，这样大大节约了采购时间，缩短了采购周期。同时，由于互联网费用低廉、交易成本低，还可以大大减少现行"少批量、多批次"带来的物流效率低、运输成本高的问题。

（3）降低了库存率，最终实现"零库存"　在传统采购管理中，库存原料占用了大量的资金，严重影响了资金的周转。实行电子采购后，可以提高物流速度和库存周转率。在这种环境下，企业与供应商的信息沟通更加方便、准确、及时，交易双方信息共享，可以随时了解对方的需求，也可以在第一时间与对方分享采购信息。所以，供应商便可快速响应企业需求，企业则可以实现准时化采购，最终实现"零库存"的目标。

（4）提高了采购的透明度　将采购信息和采购流程在网络公开，可避免交易双方有关人员的私下接触。基于电子商务的采购平台，由计算机根据设定的采购流程自动进行价格、交货期、服务等信息的确定，整个采购活动都公开于网络之上，方便监督，使采购更透明、更规范。

3. 电子商务采购管理的特征

（1）由库存驱动到订单驱动　传统采购模式下，采购的主要目的是补充库存。企业按照库存情况进行采购，不仅灵活性不够，而且还占用了大量的资金，极大地影响了企业的资金流转，通常情况下采购部门所制订的采购计划难以适应制造需求的变化。电子商务采购模式下，采购活动由库存驱动变为订单驱动。客户需求订单驱动产生了制造订单，而制造订单又驱动产生了采购订单，采购订单再驱动供应商进行采购。这种订单驱动模式，不仅可以准时响应用户的需求，还可以帮助企业降低库存成本，从而达到提高物流速度、加快资金的流动和库存周转率的目的。

（2）由采购管理到外部资源管理　与电子商务采购管理相比，传统采购管理的不足之处在于缺乏与供应商之间的合作和联系，缺乏柔性以及快速响应的能力。准时生产方式（Just In Time，JIT）对企业的物流管理提出了严峻的挑战，它要求企业提高自身采购的柔性和市场快速响应的能力，加强与供应商之间的联系和合作，建立新的供需合作模式。因此，电子商务采购管理从单纯的采购管理转变为外部资源管理，以适应JIT的要求。

（3）供需双发的地位发生变化　长期以来，受各方面条件的限制，企业间信息不畅，生产企业仅仅在当地的有限供应商中进行选择，在原材料的供应时间和供应量方面都受到上游供应商的很大制约。电子商务下的电子采购面对的是全国市场乃至全球市场，这使得企业可以突破传统采购模式，货比多家。在比质量、比价格的基础上找到满意的供应商，既可以大幅度地降低采购成本，又可以督促供应商提高服务水平和原材料质量。

（4）与供应商之间的关系由一般买卖关系到战略合作伙伴关系　在传统的采购模式下，由于过分重视眼前的经济利益，没有看到双方合作能产生的优势，供应商与企业之间只是一种单纯的买卖关系。在这种简单的关系下，供应商与需求企业之间无法解决一些涉及全局性、战略性的问题，如库存问题、风险问题、协调问题、采购成本问题等。而在电子商务背景下的基于战略合作伙伴关系的采购方式为解决这些问题创造了条件。

5.3　电子商务库存管理

5.3.1　库存管理的含义

1. 库存管理的概念

库存管理同样是企业管理中一个极其重要的环节。企业的库存管理实际上是指企业各种物资动态的管理，即如何根据企业的实际需求保持各种原来的合理库存量，对企业库存进行分类及重点管理，同时确定订货时点，使企业的库存总成本最低。

库存管理包含仓库管理和库存控制两部分。仓库管理也叫仓储管理，是指对仓储货物的收发、结存等活动的有效控制，其目的是为企业保证仓储货物的完好无损，确保生产经营活动的正常进行。库存控制则是要求控制合理的库存水平，即用最少的投资和最少的库存管理费用，维持合理的库存，以满足使用部门的需求和减小缺货损失。

2. 库存管理的重要性

库存管理的主要作用：在保证企业生产、经营需求的前提下，使库存量保持在合理的水平上；掌握库存量动态，适时、适量提出订货，避免超储或缺货；减少库存空间占用，降低库存总费用；控制库存资金占用，加速资金周转。

库存的合理控制是库存管理中最重要的问题。库存量过大会造成：①仓库面积和库存保管费用增加，从而提高了产品成本；②占用大量的流动资金，加重货款利息等负担，影响资金的时间价值和机会收益；③企业资源的大量闲置，影响其合理配置和优化；④掩盖企业生产、经营全过程的各种矛盾和问题，不利于企业提高管理水平。库存量过小也会带来不良影响：①造成服务水平的下降，影响销售利润和企业信誉；②造成生产系统原材料或其他物料供应不足，影响生产过程的正常进行；③使订货间隔期缩短，订货次数增加，从而使订货（生产）成本提高；④影响生产过程的均衡性和装配时的成套性。

3. 库存管理方式

（1）供应商管理库存　供应商管理库存（Vendor Managed Inventory，VMI）是指供应商等上游企业基于其下游客户的生产经营和库存信息，对下游客户的库存进行管理与控制。该方式以供应商为中心，以双方最低成本为目标，在一个共同的框架协议下把下游企业的库存决策权由上游供应商代理，由供应商行使库存决策的权利，并通过对该框架协议经常性地监督和修改，以实现持续改进。供应商收集分销中心、仓库和 POS 数据，实现需求和供应相结合，下游企业只需要帮助供应商制订计划，从而使下游企业实现零库存，供应商的库存也大幅度减少。VMI 是一种很好的供应链库存管理方式，它能够突破传统的条块分割的管理模式，以系统的、集成的管理思想进行库存管理，使供应链系统能够获得同步化的运作。

（2）零售商管理库存　零售商管理库存（Retailer Managed Inventory，RMI）是指由零售商对库存进行管理与控制。零售商通常根据对历史销量及现实销售情况的预测，确定一个较客观的订货量，为了保证这个订货量是及时可得的，并且能够适应客户需求增量的变化，零售商通常会将预测订货量做一定的放大后向批发商订货。批发商出于同样的考虑，也会在汇总零售商订货的基础上再做一定的放大，然后向销售中心订货。因此，零售商管理库存会出现这样的现象：从零售商经批发商、分销商再到供应商订货，订货量会一级一级地放大，即牛鞭效应。为了解决这个问题，就需要联合管理库存。

（3）联合管理库存　联合管理库存（Jointment Managent Inventory，JMI）是介于供应商管理库存和零售商管理库存之间的一种管理库存方式，顾名思义，就是由供应商与零售商共同管理库存，进行库存决策。它结合了对产品制造更为熟悉的生产或供应商以及掌握消费市场信息的零售商各自的优点，能更准确地对供应和销售做出判断，并且平衡上下游企业的权利，共担风险，强调了供应链中各企业的合作互利的关系，有效地解决了供应链系统中需求变异放大的牛鞭效应。

5.3.2　电子商务下的库存管理方法

库存管理的方法很多，下面重点介绍 ABC 管理法、经济订货批量法、定期订货法和零库存管理。

1. ABC 管理法

ABC 管理法（ABC Analysis），又称为帕累托分析法、主次因分析法、ABC 分析法、分类管理法、重点管理法。它是一种以某一具体事项为对象，根据事物的经济、技术等方面的主要特征，运用数理统计方法，进行统计、排列和分析，抓住主要矛盾，分清重点与一般，从而有区别地采取管理的定量管理方法。

ABC 管理法的原理是以某类库存物资品种数占物资总品种数的百分数和该类物资金额占库存物资总金额的百分数大小为标准，将库存物资分为 A、B、C 三类，进行分级管理。其中：①A 类物资品种少，占用资金多，采购较难，其价值占库存总值的 60%～80%，品种数为总品种数的 15%～20%；②B 类物资品种介于 A 类和 C 类之间，占用资金一般，其价值占库存总值的 15%～35%，品种数为总品种数的 20%～30%；③C 类物资品种多，占用资金少，采购容易，其价值占库存总值的 5%～15%，品种数为总品种数的 50%～70%。

ABC 管理法广泛应用于工业、商业、物资、人口及社会学领域，以及物资管理、质量管理、价值分析、成本管理、资金管理和生产管理等方面。

2. 经济订货批量法

在库存理论中，人们将库存分为独立性需求库存和相关性需求库存。独立性需求库存根据其主要参数（需求量、前置期等）的确定与否，分为确定型和随机型。确定型库存控制问题可用经济订货批量法来解决。

经济订货批量（Economic Order Quantity，EOQ）是能够平衡订单处理成本和存货占用成本，以实现总库存成本最低的订货量。其中，订单处理成本包括使用计算机时间费用、订货表格费用、人工及新到产品的处置费用等。存货占用成本包括仓储费、存货投资、保险费、税收、货物变质及失窃损失费等。经济订货批量公式表示如下：

$$Q^* = \sqrt{2CD/K}$$

式中，Q^* 为经济订货批量；C 为单位订货处理成本；D 为某库存物品的年需求量；K 为单位库存平均年度存货占用成本。

经济订货批量法是有前提条件的，主要包括每次订货的订货量相同，订货提前期固定，单位产品价格固定，需求量固定不变，且在整个时间段内保持一致；存储成本以平均库存为计算依据，订购成本或生产准备成本固定；不允许发生缺货且所订产品瞬时到货。

经济订货批量法是对库存进行定量和定期控制的一个最基本的管理方法。订单处理成本随着每次订货数量的增加而下降，因为只需较少的订单就可以获得相同的商品总数；而存货占用成本随着每次订货数量的增加而上升，因为会有更多的商品必须存货保管，且平均保管时间也更长。这两种成本之和是总成本曲线，在总成本曲线上可以找到一个点，使得总库存成本达到最低。这个点对应的订货数量，就是企业一次订货的最佳数量，即经济订货批量。

3. 定期订货法

定期订货法是按预先确定的订货时间间隔按期进行订货，以补充库存的一种库存控制方法。其决策思路是：每隔一个固定的时间周期检查库存项目的储备量，根据盘点结果与预定的目标库存水平的差额确定每次订购批量。这里假设需求为随机变化，因此，每次盘点时的储备量都是不相等的，为达到目标库存水平而需要补充的数量也随之变化。

定期订货法的前提条件为：①直接运用，更适用于单一品种的情况；②不但适用于随机型需求，也适用于确定型需求；③适用于品种数量大、平均占用资金少、只需一般管理的 B 类和 C 类物资。

4. 零库存管理

零库存管理是准时生产方式（JIT）的重要管理方法，是指在生产与流通领域按照 JIT 的要求组织物资供应，在整个过程中使得所管理企业或产出中心的库存最小化的技术的总称。零库存是特殊的库存概念，它并不是指仓库储存的某种或某些物品的储存数量真正为零，而是通过实施特定的库存控制策略，实现库存的最小化。

JIT 的基本思想是"只在需要的时候，按需要的量，生产所需的产品"，也就是追求一种无库存或库存达到最小化的生产系统。企业以顾客订货时所提出的对产品数量、质量、交货时间等的特定要求为组织生产的基本出发点，以满足顾客需求为起点，由后向前逐步推移来安排生产营销任务。这种方式以后面的程序为主导，前面的程序只是被动、严格地按时、按质、按量完成后面程序所提出的生产营销任务。

实现零库存是有前提条件的。①实现零库存是有其难度和运作成本的。要想实现零库存生产就必须有过硬的管理手段来支撑。丰田汽车生产线能做到零存货，不仅因为它具有先进的管理手段，还在于它的零部件供应商设在丰田厂周围，或其零部件仓库安排在其周围。也就是说，零库存需要建立在"零距离"的基础之上。②零库存也很难应对其周围环境的突发情况。③零库存管理其实也就是库存控制的延续和升华。要想做到零库存，首先认识到库存管理的战略意义，还要从头做起、从开始做起，做好最基本的库存控制，并制订适宜的库存战略管理计划，这样才能为将来的零库存战略积累丰富的经验和打下坚实的基础。

实现零库存可以采用的方法如下：

（1）采用"多批次、少批量"的方式向用户配送货物　企业集中各个客户的需求，统筹安排，实施整车运输、增加送货的次数、降低每个客户和每个批次的送货量，从而提高运输效率。配送企业也可以直接将货物运送到车间和生产线，从而使生产企业呈现出零库存状态。

（2）采用集中库存的方法向客户配送货物　通过集中库存的方法向客户配送货物，增加库存商品的品种和数量，形成规模优势，降低单位产品成本，同时，在这种有保障的配送服务体系的支持下，客户的库存也会自然地日趋弱化。

（3）采用"即时配送"和"准时配送"的方法向用户配送货物　为了满足客户的特殊要求，在配送方式上，企业采用"即时配送"和"准时配送"的方法向客户配送货物。"即时配送"和"准时配送"具有供货时间灵活、稳定、供货弹性系数大等特点。因此，作为生产者和经营者，采用这种方式，库存压力能够大大减轻，甚至企业会选择取消库存，实现零库存。

案　例

宜家家居零库存管理模式

宜家家居的供应链管理，一直是业内关注的焦点，因为它的成功经验，有很多值得其他企业学习和借鉴的地方。

1. 宜家供应链管理模式

宜家的供应链管理是一种新型的供应链管理模式，宜家将客户需求和供应商资源进行整合，通过合理的流程设计和有效的信息沟通，实现了整个供应链系统的优化。这种模式在充分利用供应商资源、降低成本和提高竞争力方面取得了巨大成功，从而成为现代企业进行供应链管理的典范。宜家将这种新模式称为"零库存"式供应链管理模式，并把其运用到自己的产品开发、生产和销售中。

宜家供应链管理主要体现在以下几个方面：

（1）产品设计和开发　宜家通过对市场需求和产品结构进行分析，确定主要目标市场，然后再将产品设计分解为若干个子功能模块，由子功能模块构成产品。子功能模块设计完成后再进行详细设计，从而形成完整的产品设计方案。

（2）原材料采购　宜家与供应商签订长期供货协议，保证供应稳定。宜家供应商主要通过招标方式选取原材料供应商。供应商在宜家公司统一的组织管理下开展采购活动。

（3）原材料配送　宜家根据实际需求与供应商签订采购合同，并把生产中所需的原材料、半成品、成品等物资进行统一配送，确保及时准确地将产品配送至消费者手中。

（4）产品生产和装配　宜家通常根据订单从供应商处接收原材料，然后进行加工、组装生产出成品。宜家对于库存和配送时间有着严格的规定：库存水平与订货量相对应；在订货周期内按时交货；每周的实际出货量与订货量相对应。

（5）产品运输　宜家对产品运输实施统一管理，公司可以根据市场情况灵活地安排运输线路。运输方式有公路运输、铁路运输、空运等多种方式。通过集中管理物流活动，提高物流效率，降低物流成本。

（6）产品销售　宜家将销售环节分成若干个独立的小环节，并与供应商和分销商合作完成整个供应链的销售环节。在产品销售方面，宜家采用直销方式销售产品，所有产品都通过公司统一的网站进行销售。

（7）售后服务　宜家建立了完整的售后服务体系，保证客户在任何时间都能得到帮助和支持。

（8）库存控制　宜家严格控制库存水平，以保证库存量的稳定性和减少仓储成本；将库存量保持在最小水平上以避免产生过多的资金占用和机会损失；同时确保库存保持在最低水平以减少缺货风险和提高存货周转率；对每个月的平均库存量进行监控，使其保持在一个合适的水平上。

（9）产品运输　宜家采用现代物流方式进行物流配送和仓储管理。公司有一支高效灵活的物流队伍可以为客户提供全方位的服务。宜家物流体系将客户需求与公司内部供应链联系起来并实现客户需求与公司内部供应链之间的无缝连接。

2. 宜家供应链成功经验

宜家的供应链管理模式有许多值得其他企业学习的地方，从供应链管理模式角度来讲，宜家的成功主要是因为它在供应链上选择了一个高效率的合作伙伴，并且通过建立战略联盟来实现供应商与制造商之间的信息共享和资源整合。

（1）高效的运作方式　在宜家供应链上，采购、生产、配送和销售各环节之间保持着良好的协作关系，以实现低成本、高效率的运作。在产品设计方面，宜家对顾客需求进行深入研究，然后与制造商建立紧密联系，共同开发出满足顾客需求的新产品。在采购方面，宜家与供应商之间建立起战略合作伙伴关系，供应商可根据自己的能力和优势为宜家提供所需原材料和半成品。同时，供应商还可以在自己所擅长的领域向宜家提供技术支持和信息服务。在物流方面，宜家与物流公司建立战略合作关系，通过物流公司实现对产品的快速配送。

（2）一体化的采购策略　宜家与供应商之间的合作不仅仅局限于采购环节，而是包括了原材料采购、产品生产、产品运输和产品销售等所有环节。这种一体化的采购策略可以使双方充分发挥各自优势，减少信息不对称性，从而降低了成本、提高了效率、增强了竞争力。

（3）与供应商建立战略联盟　宜家与供应商之间建立起战略合作伙伴关系后，供应商可以通过多种方式来加强与宜家之间的联系。例如可以借助宜家强大的品牌优势来扩大自己在市场上的影响力；可以利用宜家成熟而又先进的技术来提升自身的研发能力；可以借助宜家品牌效应来吸引更多顾客来提高自身产品销量等。

（4）通过信息共享实现供应商与制造商之间的信息共享和资源整合　在供应链中，信息是至关重要的资源。宜家通过建立供应链信息共享平台和信息反馈系统，及时了解供应链上各环节最新最准确最全面的市场需求和库存状况等相关信息，从而使企业能够及时调整自己产品生产、物流配送、营销策略等方面内容，提高产品质量和降低成本。

（5）重视对供应商进行管理和监督　宜家非常注重供应商管理和监督工作，采取有效措施确保供应商按照要求及时交付产品及提供所需服务。供应商需要按照宜家要求在规定时间内完成相关任务并得到宜家认可后才能获得相应回报和奖励。此外，通过加强对供应商绩效管理工作也可以有效地提高企业自身竞争力和供应链绩效水平。

（6）注重长期发展　宜家把眼光放得长远，而不是局限于眼前利益。

3. 宜家供应链管理值得学习的地方

（1）强大的整合能力　宜家集团是世界上最大的家居用品零售商，在全球拥有众多分店，是全球最大的家居用品制造商。

（2）管理的核心是"人"　在宜家供应链中，员工是最重要的资源，宜家将员工视为公司的财富和核心竞争力。

（3）注重物流与供应链管理　宜家在全球有多个物流中心和配送中心，这些物流中心都建在各个国家的交通要道上。宜家物流与供应链管理系统是一个以顾客为导向，以满足顾客需求为目标，以信息化为手段，以物流、商流、信息流、资金流"四流合一"为核心竞争力的复杂系统。

（4）注重长期利益与短期利益平衡　宜家供应链管理是一个复杂的系统，既有长期的战略目标，也有短期目标。宜家在进行供应链管理时会根据自身情况选择不同的目标。

（资料来源：https：//zhuanlan.zhihu.com/p/640297445.）

5.4　电子商务运输与配送管理

5.4.1　运输管理概述

1. 运输的概念

运输是现代物流的核心业务，不管是传统意义上的物流还是电子商务物流，运输都是物流运作与管理不可或缺的一个环节。

运输是通过各种运输手段使货物在生产地与消费地之间，或物流结点之间进行流动，包括集货、分配、搬运、中转、装入、卸下、分散等一系列操作。运输的主要目的是以最短的时间、最低的成本将货物转移到规定的地点。运输的主要功能是使货物在价值链中实现位移。运输可以创造空间效用和时间效用，即在物流管理过程中，运输主要提供货物移动和短时存储两大功能。

运输包括生产领域的运输和流通领域的运输。前者一般在生产企业内部进行，也称为场内运输；后者是流通领域的一个环节，主要进行以社会服务为目的的物资产品的运输，完成物品从生产领域向消费领域在空间位置上的物理性转移过程。电子商务中的运输主要指流通领域的运输。

2. 运输与物流的关系及运输方式的选择

运输是物流系统的基础功能之一。运输和物流的关系可以总结为以下几点：①物流系统通过运输来完成对客户所需的原材料、半成品和制成品的地理定位；②运输合理化是物流系统合理化的关键；③物流是超出运输范畴的系统化管理；④物流不同于运输只注重实物的流动，它还同时关注着信息流和增值流的同步联动；⑤物流的出发点以生产和流通企业的利益为中心，运输只是物流管理控制的必要环节，处于从属地位；⑥物流的管理观念比运输更先进，从服务理念上来说，物流突破了运输的服务理念，再高质量的运输也不可能具备服务的延伸性，因而获取的附加值也远大于运输的回报；⑦物流比运输更重视先进技术的应用，因为现代物流追求的是服务质量的不断提高，物流系统综合功能的不断完善，总成本的不断降低和服务的网络化、规模化，这些是运输无法相比的。

运输方式的选择主要是指运载工具的选择，其具体内容包括单一运输方式的选择、多式联运的选择、自用运输的选择以及运输服务中间商的选择。在具体决策时，企业应考虑以下几个基本因素：

（1）货物品种　关于货物品种及性质、形状，应在包装项目中加以说明，选择适合这些货物特性和形状的运输方式，货物对运费的负担能力也要认真考虑。

（2）运输期限　运输期限必须与交货日期相联系，应保证运输时限。调查各种运输工具所需要的运输时间，根据运输时间来选择运输工具。各运输工具可以按照它的速度编组来安排日程，加上它两端及中转的作业时间，就可以算出所需的运输时间。在商品流通中，要研究这些运输方式的现状，进行有计划的运输。

（3）运输成本　运输成本因货物的种类、质量、容积、运距的不同而不同。而且，运输工具不同，运输成本也会发生变化。在考虑运输成本时，必须注意运费与其他物流子系统之间存在着互为利弊的关系，不能只考虑运输费来决定运输方式，要由全部总成本来决定。

（4）运输安全性　运输安全性是指货物在运输过程中的安全问题。由于在实际选择过程中往往受到当日运输环境的制约，因此企业必须综合考虑以上因素，选择最合适的运输方式。此外，在进行运输服务选择时，有些因素是企业运输决策者所不能控制的，如供应商和买方之间的合作基础、分销渠道中的相互竞争、运输服务水平对价格的影响、产品种类、库存成本的变化等。

案　例

沃尔玛公司的运输管理

沃尔玛公司是世界上最大的商业零售企业之一，在物流运营过程中，尽可能地降低成本是其经营的哲学。沃尔玛有时采用空运，有时采用船运，还有一些货物采用卡车公路运输。在中国，沃尔玛采用公路运输，所以如何降低卡车运输成本，是沃尔玛物流管理面临的一个重要问题，为此他们主要采取了以下措施：

1）沃尔玛使用一种尽可能大的卡车，有大约 16m 加长的货柜，比集装箱运输卡车更长或更高。沃尔玛把卡车装得非常满，产品从车厢的底部一直装到最高，这样非常有助于节约成本。

2）沃尔玛的车辆都是自有的，司机也是本公司的员工。沃尔玛的车队庞大，司机数量多，车队运输里程非常长。沃尔玛知道，卡车运输是比较危险的，有可能会出交通事故。因此，对于运输车队来说，保证安全是节约成本最重要的环节。沃尔玛的口号是"安全第一，礼貌第一"，而不是"速度第一"。在运输过程中，卡车司机们都非常遵守交通规则。沃尔玛定期在公路上对运输车队进行调查，卡车上面都带有公司的号码，如果看到司机违章驾驶，调查人员就可以根据车上的号码报告，以便进行惩处。沃尔玛认为，卡车不出事故，就是节省公司的费用，就是最大限度地降低物流成本，由于狠抓了安全驾驶，因此运输车队在过去已经创造了 300 万 km 无事故的纪录。

3）沃尔玛采用全球定位系统对车辆进行定位，因此在任何时候，调度中心都可以知道这些车辆在什么地方，离商店有多远，还需要多长时间才能运到商店，这种估算可以精确到小时。沃尔玛知道卡车在哪里，产品在哪里，就可以提高整个物流系统的效率，有助于降低成本。

4）沃尔玛连锁商场的物流部门，24h 工作，无论白天或晚上，都能为卡车及时卸货。另外，沃尔玛的运输车队还利用夜间进行运输，从而做到了当日下午进行集货，夜间进行异地运输，翌日上午即可送货上门，保证在 15～18h 内完成整个运输过程，这是沃尔玛在速度上取得优势的重要措施。

5）沃尔玛的卡车把产品运到商场后，商场可以把产品整个地卸下来，而不用对每个产品逐个检查，这样就可以节省很多时间和精力，加快了沃尔玛物流的循环过程，从而降低了成本。这里有一个非常重要的先决条件，就是沃尔玛的物流系统能够确保商场所得到的是与发货单完全一致的产品。

6) 沃尔玛的运输成本比供货厂商自己运输产品要低，所以厂商也使用沃尔玛的卡车来运输货物，从而做到了把产品从工厂直接运送到商场，大大节省了产品流通过程中的仓储成本和转运成本。

沃尔玛的集中配送中心把上述措施有机地组合在一起，做出了一个最经济合理的安排，从而使沃尔玛的运输车队能以最低的成本高效率地运行。

沃尔玛的物流运输解决方案，在第 1)、4)、5) 方面，采用大尺寸、大容量的装载运输工具，24h 全天候卸货，目的是提高运输效率，缩短运送时间，降低运输成本，使运送时间最短，运送成本最经济。

沃尔玛不仅在运输时间和成本的节约上下功夫，同时也辅助以安全保障措施，先进的物流信息技术的应用，以及与配送中心的工作密切结合。从而通过物流运输的合理化经营，减少了运输环节，降低运输费用，缩短了运输时间，实现了运输成本在整个物流系统中的有效降低。

5.4.2　电子商务物流配送管理

1. 电子商务物流配送的概念

电子商务物流配送是指物流配送企业利用计算机网络技术和现代化的硬件设备、软件系统及先进的管理手段，针对客户的需求，进行一系列分类、编码、整理、配货等理货工作，按照约定的时间和地点将确定数量和规格要求的商品传递到客户的活动及过程。电子商务配送实现了信息化、现代化、社会化的配送服务。

2. 电子商务物流配送的特征

与传统物流配送相比，电子商务物流配送具有以下特征：

(1) 虚拟性　电子商务物流配送的虚拟性来源于网络的虚拟性。通过借助现代计算机技术，配送活动已由过去的实体空间拓展到了虚拟网络空间，实体作业节点可以虚拟信息节点的形式表现出来；实体配送活动的各项职能和功能可在计算机上进行仿真模拟，通过虚拟配送，找到实体配送中存在的不合理现象，从而进行组合优化，最终实现实体配送过程达到效率最高、费用最少、距离最短、时间最短的目标。

(2) 实时性　实时性的特性不仅能够有助于辅助决策，让决策者获得高效的决策信息支持，还可以实现对配送过程实时管理。配送要素数字化、代码化之后，突破了时空制约，配送业务运营商与客户均可通过共享信息平台获取相应的配送信息，从而最大限度地减少各方之间的信息不对称，有效地缩小了配送活动过程中的运作不确定性与环节间的衔接不确定性，打破以往配送途中的"失控"状态，做到全程的"监控配送"。

(3) 个性化　个性化配送是电子商务物流配送的重要特性之一。作为"末端运输"

的配送服务，所面对的市场需求是"多品种、少批量、多批次、短周期"的，小规模的频繁配送将导致配送企业的成本增加，这就必须寻求新的利润增长点，而个性化配送正是这样一个开采不尽的"利润源泉"。电子商务物流配送的个性化体现为"配"的个性化和"送"的个性化。"配"的个性化主要指通过配送企业在流通节点（配送中心）根据客户的指令对配送对象进行个性化流通加工，从而增加产品的附加价值；"送"的个性化主要是指依据客户要求的配送习惯、喜好的配送方式等为每一位客户制订量体裁衣式的配送方案。

（4）增值性　除了传统的分拣、备货、配货、加工、包装、送货等作业以外，电子商务物流配送的功能还向上游延伸到市场调研与预测、采购及订单处理，向下延伸到物流咨询、物流方案的选择和规划，库存控制决策，物流教育与培训等附加功能，从而为客户提供具有更多增值性的物流服务。

3. 电子商务下的配送管理

随着电子商务的蓬勃发展和物联网的到来，与之具有紧密关系的物流配送各个环节都受到了影响。物流配送流程比传统物流配送流程更加优化，能完成更高效的物流配送管理。

电子商务物流配送流程有：制订配送计划、下达配送计划、按配送计划确定物资需要量、向配送点下达配送任务、配送发货、配送完成。

电子商务物流配送运作程序如图 5-1 所示。

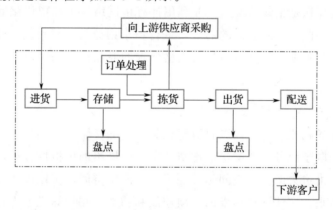

图 5-1　电子商务物流配送运作程序

4. 电子商务物流配送管理系统的构成

电子商务配送管理是指建立一份企业资源管理规划，在主控管理系统下，将采购管理、库存管理、销售管理、入库管理、存储管理、出库管理等子系统，以及订货、到货接收、验货与拒收、分拣、订单汇总、存储、加工、分拣、包装、装托盘、组配、装车、送货等作业纳入系统管理之内，并具备可跟踪性、可控制性和可协调性。

物联网作为一个新兴产业已经广泛应用于各个领域，其中物流业就是物联网技术应用的一个主要方向。基于物联网的电子商务物流配送管理系统主要由作业系统、网络系统、管理系统、输入/输出系统和环境构成。

（1）作业系统　作业系统是指实物配送作业所构成的系统，主要处理货物的接收、装卸、存货、分拣、配装及送货和交货等。在电子商务时代，管理系统下达的信息指令支配着配送实物作业。

（2）网络系统　网络系统主要由数据采集模块、基础信息管理模块、智能线路优化与调度模块和车辆轨迹跟踪模块构成。

1）数据采集模块：主要通过二维条码技术、RFID 技术、传感器等技术获取商品基础信息。

2）基础信息管理模块：主要实现 GIS 电子地图维护管理、客户基础信息维护管理和物流配送日常信息管理三大部分。

3）智能线路优化与调度模块：通过对整体的数据进行采集、选择并计算优化，对配送中心的配送范围进行合理的布局，并对现有线路情况以及优化后线路状况进行测算、规划和优化各条线路，最终确定送货的最优路径。

4）车辆轨迹跟踪模块：主要利用 GIS 技术和电子地图作为监控平台，利用 GPS 和 GPRS 形成完整的导航/监控网络，同时在配送车辆配装车载监控终端。

（3）管理系统　管理系统由电子商务配送管理的计划、控制、协调和指挥等功能模块组成，是整个系统的核心部分，管理系统包括战略目标、功能目标、配送需求预测与创造及存货管理等内容。

战略目标是指根据服务对象、客户性质及地理位置，确定所提供的与此相适应的配送服务。功能目标是确定电子商务配送管理系统所达到的目标。其中，配送能力的大小主要取决于企业投入的人力、物力、财力的数量及企业的管理水平。配送需求预测与创造是指对市场进行预测分析，使企业了解未来客户配送需求的规模及特征，并确定提供的服务，再根据客户需求开展促销活动，以满足系统高效率、低成本和高质量地创造配送服务的要求。存货管理是指根据配送需求预测的结果，结合网络的特点，合理地确立存货的规模和结构。

（4）输入/输出系统　输入是一系列对电子商务配送管理系统产生作用的要素，包括原材料、设备、人员等。输出主要是指输入经过处理后的结果，即提供配送服务，具体包括货物的转移和各种劳务等。

（5）环境　环境包括系统的外部环境和内部环境。其中，外部环境主要指影响系统的客户需求、观念及价格等外部因素；内部环境主要指影响系统的一系列内部因素，不仅包括系统、人、财、物的规模与结构，也包括系统的管理模式、策略和方法等。通常认为外部环境是系统不可控的因素，而内部环境是系统可控的因素。

当构建电子商务物流配送管理系统时，企业要考虑资源和能源条件、能力限制、价格、环境的变化带来的约束，以及资金力量、需求变化等带来的干扰。

穿越速界的智慧物流：顺丰速运

顺丰速运作为国内领先的快递物流综合服务商，凭借自身强大的网络优势、丰富的业务范围和卓越的市场表现，在物流行业中占据重要地位。

顺丰速运围绕物流生态圈，持续完善服务能力与产品体系，业务拓展至时效快递、经济快递、快运、冷运及医药、同城即时配送、国际快递、国际货运及代理、供应链等物流板块，为客户提供国内及国际端到端一站式供应链服务。例如，在冷运及医药业务中精温定航服务实现了：满足小批量多批次的医疗保健行业客户冷链药械配送需求，根据药品的属性和温度要求，通过集拼或分拨、多产品配载等技术和管理手段，为客户提供2～8℃精准温区的零担物流服务。

1. 顺丰的物流配送网络

顺丰物流配送系统是顺丰速运的重要组成部分，具备独特的网络优势，由天网、地网、信息网三大网络构成，形成了一个全方位、多层次的物流配送网络。

（1）天网 天网是指顺丰的航空运输网络。顺丰拥有自己的航空公司——顺丰航空，拥有一支全货机机队，能够提供快速的空中运输服务，使得顺丰能够在全国范围内提供次日达等服务，甚至能够覆盖到国际快递服务。

（2）地网 地网是指顺丰的地面运输和配送网络。顺丰在全国范围内拥有大量的营业网点、中转分拨中心和陆路运输车辆，形成了密集的地面运输网络，确保快递可以在全国各地迅速分发和派送。

（3）信息网 信息网是指顺丰的信息管理系统。顺丰利用先进的信息技术，如大数据、云计算、人工智能等，构建了一个强大的信息处理平台，能够实时跟踪快递的流转情况，一方面为客户提供透明的服务体验，另一方面支持内部运营决策。

2. 顺丰的物流配送系统

顺丰物流配送系统构建了一套全面且精细的物流体系，主要包括订单处理系统、仓储管理系统、智能分拣系统、运输管理系统、客户关系管理系统、大数据分析平台等核心系统。

（1）订单处理系统 订单处理系统支撑日常运营的基础平台，提供订单接收、处理、跟踪等功能，确保每一单都能被准确无误地处理。

（2）仓储管理系统 仓储管理系统用于优化库存管理，实现货物的快速入库与出库，提高仓库运作效率，有效减少库存积压。

（3）智能分拣系统 智能分拣系统利用自动化设备准确识别包裹信息，实现快速准确的分拣，大幅提升分拣效率，减少错误率。

（4）运输管理系统 运输管理系统协助规划最佳配送路径，监控车辆状态，通过智能调度，提高车辆利用率，减少无效行驶里程，保障货物准时送达。

（5）客户关系管理系统 客户关系管理系统可以加强与客户的沟通联系，通过CRM

系统收集客户反馈，不断优化服务流程，提升服务质量，满足个性化需求。

（6）大数据分析平台　大数据分析平台通过分析海量业务数据，一方面发现潜在问题，支持决策制定，另一方面可以预测未来业务量变化，调整资源分配策略，推动业务持续改进。

顺丰不断拓展其业务范围，包括开通新的国际航线（如"乌鲁木齐——布达佩斯"国际全货机航线）、与其他企业签署战略合作协议（如云南建投物流与顺丰速运签署战略合作协议）等。顺丰的业绩表现稳健，收入和利润均实现双提升，2024 年上半年，顺丰控股实现营收 1344.10 亿元，同比增加 8.08％。未来，顺丰有望继续拓展其业务范围和市场份额，为客户提供更加优质、高效的物流服务。

5.5　电子商务物流平台与供应链管理

5.5.1　物流平台

物流平台的构成需要三个必要条件：①连接两边或多边的用户群体；②能为用户提供互动机制，也就是互动的环境与规则；③在满足用户需求的同时从中盈利。如电商平台天猫商城连接了买家和卖家，整车平台满帮连接了司机与货主，他们都为双边用户提供了交易环境与规则，并在满足用户需求的同时，通过抽取一边用户的收入作为盈利。

5.5.2　物流平台的分类

1. 专线平台

专线指各物流公司用自己的货车运送货物至他的专线目的地。一般在目的地有自己的分公司，这样货车来回都有货装。开专线的目的是为了节约成本，但要建立在货量充足的前提下，不然就会亏本。专线一般运送时间不确定，货满车走，客户的运输成本也会随之降低。专线的优点是运输成本较低，缺点是货到时间不能确定，不能满足较急的货物运输。

目前有德坤、三志、聚盟、卡行天下、天地汇等多家专线平台。德坤采用与当地子公司共同投资成立子公司的模式，控股专线，并且控制所有的分拨和干线环节。并在改造原有业务的基础上，新增加盟网点，提升货源增量。三志采用释放股权模式，与当地专线成立子公司，吸引线路加盟，统一三志品牌，并采用直发模式迅速扩张线路。聚盟采用总平台控制二级平台，区域二级平台自建枢纽的模式，引入专线进驻。通过同线整合，实现线路加粗，进一步实现线路下沉，做到点地直发。

卡行天下通过为专线提供场地、系统等，聚集专线入驻，利用自由交易规则，为专线和三方提供一站式发货和承运平台。天地汇以公路港为切入点，吸引园区入驻，通过整合干线货源，开发天地卡航整车业务，并提供金融、物业等其他增值服务。

2. 车货匹配平台

车货匹配平台实际上就是通过线上平台实现去中介化，利用互联网技术和信息技术提高了信息检索能力和匹配效率，减少司机的等待时间、缩短空驶距离，提高满载率。车货匹配平台主要利用互联网的优势，通过对物流 APP、WEB 或其他系统的开发，将线下车源、货源等进行整合，并在线上通过 APP、WEB 或者其他系统进行发布信息并精确匹配，解决物流信息不对称性。

按运输距离，可以把车货匹配平台分为长途、同城配送、城际三类。

（1）长途整车平台　长途整车平台行业整合度较高，代表企业如满帮、福佑、米阳、共生等。这类平台前期依靠资本驱动完成用户覆盖，掌握了大量个体运力、信息部门以及第三方信息，通过搭建信息平台，满足司机与货主的需求，后期通过搭建稳定运力车以及车后市场赚取利润。

（2）同城配送整车平台　同城配送是一个万亿级的市场。这个行业内的同城配送整车平台企业也是类型多样。服务于 C 端的代表企业如货拉拉、快狗打车（原 58 速运），他们都以服务 C 端与小 B 端的拉货、搬家等即时性、单次需求为主。服务于 B 端的代表企业如专注于仓配的唯捷城配、凯东源，倾向于资源管理的驹马等。这类平台的市场竞争十分激烈，极低的客单价与非标的服务，导致企业利润空间有限。

整体上看，即时配送行业可以分为 B2C、C2C 两大主流平台，B2C 模式连接商家与消费者，具有服务订单相对集中和固定的特点，如美团、饿了么、盒马等；C2C 模式主要是为满足紧急互送需求而产生，随机性更强，附加值更高，如闪送、达达、人人、UU 跑腿等。

（3）城际整车平台　相对而言，城际运输参与竞争的企业较少，目前以区域型平台为主，如珠三角的代表平台省省回头车。对于城际运输，全国依然存在着相当大的市场空白，且需要专业的平台来进行整合。

3. 仓储租赁平台

仓储是物流的一部分，仓储租赁平台是物流产业的下游，可分为综合类平台与垂直类平台两大类型。综合类平台如 58 同城，虽然享有大量流量端口，但是仓储交易只是其中一个板块，只做简单的信息撮合，平台没有嵌入到交易内部，服务的专业性较弱。垂直类平台如库房无忧、易代储等，他们提供的服务不再是简单的租赁业务，而是能为客户特别是中小微客户提供仓储改造、一平方米起租、物业等可定制化的服务。

4. 物流科技平台

物流科技平台的代表企业有 G7、易流科技、中交兴路、OTMS 等。其中，G7 与易流科技都是以物流设备（GPS）为切入点进入物流行业的，不同的是 G7 的发展偏向于智能挂车、无人驾驶等物流应用方向；而易流科技则是专注于与车联网相关的未来科技方向，并没有向物流主业做太多延伸。中交兴路则是较为纯粹的物流数据平台，依靠北斗系统为企业提供轨迹数据。

5. 电商物流平台

国内电商平台种类繁多，如淘宝、京东、唯品会、拼多多、网易考拉等。平台在满足买家与卖家交易需求的同时，为了提供物流服务，催生出了相应的物流企业，并逐渐独立成为专业的物流平台。

典型代表企业如菜鸟网络和京东物流。菜鸟网络与京东物流的最大区别在于它非自建物流，而是物流联盟，即通过与物流合作伙伴信息系统的高度整合，实现物流订单的聚合，依靠数据驱动来提高物流效率。这种平台模式优势在于可以以极低的成本实现快速的网络覆盖，其难点在于平衡商家、平台、仓储、末端客户等多方的协同关系。

5.5.3　电子商务环境下的供应链管理

电子商务环境下的供应链管理是应用计算机网络技术和电子信息技术改善供应链上下游企业之间的关系，整合和优化供应链中的信息流、物流、资金流，以获得企业的竞争优势。电子商务的实质与供应链管理的目标是一致的，都是深入供应商和价值链的增值环节，以最短的时间、最经济的成本，将最恰当的商品供给需要的客户。而电子商务的出现和广泛使用可以在很大程度上改善供应链管理中信息流和资金流管理两部分，使信息和资金都能迅速、准确地在供应链各节点之间传递。此外，在满足用户需要的同时，实现了商品可用价值最大化，提高了以核心企业为中心的供应链的整体竞争力。

1. 供应链管理模式下电子商务订单的履行

电子商务订单履行（Order Fulfillment）不仅是指按时给消费者提供他们已经订购的产品，还包括向他们提供相关的客户服务。

电子商务订单履行步骤具体如下。

步骤一：确认客户的支付。根据支付手段和事先的安排，每一笔支付的有效性必须得到确认。在 B2B 的模式下，该活动一般由公司的财务部门或财务公司（即银行或信用卡发行商，如 VISA 公司）确认。任何的终止都会造成交货的延误，最后导致公司商誉的损害或客户的流失。在 B2C 模式下，客户一般需要用信用卡预先支付。

步骤二：检查是否有库存。不论代理商是制造商还是零售商，只要一接到订单，就需要先查询一下库存情况。这时可能要考虑原材料管理和生产部门以及外部供应商和仓库设施。在这一步，订单信息需要同库存情况的信息相联系。

步骤三：安排发货。如果产品存在，则可以发往客户（否则转到步骤五）。产品可能是数字产品，也可能是实物产品。如果是实物产品还需要安排包装和发货。这里的相关部门包括包装/发货部门和内部运输者或外部承运者。数字产品通常都可获得，因为它们的库存不会被"耗尽"。但是一件数字产品，如软件，可能还在修改，所以在某些时间内可能还不可以交货。不管哪种情况，都需要几个合作者之间进行信息沟通。

步骤四：保险。有时发送的货物需要被保险，可能涉及财务部门及保险公司。当然，信息可能不仅在公司内部，还需要在客户和保险代理之间进行沟通。

步骤五：补货。个性化的订单往往会引发一些特别的生产和组装要求。同样，如果标准产品没有库存，也需要生产或采购。这些产品可以自己生产，也可以外包。当然，公司也可能有自己的供应商。

步骤六：内部生产。企业内部生产需要做计划。生产计划包括人、原材料、组件、机器、财务资源以及可能的供应商和分包商。如果是组装和/或生产，则可能需要几个工厂的参与，还包括与商业伙伴可能的合作。服务包括人和设备的调度、变更其他产品计划、修正工程、设备获取和准备。实际生产设备可能在公司总部或零售商以外的国家。这就可能使信息流和通信变得更加复杂。

步骤七：利用供应商。制造商可能选择从供应商那里购买产品或进行再装配。同样地，如果销售方是零售商，如亚马逊或沃尔玛的情况，则零售商需从它的制造商那里购买产品。哪种情况都有可能发生。像亚马逊处理它的畅销书、玩具和其他商品一样，购买的商品可以储存在仓库中。但是当只有少量订单时，亚马逊并不为这部分书保有库存。此时，可能需要出版商或中间商有一些特别的送货服务。不管哪种情况，都需要对原材料或产品做适当的接收和质量保证。

一旦生产（步骤六）或从供应商那里购买（步骤七）完成了，就要安排给客户发货（步骤三）。

步骤八：与客户的合同。合同时间从接收订单的通知开始，到发货通知或交货日期变更通知为止，这些合同通常由电子邮件来完成，一般是自动生成的。

步骤九：退货。在某些情况下，客户希望退换产品。退货可能是个很大的问题。在北美就曾经出现过一年有超过价值1000亿美元的产品被退货。由客户向供货商的退货过程称为逆向物流。

订单履行的过程可能会有变化，这取决于产品和销售商。订单履行的过程也随着电子商务活动B2B或B2C模式的不同而不同，或随着产品性质是商品或服务而变化，或随着产品的大小而改变。此外，在特殊的情况下，如对待容易腐烂的原材料或食物，则需要额外的步骤。

这九个步骤以及订单接受都是供应链中不可缺少的部分。订单流、支付流、信息流、原材料流以及零件流都需要在公司内部参与者以及内外部合作者之间进行协调。但是订单履行中存在着不能及时交货、库存成本过高、难以进行需求预测等供应链问题，这些供应链问题会危及订单履行，因此需要采取有效的供应链管理策略进行改进。

2. 电子商务环境下供应链管理的有效策略

供应链（Supply Chain）是指围绕核心企业，通过对信息流、物流、资金流的控制，从采购原材料开始，制成中间产品及最终产品，最后由销售网络把产品送到消费者手中，这一过程涉及供应商、生产制造商、分销商、零售商直至最终客户组成的一个供需网络。一般由物流、信息流、资金流组成。

从节点上划分，供应链大致可以分为三部分，即上游、内部和下游。

1) 上游供应链。供应链的上游部分包括制造公司及其供应商（制造厂、装配厂或两者都有）的活动，以及供应商与其供应商（第二级供应商）的连接。供应商之间的关系可以向左延伸几个层级，一直到原始材料（如开采的矿石、生长的农作物）。上游供应链主要的活动是采购。

2) 内部供应链。供应链的内部部分包括机构内将供应商那里得到的输入转化成组织输出的过程。它从输入进入组织开始，一直延续到产品进入组织外部的分销环节。供应链在这一部分主要有生产管理、制造和库存控制。

3) 下游供应链。供应链的下游部分包括将产品交付给最终客户所涉及的所有活动。在下游供应链中，主要关注分销、仓储、运输和售后服务。

供应链管理（Supply Chain Management，SCM）是一种策略，是企业交易伙伴共同承诺一起紧密合作，并有效率地管理供应链中的信息流、物流和资金流，以期在付出最少整体供应成本的情况下，为客户带来更大的价值。供应链管理的目的是最小化库存水平，优化产品和提高生产能力，减少制造时间，优化物流和分销，流线型订单履行，以及减少这些活动的总成本。供应链管理需要协调多个业务伙伴、多个公司内部部门、众多业务过程以及可能的许多消费者，所以做好供应链管理并非一件轻而易举的事情。

供应链管理包括外部供应链管理和内部供应链管理两部分，缩短物流时间也就必须从这两部分并从企业外部和企业内部共同努力。

传统的供应链管理仅仅是一个横向的集成，只是将预先指定的供应商、制造商、分销商、零售商和客户依次联系起来，侧重于内部联系，灵活性差，仅限于点到点的集成。传统供应链管理的弊端主要在于过分强调企业之间的竞争而忽略了企业之间的合作；重视企业产品的推销而轻视企业上游的供应商；企业与企业之间缺乏联系，不能共享信息；缺乏灵活有效的市场响应机制，从而使供求信息不准，牛鞭效应严重。

而电子商务环境下的供应链管理的理念是以客户为中心，以市场需求的原动力为拉动力；强调企业应该注重于核心业务，更加重视围绕核心企业建立供应链关系。供应链作为一个利益集合体，强调企业间的战略合作关系。基于这种思想，产生了多种现代化的供应链管理策略，主要包括快速响应策略、有效客户响应策略、供应商管理库存策略和联合管理库存策略等。其中，供应商管理库存和联合管理库存在本章的第 3 节已经介绍，这里不再赘述。

(1) 快速响应策略　快速响应（Quick Response，QR）是在准时制思想的影响下产生的，是为了在以时间为基础的竞争中占据优势，建立起来的一整套对环境反应敏捷和迅速的系统。快速响应是供应链成员企业之间建立战略合作伙伴关系，利用条码、POS 扫描和 EDI（电子数据交换）等信息技术进行信息交换与信息共享，用高频率小数量配送方式补充商品，以实现缩短交货周期、减少库存、提高顾客服务水平和企业竞争力为目的的一种供应链管理策略。快速响应的策略目标在于减少原材料到消费者的时间和整个供应链上的库存，最大限度地提高供应链的运作效率，并对客户的需求做出最快响应。

快速响应的实施有三个阶段：

1）所有的商品单元条码化，利用 EDI 传输订购单文档和发票文档。

2）增加内部业务处理功能，采用 EDI 传输更多的文档，如发货通知和收货通知等。

3）与贸易伙伴密切合作，采用更高级的策略，如联合补库系统等，以对客户的需求做出迅速的反应。

随着市场竞争的全球化和企业经营的国际化，在电子商务环境下，供应链管理的 QR 策略，已成为实现供应链竞争优势的有效管理工具。

（2）有效客户响应策略　有效客户响应（Efficient Consumer Response，ECR）是指在商品分销系统中，为消除不必要的成本和费用，给客户带来更大效益而进行密切合作的一种供应链管理策略。有效客户响应是指以满足客户要求和最大限度降低物流成本为原则，对市场变化能及时做出准确反应，给客户带来最大效益，是使提供的物品供应或服务流程最佳化的一种供应链管理方法。ECR 的最终目标是建立一个具有高效反应能力和以客户需求为基础的系统，使零售商及供应商以业务伙伴方式合作，提高整个供应链的效率，而不是提高单个环节的效率，从而大大降低整个系统的成本、库存和物资储备，同时为客户提供更好的服务。

有效客户响应是零售企业满足顾客需求的解决方案和核心技术，通过流通供应链上各个企业以业务伙伴的方式进行紧密合作，建立一个以消费者需求为基础和具有快速反应能力的系统，提高消费者价值、提高整个供应链的运作效率、降低整个系统的成本，从而更好地满足消费者的需求，使零售商、分销商和制造商更好地生存和发展，提高了企业的竞争能力。

5.6　跨境电子商务物流

5.6.1　跨境电子商务与跨境物流

1. 跨境电子商务的概念

跨境电子商务（Cross-Border e-Commerce，简称跨境电商），广义上讲，是指分属不同关境的交易主体，通过电子商务平台达成交易、进行支付结算，并通过跨境物流送达商品、完成交易的一种国际商业活动。广义的跨境电商既包括企业与企业间的跨境贸易，也包括企业与个人、个人与个人的基于电子商务平台的跨境网络零售。狭义的跨境电子商务，一般特指跨境的网络零售，即分属不同关境的交易主体，借计算机网络达成交易、进行支付结算，并采用快件、小包等方式，通过跨境物流将商品送达消费者手中的交易过程。

2. 跨境电子商务模式分类

跨境电子商务模式按照进出口方向，可以划分为出口跨境电商和进口跨境电商。按交易主体，可以划分为 B2B 跨境电商、B2C 跨境电商、C2C 跨境电商三大类。在上述分类基础上可以再将跨境电商按照开发与运营主体分为第三方平台型电商（或称为"平台型"）和自营型。在实际的运营中，很多平台正在从单一的平台型或自营型逐步向两种模式的混合型发展，以满足更多的客户服务需求，并获取更多的利润。

（1）按进出口方向划分　跨境电子商务按照进出口方向，可划分为出口跨境电商和进口跨境电商两大类。

出口跨境电商是指将本国商品通过电子商务渠道销售到国外市场，通过电子商务平台完成商品的展示、交易、支付，并通过线下的跨境物流送达商品、完成商品交易的电商企业，其代表性企业有亚马逊海外购、易贝、阿里速卖通、环球资源、大龙网、兰亭集势、敦煌网等。

进口跨境电商指的是将国外商品通过电子商务渠道销售到本国市场，通过电子商务平台完成商品的展示、交易、支付，并通过线下的跨境物流送达商品、完成商品交易的电商企业，其代表性企业有天猫国际、京东全球购、洋码头、小红书等。

（2）按交易主体划分　交易主体分为企业与个人，再结合买方与卖方属性，可将跨境电子商务分为 B2B 跨境电商、B2C 跨境电商、C2C 跨境电商三类。

B2B 跨境电商是指分属不同关境的卖方企业与买方企业，基于电子商务信息平台或交易平台完成的跨境贸易活动。代表企业有阿里巴巴集团旗下的 1688 全球购物、大龙网等。

B2C 跨境电商是指分属不同关境的卖方企业与消费个体之间，基于电子商务信息平台或交易平台实现的产品或服务的跨境贸易活动。B2C 跨境电商典型代表企业有天猫国际、京东全球购、网易考拉等。

C2C 跨境电商是指分属不同关境的个人卖方对个人买方开展在线销售产品和服务，由个人卖方通过第三方电商平台发布产品和服务信息、价格等内容，个人买方进行筛选，最终通过电商平台达成交易、进行支付结算，并通过跨境物流送达商品，完成交易的一种国际商业活动。C2C 跨境电商的平台主要是一些海淘网。

（3）按跨境电商开发与运营主体划分　跨境电商按照开发与运营主体可划分为第三方平台型电商（或称为"平台型跨境电商"）和自营型跨境电商两个基础类型。平台型跨境电商典型企业有敦煌网、全球速卖通、洋码头、环球资源、阿里巴巴国际站等。自营型跨境电商企业有大龙网、网易考拉、唯品会、京东全球购等。

平台型跨境电商的主要特征：平台运营方提供商品交易的跨境电子商务平台，并不参与商品购买、销售等相应的交易环节；国外品牌商、制造商、经销商、网店店主等入驻该跨境电商平台，从事商品展示、销售等活动；商家云集，商品种类丰富。

自营型跨境电商的主要特征：开发和运营跨境电子商务平台，并作为商品购买主体从海外采购商品与备货；涉及从商品供应销售到售后的整条供应链。

3. 跨境物流

（1）跨境物流的定义　跨境物流是指供应点与需求点处于不同国家（地区）之间的物

流，是相对国内物流而言的，是跨越国境的物流活动方式，是国内物流的延伸。

跨境物流的运作一般会涉及不同关境之间实体货物的流转，一些基本的运输和仓储职能也必须通过线下的国际物流运输方式来完成。依据物资输送载体的不同，国际运输形式主要包括国际海洋运输、国际航空运输、国际铁路运输、国际多式联运等。

目前，跨境物流运输方式主要以海运、空运为主。随着我国"一带一路"倡议的落地执行，一些内陆城市和地区开始牵头开通前往特定国家或地区的铁路运输专列，如中欧班列等，希望以陆运的方式打通来往于中国与欧洲和沿线各国的运输通道，从而带动自身优质产业的国际化发展。

（2）跨境物流的模式　国际物流企业在为跨境电商平台及其用户提供物流服务的过程中可以提供多种服务模式，如国际快递、国际小邮包及专线物流等。

1）国际快递主要指 DHL、TNT、FedEx 和 UPS 四大商业快递公司，这些国际快递公司利用自建的全球网络为世界各地的客户提供本地化服务。以 DHL 快递公司为例，其货物运输提供空运、国际海运、公路和铁路运输，以及联合运送和多式联运四种方案。其中国际海运又分为整箱装载、散货拼箱装载、整箱内陆服务、普货装载服务、单国和多国拼箱、货船包舱。公路、铁路、多式联运服务覆盖全球各地包括欧洲、北非、中东、亚太区和美洲。

2）除国际快递模式外，国际小邮包也是一种常见的国际物流方式，主要指中国邮政国际小包和新加坡邮政小包等，适用于轻重量（低于 2kg）低价值（无报价）的跨境小包裹。以中国邮政为例，中国邮政国际小包简称"中邮小包"，可以分为中国邮政平常小包和挂号小包。它们的主要区别在于：前者只能通过面单条码，用电话查询邮包在国内的状态；后者可以利用跟踪条码，实时跟踪邮包在目的国的状态。

3）专线物流是现今跨境电商国际物流中较常使用的一种运作模式，是指将货物在国内仓库集货，然后通过包舱的方式直接批量空运或者陆运发往特定国家或地区的、专门设计的国际运输线路。

现在大部分的物流公司都选择开通美国专线、欧洲专线、澳大利亚专线、俄罗斯专线等，也有一些物流公司推出了中东专线、南美专线等。例如，中欧班列也属于专线物流中的一种，目前典型线路有：

重庆——德国杜伊斯堡（渝新欧），全程 11179km，运行时间约 15 天；

成都——波兰罗兹（成新欧），全程 9965km，运行时间约 14 天；

郑州——德国汉堡（郑新欧），全程 10245km，运行时间约 15 天。

此外，还有西安、苏州等城市，也开通了直通欧洲的班列。

随着中国与沿线国家签署更多的便捷通关协议，铁路运输效率还将有望提高。例如中国、俄罗斯、哈萨克斯坦三国联合签署了两项海关便捷通关协议，协议确定，三国海关对从重庆发出，通过新疆阿拉山口，途经哈萨克斯坦、俄罗斯的货物，只进行一次海关检查，不必重复关检就可以运往荷兰和德国等地。

我国跨境电商保持较快增长,商务部官网发布的《中国电子商务报告(2022)》中显示,2022 年,我国跨境电商进出口总额(含 B2B)2.11 万亿元,同比增长 9.8%。其中,出口 1.55 万亿元,同比增长 11.7%,进口 0.56 万亿元,同比增长 4.9%,如图 5-2 所示。

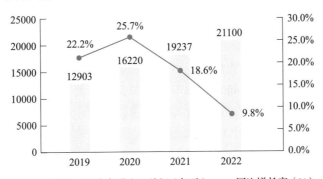

图 5-2　2019—2022 年中国跨境电子商务进出口情况及增速

5.6.2　"一带一路" 与跨境物流

"一带一路"(The Belt and Road,缩写 B&R)是 "丝绸之路经济带" 和 "21 世纪海上丝绸之路" 的简称,是中国政府于 2013 年倡议并主导的跨国经济带。"一带一路"旨在借用古代丝绸之路的历史符号,高举和平发展的旗帜,积极发展与沿线国家的经济合作伙伴关系,共同打造政治互信、经济融合、文化包容的利益共同体、命运共同体和责任共同体。"一带一路" 建设加速并推动了跨境电商市场的开拓,同时使得跨境物流行业也充满商机。

党的二十大报告指出,加快建设海南自由贸易港,实施自由贸易试验区提升战略,扩大面向全球的高标准自由贸易区网络,推动共建 "一带一路" 高质量发展。优化区域开放布局,巩固东部沿海地区开放先导地位,提高中西部和东北地区开放水平。加快建设西部陆海新通道。例如,上文中提到的 "重庆——德国杜伊斯堡"(渝新欧)国际铁路联运大通道,是中国铁路总公司、国家海关总署及途经各国加强合作,在原新欧亚大陆桥的基础上进一步优化完善的国际物流大通道。"渝" 指重庆,"新" 指新疆阿拉山口,"欧" 指欧洲,合称 "渝新欧"。运行路径从重庆直辖市始发,经甘肃兰州、新疆乌鲁木齐,向西过北疆铁路到达我国边境阿拉山口,进入哈萨克斯坦,再转到俄罗斯、白俄罗斯、波兰,至德国的杜伊斯堡,全程 11179km。2012 年这条国际大通道将继续西进,从德国的杜伊斯堡西延至比利时的安德卫普,整整延长 202km,将欧盟总部所在国比利时与重庆直接相连。

在跨境电子商务环境下,国际物流已经成为不同国家间进行贸易互通的重要形式。这种贸易活动形式不仅突破了地域条件的限制,而且完全消除了时间上的不利影响,提高了各种物资在国际的流通。

5.6.3 跨境电子商务物流管理

国际物流为全球经济一体化奠定了基础，是社会发展的必然选择，也是电子信息网络技术发展的集中体现，其主要特征为：

1. 物流环境更加复杂

国际各种经贸活动所处的物流环境各不相同，造成了国际物流主体之间通信系统的设置呈现出多样性和复杂性。与此同时，由于不同国家的政治、经济和自然环境不同，物流行业发展程度不一样，因此物流行业法规等制度建设方面也不尽相同，导致国际物流环境比国内物流环境更加复杂。

2. 跨境包裹难以全程跟踪

近年来，电子商务带动物流得到了高速发展，我国境内已经基本实现包裹的实时跟踪查询。但是不同国家信息技术发展程度严重不均衡，造成国际物流管理也有很大差别，进而造成很多包裹出境后就难以跟踪了。在物流发达的英、美、澳会好些，通过单号到相关的英文网站查询，一般可以追踪到；但对于一些不发达国家就很难追踪到了。

3. 跨境物流存在清关障碍

跨境物流需要通过出口国海关和目的国海关两道海关关卡。在出口跨境电子商务物流中，由于企业没有重视进口国的监管和目的国海关的贸易壁垒，在目的地海关经常出现扣货查验，货件退回发件地或要求补充文件资料再放行的处理，甚至直接没收。"没收"和"退件"会给卖家带来难以承受的损失，而"补充文件资料再放行"往往会延长配送时间，可能导致买家投诉，甚至拒付款。

4. 跨境物流难以支持退换货

退换货问题在常规商务活动中都是不可避免的。然而，由于跨境物流周期长、反向物流成本高、需要缴纳进口关税等原因，无论是邮政包裹、商业快递，还是专线物流都极难支持卖家向买家提供退换货服务。

构建国际物流管理体系的根本条件是要建立完善的基础数据库。企业必须根据自身的实际情况，建立各自的基础数据库，这些数据库是实现国际物流管理的重要环节。未来的跨境物流发展方向一定是通过资源整合，加强物流基础设施的建设，提高仓储、配送、信息处理效率，降低跨境物流成本，提升跨境物流质量，从而更好地服务于跨境电子商务的发展。

跨境电商海外仓的建设，成为跨境物流难题的主要解决方案之一。通过政府进一步的扶持政策，鼓励物流企业科学建设海外物流仓储管理系统，建立国际物流体系，同时开放海外仓的承接业务，为中小企业服务，将有助于缩短跨境电子商务的物流周期，提升跨境交易的服务质量。

本章小结

1. 电子商务物流管理

（1）电子商务与物流的关系：物流对电子商务的影响主要有物流是实现电子商务的重要保证；物流影响电子商务的运行质量；物流是实现电子商务盈利的重要环节。电子商务给物流带来了新的机遇和挑战。

（2）电子商务物流模式：自营物流、物流联盟、第三方物流、第四方物流。

2. 电子商务采购管理

（1）采购管理：采购管理是指从计划下达、采购单生成、采购单执行、到货接收、检验入库、采购发票的收集到采购结算的采购活动的全过程。采购管理流程一般包括采购计划管理、采购订单管理和发票管理三部分。

（2）电子商务下的采购管理：电子商务采购是通过建立电子商务交易平台，发布采购信息，或主动在网上寻找供应商、寻找产品，然后通过网上洽谈、竞价、订货、支付，最后通过物流进行货物配送，完成整个交易活动。

3. 电子商务库存管理

（1）库存管理：指企业各种物资运动的管理，即如何根据企业的实际需求保持各种原来的合理库存量，对企业库存进行分类及重点管理，同时确定订货时点，使企业的库存总成本最低。库存管理方式有供应商管理库存（VMI）、零售商管理库存（RMI）和联合库存管理（JMI）三种。

（2）电子商务下的库存管理方法：ABC 管理法、经济订货法、定期订货法、零库存管理法。

4. 电子商务运输与配送管理

（1）运输。运输是通过各种运输手段，使货物在生产地与消费地之间，或物流节点之间进行流动，包括集货、分配、搬运、中转、装入、卸下、分散等一系列操作。

（2）电子商务物流配送。电子商务物流配送是指物流配送企业利用计算机网络技术和现代化的硬件设备、软件系统及先进的管理手段，针对客户的需求，进行一系列分类、编码、整理、配货等理货工作，按照约定的时间和地点将确定数量和规格要求的商品传递到用户的活动及过程。

（3）电子商务物流配送的特征。虚拟性、实时性、个性化、增值性。

（4）电子商务下的配送管理。电子商务物流配送流程；电子商务物流配送管理系统由作业系统、网络系统、管理系统、输入/输出系统和环境构成。

5. 电子商务物流平台与供应链管理

（1）物流平台及其分类。

（2）电子商务订单的履行与供应链。

（3）供应链与供应链管理：供应链是指围绕核心企业，通过对信息流、物流、资金流的控制，从采购原材料开始，制成中间产品及最终产品，最后由销售网络把产品送到消费者手中，这一过程涉及的供应商、生产制造商、分销商、零售商直至最终用户组成的一个供需网络。一般由物流、信息流、资金流组成。

（4）电子商务环境下的供应链管理的有效策略：快速响应策略、有效客户响应策略、供应商管理库存策略和联合管理库存策略等。

6. 跨境电子商务物流

（1）跨境电子商务的概念及模式。

（2）跨境物流及其模式。

（3）跨境电子商务物流管理特征。物流环境更加复杂、跨境包裹难以全程跟踪、跨境物流存在清关障碍、跨境物流不支持退换货。跨境电商海外仓的建设，成为跨境物流难题的主要解决方案之一。

 本章习题

1. 试述电子商务与物流的关系。

2. 简述电子商务采购管理的一般流程。

3. 电子商务下库存管理的一般方法都有哪些？分别适用于什么环境？

4. 京东商城物流配送的主要模式是什么？分析其优缺点。

5. 电子商务供应链管理策略主要有哪些？

6. 实验与实践：

通过网络收集若干著名企业（如京东、天猫）从事电子商务物流的资料，比较其物流运作模式、库存管理、配送管理等方面的差异，分析其中的原因，并提交电子商务物流运做分析报告。

参考文献

[1] 陈雪梅. 电子商务物流 [M]. 成都：西南财经大学出版社，2011.

[2] 周云霞，王智利，蔡业颖，等. 电子商务物流 [M]. 2 版. 北京：电子工业出版社，2015.

[3] 鲍尔索克斯，等. 供应链物流管理 [M]. 马士华，等译. 4 版. 北京：机械工业出版社，2014.

[4] 毕娅. 电子商务物流 [M]. 北京：机械工业出版社，2015.

[5] 秦良娟，张莉，喇磊，等. 跨境电子商务理论与实践 [M]. 上海：华东师范大学出版社，2019.

第 6 章
电子商务客户关系管理

学习目标

■ 掌握电子商务情境下客户关系管理的特征及内容。

■ 掌握电子商务情境下，客户信息管理的方法及可能存在的安全问题。

■ 了解客户满意与客户忠诚的含义及测量方法。

■ 了解电子商务客服的流程及实施。

■ 了解社会化客户关系管理（SCRM）与传统 CRM 的区别。

📖 案例导入

亚马逊如何进行客户关系管理？

亚马逊（Amazon.com）是全球最大的网络书店，在亚马逊网上书店，读者可以买到超过 310 万种书籍、22 万种的音乐 CD。自 1999 年开始，亚马逊网上书店开始扩大销售的产品门类。现在除图书和音像影视产品外，亚马逊网上书店也在网上销售服装、礼品、儿童玩具、家用电器等多个门类的商品。

亚马逊一直保持以客户为中心的理念，开发出许多以消费者为主的服务项目，针对每一位消费者进行个性化服务，通过建立与客户互动的平台，了解客户的真实需求，并寻求客户的反馈，进而改善和提高服务质量。在这样一个服务水平呈螺旋式上升的过程中，通过适时满足客户需求、最大化客户的满意度，赢得客户忠诚。

（1）个性化推荐单　只要是亚马逊会员，每次登录网站时，便会有特别为个人量身定做的推荐书单，网站会依据消费者阅读上的喜好和以往的购书记录，进一步做交叉销售分析，提供数据库中与该消费者有相同喜好的顾客的书单数据，例如，买了马克·吐温的《汤姆·索亚历险记》，亚马逊会再推荐马克·吐温书迷购买《环游世界八十天》和《格列佛游记》等书，无形中增加了客户消费意愿，也提升了网站业绩。

（2）书评　以庞大书目为基础所孕生的书评，更是亚马逊引以为傲的资产，这些书评根据撰写者不同，分为"专家书评"与"读者书评"两种。专家书评是其他杂志媒体所提供的专业书评，读者书评是亚马逊会员所写的数以万计的评论。亚马逊还设立了"书评家排行榜"（Top Reviewers List），在每篇书评下面有"你觉得这篇书评对你有无帮助？是或否"的投票设计，再根据网络读者投票次数及书评家所写评论数量的交叉统计，产生书评家排行榜。许多亚马逊书评家都表示，因为有这项机制，读者书评变得更为中肯而具参考价值。

（3）网上社区　亚马逊提供会员网上社区，建构个人的阅读记录史，并且建立各类讨论区，提供读者询问、交流的园地。这些贴心的个人化服务与交流，旨在通过参与网站的活动，让消费者不断回流，建立网站忠诚度，进而形成"亚马逊人"的社群意识。

亚马逊网上书店依据自己现有的特色，建立了客户购书电子记录系统以及寻求客户意见、与客户交流的网络平台。通过各种渠道，了解客户的真实需求，并获得了有效的反馈，形成下一步服务改善的基础和起点，从而有效地提高、改善了服务质量，为客户提供了更高、更好的品质服务。

正是通过建立了这种与客户互动学习的关系，亚马逊才最终成功赢得了客户的忠诚，成为网上书店之王。

6.1　电子商务情境下的客户关系管理

客户关系管理（Customer Relationship Management，CRM）是为了适应企业"以产品为中心"到"以客户为中心"的经营模式的战略转移而迅猛发展起来的新型管理理念，它把追求客户满意和客户忠诚作为最终目标，通过信息技术集成在软件上，在企业与客户之间建立一种数字的、实时的、互动的交流管理系统，是一种现代的经营管理理念。

6.1.1　客户关系管理的作用

客户关系管理的核心思想是通过提供完善的客户服务和深入分析客户需求，从而向客户提供满意的产品和服务，达到客户满意的目的，这样一个过程也是企业与客户建立长期、稳定、相互信任关系的过程。客户关系管理同时是一种改善企业与客户之间关系的管理机制。它实施于企业的市场营销、销售、服务与技术支持等与客户相关的领域，通过将人力资源、业务流程与专业技术进行有效整合，帮助企业管理好、服务好现有客户，挖掘潜在客户，把握未来商机，其作用体现在以下几个方面：

1. 帮助企业提高客户满意度和忠诚度

客户关系管理有助于企业和客户之间构成稳定的客户关系，在第一时间发现客户需求或潜在需求的变化，及时调整营销策略。同时，客户关系管理可以将企业的市场、服务等各部门联系起来，通过协作的方式来解决跨部门的客户管理问题，从而提高客户满意度和忠诚度。

2. 降低管理与销售成本

客户关系管理使销售和营销过程自动化，大大降低了销售费用和营销费用。并且，由于客户关系管理使企业与客户产生高度互动，因此可帮助企业实现更准确的客户定位，使企业留住老客户、获得新客户的成本显著下降。在增加收入方面，由于在客户关系管理过程中掌握了大量的客户信息，因此可以通过数据挖掘技术，发现客户的潜在需求，实现交叉销售，可带来额外的新收入来源。并且，由于企业采用了客户关系管理，因此与客户的关系更加密切，增加了订单的数量和频率，减少了客户的流失。

3. 及时掌握客户动态

企业的客户信息一般会分散在市场、销售和服务各个部门。信息不共享会造成企业难以完整、准确地了解客户状态和价值，难以有效地与客户沟通，难以挖掘更多的销售机会和客户价值。在客户关系管理系统为实现"以客户为中心"提供了充分且方便获得的信息支持，客户处于生命周期的哪个阶段，那个阶段的客户有多少；哪些客户价值高、潜力大，需要重点维护；哪些客户快要流失需要尽快维护；企业不同部门人员都做了哪些工作，客户反应如何等均一目了然。

4. 快速响应客户的个性化需求

客户关系管理可以帮助企业快速响应客户需求，为客户提供实时的"一对一"服务。同时，可以为客户提供个性化的营销信息，从而提高客户忠诚度，建立牢固的客户关系和共享的"客户资源库"，进而获取增值服务所带来的利润。

5. 帮助企业制订有效的营销策略

客户关系管理使理念、流程和信息紧密结合，以帮助企业构建新型的营销方式。同时，客户关系管理系统具有对市场活动、销售活动的预测和分析能力，企业可以跟踪每一个市场活动的全过程，通过记录活动的实际费用、实际参加对象、实际产生的商机和带来的新合同等信息，可以查询、分析、统计某一阶段内总的市场活动次数和市场活动的效果，如市场活动和产生商机的比例、市场活动和产生新合同的比例等，从而能够从不同的角度提供有关产品和服务成本、利润数据，并对客户分布和市场需求趋势的变化做出科学的预测，以便更好地把握市场机会。

6.1.2 电子商务情境下客户关系管理的特征

虽然电子商务情境下的客户关系管理与传统商务情境下的客户关系管理相比有着自己独特的优势，但是两者依然有着很多相似之处，比如两者的价值观一致，都以实现客户忠诚为目的。同时，与传统商务情境下的客户关系管理相比，电子商务情境下的客户关系管理也呈现出一些新特点，主要体现在以下几方面：

1. 客户关系管理的对象范围扩大

客户关系管理是随着客户市场环境的变化而变化的，传统商务中客户往往指某个产品或服务的购买者，而在电子商务情境下，企业面对的不仅是产品或服务的购买者（客户），更多的是产品的实际使用者或体验者（用户），传统的客户关系管理也转变成为用户体验管理。用户体验管理是对客户关系管理的升级与发展，它强调体验的重要性，即企业通过移动互联网手段，建立以用户为中心的理念，通过为用户服务、紧密的用户联系、高度的用户参与、对用户高度承诺等方面来建立双方良好的合作关系，视用户为永久的伙伴、朋友，与其建立互利互惠的伙伴关系，目的是在获得新用户的同时保持住老用户，并在企业与用户结成的长期关系中获得收益。

2. 客户关系管理渠道越来越多元化

在传统的商务活动中，企业与客户进行交流沟通的方式有电话、短信、展会、讲座、庆典等途径，往往会受到地域和时间限制。如今在移动互联网时代下，用户可以通过网站、APP、微信、社群、微博、小红书、抖音和小程序等各种方式与企业建立连接，可以在任何时刻任何地点访问企业，寻求服务。企业则可以通过这些渠道管理用户，向用户提供全渠道的服务。同时，每个渠道的会话都会被记录在历史中心，如沟通记录、历史订单等，即使用户从一个渠道切入另一个新的渠道，客服都能掌握该用户的信息记录，给予用户优质服务，用户不必担心换一个渠道就要经历重复的流程。此外，客服还能够通过视频、文本、语音等方式向用户提供帮助和支持，提高客服工作效率与用户满意度。

3. 企业与客户的连接关系越来越社会化

传统商务中客户关系管理是企业主导的，属于内向型的，客户关系管理的重点是收集和管理静态的客户资料，如过去的购买信息、联系记录和客户属性信息，企业注重如何去管理客户，而非着眼于与客户建立强大关系，企业与客户在系统上的互动很少，往往局限于电子邮件和电话的单向沟通，客户与客户之间的互动基本没有。在移动互联网时代，企业与用户的连接关系越来越社会化，企业也更加注重与用户建立稳定的连接关系，由此，通过社交媒体以双向协作对话的形式建立企业与用户关系的"社会化客户关系管理（Social CRM）"应运而生并迅猛发展。社会化客户关系管理更加以用户为中心，并且以如何充分发挥每个用户的社交价值为业务流程创新的重点。企业通过用心研究用户需求和偏好，在了解用户的基础上生产内容、满足其需求并创造惊喜点，从而与用户建立情感联系来吸引他们并使其成为忠实粉丝。在社会化客户关系管理中，消费者的角色不仅仅是企业的收入贡献者，而更加是口碑贡献者、品牌信任贡献者、消费热情贡献者。企业基于社会化客户关系管理能够获得更多的销售机会、更完整的企业形象和更大的竞争优势。

4. 客户关系管理逐渐向 "数智化" 转型

近年来，伴随着以人工智能、大数据、云计算为代表的前沿技术的发展与成熟，客户关系管理步入了"数智化"转型的新阶段。在此背景下，越来越多的企业积极探索大数据和智能营销方法推动客户关系管理转型，从实时数据处理、智能营销、自然语言处理、人工智能、知识图谱等方面实现数字化客户管理和销售流程优化。通过统一企业内部各业务部门的业务场景数据，构建客户画像，建立覆盖全业务、全品种的客户服务内容体系、标签体系和营销体系，实现全面绩效管理、商机发现和自动推送；通过开发基于 AI 技术的智能营销，更加准确地预测客户需求，提供个性化服务，从而提高客户满意度和忠诚度，提升企业的品牌知名度和市场占有率。

6.2 电子商务情境下的客户需求分析

对用户、消费者和客户三者分类在营销领域非常重要。传统行业分开的目的是为了让营销人群更精准，避免造成浪费，而对于互联网行业来说，从目标用户的选择定位到产品设计，运营等首先涉及的就是用户角色，当设计一个产品功能的时候，需要清楚地知道自己是为哪类用户设计的，用户的特点是什么，需求有哪些，用户群体在什么地方，怎么去运营等。

用户是指使用某个产品或服务的人，只要正在使用或者用过的人都属于用户；消费者是指近期有潜在购买欲望和冲动的人；客户是指购买了某个产品或服务的人，客户不一定是产品或服务的使用者，但是一定是为这项产品或服务支出费用的人。大多数传统企业没有用户只有客户；而互联网行业正好相反，互联网行业大多数产品服务的是用户。

客户需求是企业提供产品或服务的核心出发点，马斯洛人的需求分为五个层次：生理需求、安全需求、社会需求、尊重需求和自我实现需求，因此企业也应围绕客户不同层次的需求提供产品和服务。传统企业一般针对消费者进行营销，然后将消费者转化成客户对其提供服务，最后享受服务的大多是客户本身。而互联网行业大多数产品服务的是用户，然后将用户层层转化，最后挖掘消费者，把消费者转化成客户，或者通过用户去吸引客户获得盈利。也就是说，在电子商务情境下，企业面对更多的是产品的实际使用者或体验者用户，而传统的客户关系管理也转变成为用户体验管理，电子商务情境下的客户需求分析，在大多数情况下主要面向的是用户需求的分析。

6.2.1 需求挖掘

需求挖掘最有效的做法就是先找到用户的痛点（Pain Point），从痛点出发来满足用户需求。痛点一般是指尚未被满足的，而又被广泛迫切渴望的需求。痛点和需求是相互联系的，痛点是一种负面的感觉，这种感知会带来渴望，也就是说痛点会刺激用户产生需求。产品或服务的价值所在，就是为了解决用户的痛点，满足用户的需求。

注重产品品质为电子商务运营者提供了一个重要的思维，首先要从提供产品的观念转变到满足用户需求上来。以滴滴出行最早推出的打车功能为例，分析它是如何解决用户痛点、满足用户需求的。

首先分析用户打车的场景：在打车平台上线以前，最早打车的方式是直接招手停车或是打出租车公司电话叫车，这两个场景带来的问题有：

1）不知道附近有没有车，不确定等待的时间。

2）早晚高峰时间大家都在打车，难以保证结果。

3）多个人在同一地点打车时，就会出现不遵守秩序的问题。

4）即使顺利搭乘，也有可能是非法运营的车辆。

5）招手停车效率低，很有可能因为司机看不到而错过。

分析以上场景不难发现，前两个问题是普遍存在的问题，也是用户迫切想要解决的问题，是用户场景的核心痛点。

接下来，分析这个需求的质量：

1）打车难的问题不是个例，是普遍现象，原因在于用户需求范围广。

2）很多人每天都要打车，甚至一天打多次车，体现出了用户需求频度高。

3）对于不少用户而言，打车是最好的代步选择体现出了用户刚需。

所以，打车是一个广泛、高频、刚需的需求场景，且需求质量较高。

下面分析一下，滴滴出行的产品功能设计是否解决了上述问题。

1）用户打开 APP 后就能看到附近是否有出租车，距离多远一目了然。

2）高峰时间可以提高价格叫车。

3）在线下单的形式，出租车司机与乘客建立一对一契约，解决了不遵守秩序的问题。

4）出租车司机的信息在 APP 中有认证和备案，保障了乘客的安全。

5）下单后出租车司机会主动联络乘客，确定乘客位置，不会出现错过的问题。

滴滴出行通过以上功能解决了用户痛点、满足了用户需求。因此滴滴出行上线之后，迅速得到了用户的认同，积累了大量用户，最终改变了传统打车方式，培养出移动互联网时代下的用户现代化出行方式。

6.2.2 需求调研

需求调研是大多数企业在产品设计前期都要开展的工作。需求会因人而异，会因文化差异而不同，也会随着时间变化。对一个产品来说，需求调研就像是铁路的轨道、飞机的航线，它同时定义了一个产品的核心思想与实施方案。同时需求也是风向标，整个产品的设计、开发、落地实施将全部围绕着满足用户需求展开。需求调研的目的就是不断了解用户，挖掘用户需求，梳理出逻辑性、体系性强的需求框架，通过满足用户需求，实现项目存在的价值。也就是说，需求调研通常要达到以下目的：

1）战略规划。通过需求调研，了解行业和市场，以便进行合理和可靠的战略规划。

2）验证方案（产品/功能/服务）对用户的吸引力。能否满足用户需求，需求强度/广度/频次，用户愿意为此付出的成本（时间/金钱）是多少。

3）产品定义。判断用户的需求，进行产品定义。对于新产品来说，判断要不要做，要做成什么样，要具备什么功能。

4）产品优化。对于已有产品，通过产品调研，了解产品存在哪些问题，如何进行优化，制定改进方案。

需求调研的结果应该具有代表性，但是要想对大多数目标用户进行全面的调研是极其困难的。有经验的调研人员只要通过调研比较少的一部分个体，就能得到可靠的资料，所以确立恰当的调研对象也是进行需求调研的重要环节。需求调研的对象通常包含以下几种：

（1）直接用户　直接用户即直接购买/使用企业产品的用户，以跟踪了解这些用户对企业产品的期望功能、使用体验、服务等方面的反馈信息。另外，对潜在客户的调研也很重要。企业可通过收集用户的相关个人特征，如性别、年龄、职业、收入、使用偏好等方面的信息，掌握用户的基本状况及其可能的需求信息。

（2）间接用户　间接用户包括向业内专家咨询、相关从业者验证、资本市场（投资时间/投资人/相关上市公司公开数据）以及项目所在行业的管理者和行业研究机构、项目的上下游企业等。

（3）竞品调研　企业不仅要了解用户和合作者的情况，更需要了解其竞争者的情况。竞品是大多数企业进行需求收集的重要渠道。竞品分析首先要结合自己产品的定位，挑选合适的竞品，比如，产品是社交工具，就可以选择微信或者 QQ 作为竞品参考。竞品调研不是一味地模仿，而是通过对产品的功能定位，明确业务场景，带着问题去分析、学习竞品，提炼有价值的需求点。

在明确调研对象之后，接下来便是要选择合适的需求调研方法。常用的需求调研方法有以下几种：

（1）问卷法　问卷法是通过调查问卷，了解用户需求的一种方式。优点是客观、简单、范围广、反馈快。缺点是不够深入，只能获得一些明确问题的答案。使用问卷法首先要明确目的和调查对象，并进行用户分析；然后设计问题类型和数量，并进行内测和修改；最后回收问卷并进行数据分析。

（2）访谈法　访谈法是寻找目标用户，通过访谈形式了解用户需求的一种方式。通常是访谈者与被访者一对一进行聊天，被访对象的样本比较少，但花在每个用户身上的时间比较多。为了达到最好的访谈效果，需要制订详细的访谈计划。利用访谈法进行调研，首先根据调研目的设计好访谈内容和问题；然后挑选并联系好被访者，做好紧急情况应对预案；调研时要注意态度和语速、做好记录，调研后要对记录进行整理分析并总结结论。

（3）可用性测试　可用性测试是让用户在一定场景下使用产品或原型，对用户操作过程、操作习惯进行观察、记录和测量，以此来评估产品的可用性问题。通过可用性测试，发现用户在使用产品时的需求、偏好、痛点、路径、习惯等，了解产品存在的问题，为进一步设计提供思路，节约开发成本。使用该方法时，首先要寻找目标用户，然后准备实际使用过程中的典型任务，让用户进行测试，并做好相关记录。测试结束后询问用户在使用过程中的感受，对测试过程进行分析，并形成分析文档。

（4）数据分析　数据分析是通过对相关数据的收集、分析、总结，对产品需求、功能以及趋势进行判断的一种方式。对象是目标用户群体，优点是数据来源多样，数据结果可靠。采用该方法调研时，首先要明确目的，利用数据进行产品改版评估或产品功能改进等，然后要确定数据的来源及获取方式，最后进行数据分析，如漏洞分析、趋势分析还是留存分析等，并获得相应的分析结果。

6.2.3　需求分析方法

常用的需求分析方法有以下三种：穷举分析法、PSP 分析法和 KANO 模型分析法。

1. 穷举分析法

穷举分析法首先要穷举所有可能性，然后选择出重点需求，在这基础上可以进一步总结抽象出一种通用功能满足用户的需求。例如网易云音乐使用穷举分析法进行产品——"发现音乐"的需求分析。其主要步骤如下：

（1）穷举出发现音乐的所有可能性　发现音乐包括主动发现和被动发现音乐，其中，主动发现音乐的方式有搜索音乐、热歌和新歌等排行榜、识别环境中的音乐；被动发现音乐的方式有熟人推荐、KOL意见领袖、随意选择、关联推荐。

（2）抓重点　通过竞品分析，选择其他产品满足不了、有增长空间、量大的需求，这样就可以选择出重点需求，将有限的资源投入到重点需求的实现中，从而让投资回报率最大化。

（3）总结通用功能　对于网易云音乐而言是重组分析，重组的常用思路是利用列表和标签。列表是指相关内容组织在一起，用户一次性发现内容。标签是指通过打标签方式将内容组织在一起，很快扩大用户发现内容的范围。网易云音乐是一款 UGC 产品，以列表作为突破口，建立以人为中心，让用户主动创建列表，释放用户的创造力。所以，通过列表和标签的重组分析后，总结得出的通用功能就是歌单，如图 6-1 所示。

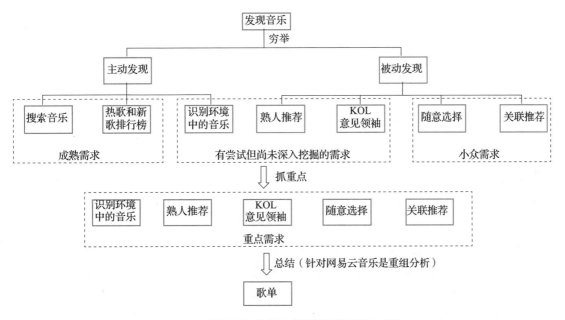

图 6-1　网易云音乐产品"发现音乐"的需求分析

2. PSP 分析法

PSP 分析法是 P（Person）、S（Scenes）、P（Paths）的简写，即"角色→场景→路径"分析法。分析用户需求要考虑到目标用户、使用场景和解决方案，即"目标用户"在"合理场景"下的最优"解决方案"。也就是说，企业提供的产品和服务要解决谁在什么环境下遇到什么问题，以及怎么解决。比如，用户（角色）无意中听到一首好听的歌曲，但却不知道名字，用户很强烈地想知道这首歌名（场景），就可以设计听歌识曲（解决路径）这一功能去解决问题。

PSP 分析法是基于场景化思维的分析法，主要思路如下：

1）角色：人、原因动机、他是谁。

2）场景：实现需求的场景、他在哪里。

3）路径：实现需求的具体方法和关键途径、他如何被满足。

4）通过用户了解他是谁、他在哪里、他如何被满足，去思考应用场景存在的问题，判断需求是否靠谱。

当分析需求的时候，首先判断其是真实的场景触发，还是虚构的场景驱动。通过换位思考与同理心映射，判断一个需求确实存在一些真实场景的时候，需要还原一下"更贴现实的场景"。通过逻辑思考、真实用户接触、现实场景模拟和观察，判断现实中可能存在此类需求的场景在哪里。还原现实并确认需求场景之后，就要判断这些场景产生需求的人群规模，人群规模较大程度上决定了这个需求的强度。

通过还原现实场景的方法确认需求的真实性与强度之后，需要做的是场景的结构化拆分。确认需求也是一个将各种场景归纳总结的过程，那么如何让这些需求成体系，并按照用户真实的行为路径去做到尽可能的还原。首先，基于用户进入需求的路径，还原需求的满足流程；其次基于这个流程，将主场景与次场景提炼出来，确认在单个场景下，哪个是高频需求，哪个是低频需求，这些分析将成为产品研发和平台设计的参考依据。

3. KANO 模型分析法

KANO 模型是一个典型的定性分析模型，KANO 模型分析法一般不直接用来测量用户的满意程度，主要用于识别用户对新功能的接受度，帮助企业了解不同层次的用户需求，找出用户和企业的接触点，识别使用户满意的至关重要的因素。

在 KANO 模型中，根据不同类型的需求与用户满意度之间的关系，可将影响用户满意度的因素分为五类：兴奋型需求、期望型需求、基本型需求、无差异需求、反向型需求。

（1）兴奋型需求　用户意想不到的，需要挖掘/洞察的需求。若不提供此需求，用户满意度不会降低；若提供此需求，用户满意度会有很大的提升。当用户对一些产品或服务没有表达出明确的需求时，企业提供给用户一些完全出乎意料的产品属性或服务行为，使用户产生惊喜，用户就会表现出非常满意，从而提高用户忠诚度。这类需求往往是代表用户的潜在需求，初创团队可以优选成本低的亮点，仅将其作为产品的锦上添花使用；大公司在市场竞争中处于领先地位且资源充足，几乎可以不用在乎成本，应该努力去寻找、发掘这样的需求，领先对手。

（2）期望型需求　当提供此需求，用户满意度会提升；当不提供此需求，用户满意度会降低。它是处于成长期的需求，是用户、竞争对手和企业自身都关注的需求，也是体现竞争能力的需求。对于这类需求，企业的做法应该是注重提高这方面的质量，力争超过竞争对手。

（3）基本型需求　对于用户而言，这些需求是必须满足的。当不提供此需求时，用户满意度会大幅降低，但优化此需求，用户满意度也不会得到显著提升。对于这类需求，是用户对产品的核心需求，也是产品必做功能，企业的做法应该是注意不要在这方面减分，这需要企业不断地调查和了解用户需求，并通过合适的方法在产品中体现这些需求。

（4）无差异需求　用户基本不在意的需求，对用户体验毫无影响。对于这类需求，企业的做法应该是尽量避免。比如，某 APP 的某个二级菜单，从后台观察数据，从来没有人点击，这就是无差别功能，这样的功能就没必要出现。

（5）反向型需求　用户根本没有此需求，提供后用户满意度反而下降。一个产品的用户是多种多样的，不同用户的目标也各不相同，所以这里的"满意"，针对某一种用户可能是反向的，而针对另外一种用户却可能是正向的。比如，百度的广告，对普通搜索用户来说，搜索结果页里广告越多，满意度就越差，但对投放广告的用户，肯定希望搜索结果中也有自己的广告。

综上所述，当企业进行产品设计时，需要尽量避免无差异型需求、反向型需求，至少做好基本型需求、期望型需求，结合自身条件状况再努力挖掘兴奋型需求。KANO 模型的需求类型，如图 6-2 所示。

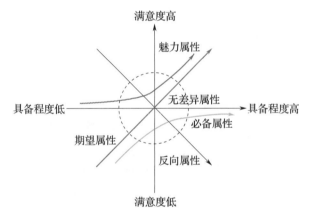

图 6-2　KANO 模型的需求类型

KANO 模型实际操作流程如下：

（1）明确目的　首先明确调研目的，是否适合使用 KANO 模型解决，为什么要用 KANO 模型解决。例如，某企业开发了一款大学生寻找兼职的平台，随着用户数量的不断增长，系统中需引入一些新的功能满足其管理需求。作为产品开发和平台运营人员，需要知道这些功能哪些是基本功能，哪些是增值功能，功能的优先级又该如何排列等。那么该企业可利用 KANO 模型，从具备程度和满意程度这两个维度出发，将平台新增的功能进行区分和排序，从而知道哪些功能是一定要有，否则会直接影响用户体验（基础属性、期望属性）；哪些功能是没有时不会造成负向影响，拥有时会给用户带来惊喜（兴奋属性）；哪些功能是可有可无，具备与否对用户都不会有大的影响（无差异因素）。

（2）设计问卷　KANO 模型的问卷中每个特性都由正向和负向两个问题构成，分别检测用户在面对具备或不具备某项功能时所做出的反应。问卷中的问题答案一般采用李克特五分量表，按照非常喜欢、比较喜欢、无所谓、不大喜欢、很不喜欢（或者非常有用、比较实用、无所谓、不大实用、很不实用）进行评定。

KANO模型的问卷需要注意：问卷中与每个功能点相关的题目都有正向、负向两个问题，需要注意区分，防止用户看错题意；对于功能的解释应简单描述，确保用户理解。

例如，对于电商购物车无货商品到货提醒功能，问卷可设置以下正向、负向两题：

1）如果我们在购物车中提供无货商品的到货提醒功能，您的感受是：

A. 非常喜欢　 B. 比较喜欢　 C. 无所谓　 D. 不大喜欢　 E. 很不喜欢

2）如果我们在购物车中不提供无货商品到货提醒功能，您的感受是：

A. 非常喜欢　 B. 比较喜欢　 C. 无所谓　 D. 不大喜欢　 E. 很不喜欢

问卷设置可以在实际项目中进行调整，比如，针对在线旅游平台新功能点分析，主要出于功能实用性角度进行调研，为便于用户理解，把问卷选项进行调整。

例如，对于旅游产品菜单中"网红"打卡地标识功能，您的想法是：

1）菜单中加入该功能，您认为此功能实用性如何？

A. 特别实用　 B. 比较实用　 C. 一般　　 D. 很不实用　 E. 非常不实用

2）菜单中不加入该功能，对您的使用影响程度有多大？

A. 非常大　　 B. 比较大　　 C. 一般　　 D. 影响很小　 E. 完全没有影响

（3）清洗数据　在收集所有问卷之后，注意去除个别的明显无用的回答，如没有答完的问卷或者全部问题都选择统一答案的问卷。

（4）整理分类　将调查结果的功能属性进行分类，建立原型。具体分类见表6-1。

表6-1　KANO评价结果分类对照表

		不提供此功能				
		非常喜欢	比较喜欢	无所谓	不大喜欢	很不喜欢
提供此功能	非常喜欢	Q	A	A	A	O
	比较喜欢	R	I	I	I	M
	无所谓	R	I	I	I	M
	不大喜欢	R	I	I	I	M
	很不喜欢	R	R	R	R	Q

当正向问题的回答是"我喜欢"，对负向问题的回答是"我不喜欢"时，那么在表6-1中，这项质量特型就分为"O"，即期望型需求。如果顾客对某项特征正负向问题的回答结合后，分类为"M"或"A"，那么该因素可分别分为基本型需求或者兴奋型需求。即可得出以下结论：

A为兴奋型；O为期望型；M为必备型；I为无差异型；R为反向型；Q为可疑结果。

利用KANO评价结果分类对照表判断KANO属性，记录所有合理的数据，计算出各项占比，填写在表6-2中。

表 6-2　KANO 评价结果分类对照表结果显示

菜单中"网红"打卡地标识		不提供此功能				
		非常喜欢	比较喜欢	无所谓	不大喜欢	很不喜欢
提供此功能	非常喜欢	10.8%	5.0%	8.6%	10.4%	33.2%
	比较喜欢	0.7%	5.8%	4.3%	4.2%	0.0%
	无所谓	0.0%	0.5%	0.0%	5.0%	3.6%
	不大喜欢	0.0%	1.5%	6.4%	0.0%	0.0%
	很不喜欢	0.0%	0.0%	0.0%	0.0%	0.0%

可得出结论：A 为兴奋型（24.0%）；O 为期望型（33.2%）；M 为必备型（3.6%）；I 为无差异型（27.7%）；R 为反向型（0.7%）；Q 为可疑结果（10.8%）。

从表 6-2 中可得出，"菜单中'网红'打卡地标识"这个功能在六个维度上均有得分，将相同维度的比例相加后，可得到六个属性维度的占比总和，总和最大的一个属性维度，便是该功能的属性归属。由表 6-2 中数据可看出"菜单中'网红'打卡地标识"这个功能属于期望型需求。即说明当提供此需求，用户满意度会提升；当不提供此需求，用户满意度会降低，因此应该增加该功能，提升用户的使用体验。

如果涉及多个需求的排序分级，还需计算 Better-Worse 系数。Better-Worse 系数，表示某功能可以增加满意或者消除不喜欢的影响程度。其计算公式如下：

增加后的满意系数：$\qquad$ $\text{Better/SI}=(A＋O)/(A＋O＋M＋I)$ $\qquad$ (6-1)

消除后的不满意系数：$\qquad$ $\text{Worse/DSI}=-1\times(O＋M)/(A＋O＋M＋I)$ $\qquad$ (6-2)

式（6-1）中，Better 为增加后的满意系数。Better 的数值通常为正，代表如果产品提供某种功能或服务，用户满意度会提升，正值越接近 1，则表示用户满意度提升的效果越强，满意度上升的越快。

式（6-2）中，Worse 为消除后的不满意系数。Worse 的数值通常为负，代表产品如果不提供某种功能或服务，用户的满意度会降低，其负值越接近-1，则表示对用户不满意度的影响最大，满意度降低的影响效果越强，下降的越快。

根据 Better-Worse 系数，对两者系数绝对分值较高的项目应当优先实施。

例如，某平台希望优化五项功能，但是不知道哪些是用户需要的。通过 KANO 模型调研分析后，可以分别计算出五项功能的 Better-Worse 系数。根据五项功能的 Better-Worse 系数值，将散点图划分为四个象限，以确立需求优先级，如图 6-3 所示。

图 6-3 中，第一象限表示：Better 系数值高，Worse 系数绝对值也很高的情况。落入这一象限的因素，称之为期望型因素（一维因素）。功能 2 落入此象限，即表示产品提供此功能，用户满意度会提升，当不提供此功能，用户满意度就会降低。

第二象限表示：Better 系数值高，Worse 系数绝对值低的情况。落入这一象限的因素，称之为兴奋型因素。功能 1 落入此象限，即表示不提供此功能，用户满意度不会降低，但当提供此功能，用户满意度会有很大提升。

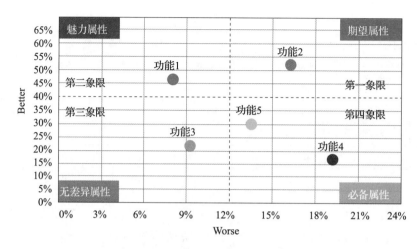

图 6-3 四分位图：Better-Worse 系数分析

第三象限表示：Better 系数值低，Worse 系数绝对值也低的情况。落入这一象限的因素，称之为无差异因素。功能 3 落入此象限，即无论提供或不提供这些功能，用户满意度都不会有改变，这些功能点是用户并不在意的功能。

第四象限表示：Better 系数值低，Worse 系数绝对值高的情况。落入这一象限的因素，称之为必备型因素。功能 5 和功能 4 落入此象限，即表示当产品提供此两项功能，用户满意度不会提升，当不提供此两项功能，用户满意度会大幅降低，说明落入此象限的功能是最基本的功能。

在实际项目中，企业首先要全力以赴地满足用户最基本的需求，即第四象限表示的必备型因素，这些需求是用户认为最基本的需求。在满足最基本的需求之后，再尽力去满足用户的期望型需求，即第一象限表示的期望因素，这是用户体验的竞争性因素。提供用户喜爱的额外服务或产品功能，使其产品和服务优于竞争对手并有所不同，引导用户加强对本产品的良好印象。最后争取实现用户的兴奋型需求，即第二象限表示的兴奋型因素，提升用户的忠诚度。

因此根据 KANO 模型计算出的 Better-Worse 系数值，说明该产品先满足功能 5 和 4，再优化功能 2，最后满足功能 1。而功能 3 对用户来说有或者没有都无所谓，属无差异型需求，没有必要去实现。

6.3 电子商务客户信息管理

在电子商务环境下，企业能够通过网站的形式向客户传递有关企业品牌形象、产品质量、企业文化等信息，可以在线为客户提供服务，相应地，客户也可以更方便地获取有效的信息。与此同时，企业通过客户提供的数据在线获得客户的有关资料，通过对资料进行分析，可以对客户进行有效评价，分辨出对企业有价值的客户并对目标客户进行定位，以增强与客户之间的关系。

6.3.1 客户信息管理的内容

客户信息包括企业服务对象的基本资料、购买产品或服务的记录等一系列相关信息。客户基本信息主要指企业服务对象的基本情况，主要分为个人客户的信息和企业客户的信息两大类。其中，个人客户的信息主要包括客户的基本信息、心理与态度信息和行为信息等几个方面；企业客户的信息主要涉及企业的基本信息、业务状况、交易状况和负责人信息等方面。

客户信息管理是客户管理的重要内容和基础，包括客户信息收集、客户信息整理，客户信息分析等。通过建立完善的客户管理系统，对于企业扩大产品的市场占有率、提高营销效率、与客户建立长期稳定的业务联系，都具有重要意义。运用客户信息，能准确区分准客户、新客户和老客户，区分大客户和一般客户，并实施不同的市场营销策略。

6.3.2 电子商务客户信息收集

当企业明确自身需掌握的客户信息之后，接下来就要利用各种渠道和方法进行客户相关资料和数据的收集。电子商务客户信息的收集可以从企业内部信息收集和外部信息收集两个途径展开。

1. 企业内部信息收集

企业内部信息收集主要是指企业通过内部各个部门与客户直接接触来获取所需要的客户信息和资料。具体途径包括：

（1）通过调研获取客户信息　通过与客户直接交谈或调研，了解客户的基本信息、行为习惯等方面的资料。当企业面临组织客户时，更需要主动与客户交流，以便准确、详尽地掌握客户信息。这种与客户的直接交流主要体现在三个时段：客户关系建立前、建立过程中以及建立后。在客户关系建立前，企业主要通过与客户交流，弄清客户的基本状况及其可能的需求信息；在客户关系建立过程中，企业进一步明确客户的具体需求信息；在客户关系建立后，企业通过与客户的沟通来了解客户的动向，发展和维护客户关系，并努力挖掘客户的潜在价值。

（2）在营销活动中收集客户信息　例如，现在很多超市、餐饮、娱乐行业都实行了会员制度，以此来记录客户的基本信息以及消费习惯。此外，还有很多企业采用博览会、展销会、洽谈会的形式来获取客户信息。

（3）在服务过程中获取客户信息　对客户的服务过程是企业深入了解客户、收集客户信息的绝佳时机。在服务过程中，客户通常能够直接表达自己对产品的看法和期望，其信息量大、准确性高，因此是客户信息收集的重要途径。

（4）通过网站收集客户信息　随着电子商务的日益火爆，越来越多的公司开设了专门的网上商城来销售产品。当客户通过网站购买产品时，不可避免地要填写相关的客户信息，企业则可以由此途径获得这些客户的基本信息，并通过跟踪其购买频率和内容来分析其购买行为与偏好，从而获取更多的客户信息与数据。

2. 企业外部信息收集

企业外部信息收集指企业通过查询、购买等方式从其他机构或组织获取所需的客户信息。具体途径包括：

（1）网络搜索　企业可以通过网络平台搜集客户相关信息，如通过搜索引擎、行业网站、网上黄页、E-mail、网络通信软件等。这些信息比企业从内部渠道获取的信息更加广泛，更有利于企业全面了解客户。

（2）数据公司　数据公司专门收集、整合和分析各类客户的数据和客户属性。专门从事这一领域工作的数据公司往往与政府及拥有大量数据的相关行业和机构有着良好而密切的合作关系。一般情况下，这类公司都可以为营销行业提供成千上万的客户数据列表。在北京、上海、广州、深圳等国内大中城市，这类公司发展非常迅速，已经开始成为数据营销领域的重要角色。

（3）政府机构　在国内，政府部门往往拥有最完整而有效的大量数据。以前，这些数据并没有很好地应用于商业用途。现在，政府部门已经在大力加强基础信息数据库的建设工作，在数据基础越来越好、数据的管理和应用越来越规范的市场趋势下，政府部门也在有意识地开放这些数据用于商业用途，如公安户政部门的户政数据、税务机关的纳税信息、社保部门的社会保险信息等。

6.3.3　电子商务客户信息整理

电子商务环境下的企业可以利用数据仓库来整合和管理信息，以预测客户未来的行为，具体步骤如下：

1. 客户信息的筛选和整理

企业从各种渠道所收集的信息往往不能被直接使用，必须经过分类、整理等环节进行信息加工。这是因为，首先，企业所收集的信息分散在企业的各个部门之中。例如，有关客户购买频率等行为方面的信息可能在销售部门，来自客户投诉等方面的信息掌握在售后服务部门，这些信息处在不同部门，降低了整个企业掌握信息的完整性。其次，来自不同渠道的信息未必是完全正确的。因此，企业在使用这些信息之前，必须对掌握的信息进行筛选和整理。

2. 客户信息的录入

当企业完成了客户信息的筛选、整理之后，接下来就是将掌握的信息录入到数据仓库中。录入信息首先要对信息进行编码，良好的编码可以提高数据的运算处理效率，同时也能让企业员工更加方便地使用和处理信息。其次，要检查录入信息的准确性，一方面要确保信息来源的可靠性和真实性；另一方面要保证信息录入过程的准确性，即在录入过程中不会发生偏差。

3. 客户信息的更新

对企业而言，通过直接和间接渠道收集信息是企业了解客户的重要途径，但是，企业并非开展一次大规模的收集信息活动就可以一劳永逸。在市场瞬息万变的今天，客户的需求和偏好也在不断发生变化，因此企业应该在已有客户资料的基础上进行随时更新，而不是建立在一个静态档案上。企业通过及时更新客户信息可以做到"知己知彼"，随时了解客户的消费需求和动态等。

客户信息的更新要注重及时准确，需要企业各个部门的全力配合。企业更新信息不是让信息存储在数据库中，而是希望通过这些信息来认识、了解客户，弄清楚客户的信息发生了怎样的改变。在更新信息的同时，还要注意及时淘汰无用信息，提高数据库的使用率，避免无用信息造成的干扰与空间浪费。

6.3.4　电子商务客户信息分析

企业并非只是简单地把客户信息录入数据仓库中，若想发挥数据仓库的作用，则需要对客户信息进行进一步的分析。客户信息的分析是指从大量的数据中提取有用的客户信息，主要分为直接信息和间接信息。直接信息可以从数据中直接取得，价值量较小、使用范围较小。而间接信息是经过加工获得的比较有价值的信息。分析过程主要包括基本信息分析、统计分析、趋势分析、关联分析等。

在电子商务运营环节中，客户行为分析和管理有着非常重要的位置。客户分析是根据客户信息数据来分析客户特征，评估客户价值，从而为客户制订相应的营销策略与资源配置计划。通过合理的、系统的客户分析，电子商务运营商可以知道不同的客户有着什么样的需求，分析客户消费特征对商务效益的关系，使运营策略得到最优的规划；更为重要的是，可以发现潜在客户，从而进一步扩大商业规模，使企业得到快速的发展。客户行为分析一般涵盖以下几方面内容：

（1）客户特征分析　对客户的各方面参数进行分析和总结，力求得出自身商业对象的主要特点，如年龄、地域、学历、职业、婚姻、收入等，从而找准商业定位，更好地服务于自己的主要客户群。

（2）消费倾向分析　对不同特征客户的消费倾向、喜好等进行分析和预测，找准不同客户的需求，为不同的客户提供相应的、个性化的服务。

（3）利润率分析　利润的多少是商家最为关注的问题之一，对不同的客户，交易所产生的利润可能有相当大的差距，因而对不同客户特征、不同商品的综合利润率进行分析，可以找到能产生最大利润的客户群和商品列表，而这将是商家重点关注的问题。

（4）客户忠诚度分析　在吸引到客户之后，如何留住客户就成为十分重要的问题。统计表明，电子商务很大的利润产生于回头客中。忠诚度分析主要是为了研究不同特征、不同购买行为的客户的忠诚度，以及预测如何提高这些客户的忠诚度的途径。

（5）风险分析　交易是存在风险的，风险分析就是对客户和交易的可靠性进行分析，对交易中潜在的风险进行研究，为商家规避风险起到警示的作用。

（6）潜在客户分析　对潜在客户的分析是目前比较薄弱的环节，但同时却是非常重要的分析目标。通过综合多方面的分析结果，系统地展开分析和预测，以找出最有可能成为自己客户甚至优质客户的群体，进而有目的地展开营销宣传，调整运营规划，吸引更多的客户，扩大企业的发展。

6.3.5　电子商务客户信息安全

对于任何一个企业而言，所掌握的客户信息都是一笔重要的财产。这些客户信息不仅是企业制定客户关系管理策略的重要依据，同时也是企业制定营销战略和发展战略的重要基础。客户信息一旦被泄露，将会对企业造成无可估量的损失，因此，面对客户信息安全问题，企业，尤其是电子商务企业需要采取安全防护措施，制定并完善相应的安全策略，防止企业客户信息从内部泄露。一般可以从以下几个方面入手：

（1）锁定客户信息安全管理的重点　客户信息安全管理的重点在于个人客户信息，防范的重点在于客户信息的批量泄露，管控的重中之重在于对各类计算机系统设置防火墙。对于数据库的防护，利用数据存储技术加强数据备份和恢复措施，对敏感的设备和数据要建立必要的物理或逻辑隔离措施。对于数据传输过程中信息的安全防护，从路由器到用户各级建立完善的访问控制措施，安装防火墙，加强授权管理和认证，保障 Web 站点间信息传输的安全性。对于整个电子商务系统的防护，安装防病毒软件，加强内部网的整体防病毒措施；建立详细的安全审计日志，以便检测并跟踪入侵攻击等。

（2）加强企业内部管理，建立信息系统的访问管理制度和操作流程　在电子商务信息系统内部建立操作流程规则和职责体系，对信息的访问进行授权和数据接触监管。根据人员岗位分工，赋予相应系统的登录权限，严禁设置公共用户，完善登录途径。对于那些对企业的程序和数据具有访问特权的员工，运用信息技术，通过设置操作日志功能和控制程序等来完成监督，从而达到对系统和数据库操作的实时监控和记录。定期分析、检查客户信息查询或下载情况，对明显高于正常查询频次的行为进行重点排查。

（3）培养员工信息保密的意识，建立刚性约束机制　从企业高层到普通员工都要树立客户信息安全保密的意识，通过公司企业文化以及案例警示教育，让信息保密意识深入员工内心，培养员工形成良好的保密习惯。同时，应将客户信息泄露风险纳入风险管理，细分客户信息泄密的表现形式，配套惩戒措施，一旦发生泄密行为严格追究相关人员责任，通过技术方式加强对泄密行为的监控，在内部建立防止信息泄露的安全机制，从而建立公司内部员工的刚性约束机制。

（4）健全客户信息管理，建立泄露应急机制　健全客户信息管理，与客户签订隐私保密协议，实行客户信息泄露问责制度。同时，制订客户信息管理应急预案，明确客户信息的牵头管理部门和责任部门。一旦发生客户信息泄露事件要立即查清泄密责任人和泄密具体信息等情况，及时上报监管部门；要与泄密客户主动沟通，及时采取措施以防止客户资金损失，加强企业声誉风险管理，消除不良影响。

6.4　电子商务客户服务管理

6.4.1　电子商务客户服务的分类

电子商务客户服务是指电商企业以客户价值为导向、以互联网为平台，为了赢得新客户、保留老客户，提高客户满意度，采取的一系列建立和维持客户关系的行为过程。根据电商客服所处的阶段划分，可分为售前服务、售中服务、售后服务。其中，售前服务包括产品咨询、询价议价、物流咨询、促销咨询、品牌咨询等；售中服务包括快递查询、催发货、修改订单、缺货通知、催付款等；售后服务包括退款、退货、换货、返修、投诉处理、买家评价管理等。

6.4.2　网站客户服务流程的实施

根据客户与企业发生交易关系的阶段，可以将这种交易分为售前、售中和售后三个阶段；网站的客户服务也相应地划分为网上售前服务、网上售中服务和网上售后服务。处于不同的阶段，企业所应采取策略的侧重点也有所不同。

1. 网上售前服务流程的实施

售前服务是企业在客户未接触产品之前所开展的一系列刺激客户购买欲望的服务工作。售前服务的内容多种多样，主要是提供信息、市场调查预测、产品定制、加工整理、提供咨询、接受电话订货和邮购、提供多种方便和财务服务等。售前服务的主要目的是协助客户做好工程规划和系统需求分析，使得企业的产品能够最大限度地满足客户需要，同时也使客户的投资发挥出最大的综合经济效益。企业提供售前服务的形式主要有两种：一种是通过企业网站提供产品信息，另一种是通过专门的客服提供售前咨询服务。企业在提供售前咨询服务的过程中，可以通过以下方式来增强客户服务的效果。

（1）企业网站要实用，有亲和力　由于很多客户通过企业网站获取产品信息，因此网站应以方便客户为宗旨，展现出便于系统与客户互动交流的页面。企业网站在设计时应遵循以下三项原则：①方便，即尽量不需要客户自己输入文字，通过点击即可获取新客户；②简洁，不论是在建档中需要客户填写的数据还是在其他方面需要客户填写的问卷，一定要设计得简洁；③美观，即企业的网站应该尽量设计得美观，这样才能吸引客户的第一注意力。

（2）客户建档与更新　客户建档策略是通过为客户建立档案来掌握客户的个别特征信息，如性别、年龄、职业、爱好等，以此了解客户的消费倾向。在电子商务环境下，通过充分利用网络的资源共享、数据共享优势，企业可以极大地发挥"客户建档"的作用。在网络的环境下，当客户第一次把自己的基本资料输入档案库之后，此数据不但应该是永久保存的，而且还应成为企业各个部门都可以共享的资源。这样既能达到企业更新客户档案的目的，又可以极大地方便客户。在企业为客户建立档案之后，根据时间的推移和情况的变化运用网络信息技术实时更新客户档案。

企业通过开展网上售前服务，加强双方的了解，为客户创造购买产品的条件，客户也就信任该企业及产品，从而也就愿意购买；赢得客户的支持，赢得市场，也就是提高了企业的竞争能力。

2. 网上售中服务流程的实施

售中服务主要是指在产品销售过程中为客户提供的服务，如为客户展示产品，详细说明产品使用方法，耐心地帮助客户挑选商品，解答客户提出的问题等。售中服务与客户的实际购买行动相伴随，是促进商品成交的核心环节。网上售中服务的目标是为客户提供性能价格比最优的解决方案。针对客户的售中服务，主要体现为销售过程管理和销售管理，销售过程是以销售机会为主线，围绕着销售机会的产生和跟踪、客户下单、在线支付等一个完整的销售周期而展开的，既是满足客户购买商品欲望的服务行为，又是不断满足客户心理需要的服务行为。

优秀的网上售中服务可以增强客户的购买决策，在买卖双方之间形成一种相互信任的气氛。为了让客户达到满意，客服人员可以根据客户的具体特征和实际需求对其进行有效及时地推荐，让客户不必在网海中独自寻觅销售，这样将极大地方便客户，提高了客户的满意度。因此，对于网上售中服务来说，提高服务水平尤为重要。

3. 网上售后服务流程的实施

售后服务，就是在商品出售以后所提供的各种服务活动。网络售后服务就是借助互联网直接沟通的优势，以满足客户对产品使用、维护方面的需求。网上售后服务有两类：一类是基本的网上产品支持和技术服务，另一类是由于产品质量或使用中存在的其他问题而导致的退换货等服务。

网络售后服务已成为电子商务企业扩大市场份额的要件（如天猫、京东等）。售后服务的优劣能影响客户的满意程度。在购买时，商品的保修、售后服务等有关规定可使客户摆脱疑虑，下定决心购买商品。优质的售后服务可以算是品牌经济的产物，在市场激烈竞争的今天，随着消费者维权意识的提高和消费观念的变化，他们不再只关注产品本身，在同类产品的质量与性能都相似的情况下，更愿意选择这些拥有优质售后服务的企业。

6.5 电子商务客户满意度与客户忠诚度管理

6.5.1 电子商务客户满意度管理

美国学者 Cardozo 在 1965 年首次将顾客满意（Consumer Satisfaction，CS）的观点引入营销领域，此后随着市场竞争的日趋激烈，顾客满意日益受到学术界和企业界的重视。

菲利普·科特勒（Philip Kotler）认为，顾客满意是指一个人通过对一个产品的可感知效果与他的期望值相比较后，所形成的愉悦或失望的感觉状态。亨利·阿塞尔（Henry Assael）也认为，当商品的实际消费效果达到顾客的预期时，就实现了满意，否则，则会导致顾客不满意。美国营销学会手册对顾客满意的定义为：满意＝期望－结果，即顾客满意是顾客对产品的感知和认知相比较之后产生的一种失望或愉悦的感觉状态。从学者们对顾客满意的定义可以看出，满意水平是可感知效果和期望值之间的差异函数。如果效果低于期望，顾客就会不满意；如果可感知效果与期望相匹配，则顾客就满意；如果可感知效果超过期望，则顾客就会高度满意、高兴或欣喜。

一般而言，顾客满意是顾客对企业和员工提供的产品和服务的直接性综合评价，是顾客对企业、产品、服务和员工的认可，顾客根据他们的价值判断来评价产品和服务。顾客满意的内涵包括产品满意、服务满意和社会满意三个层次。

1）"产品满意"是指企业产品带给顾客的满足状态，包括产品的内在质量、价格、设计、包装、时效等方面的满意。产品的质量满意是构成顾客满意的基础因素。

2）"服务满意"是指产品售前、售中、售后以及产品生命周期的不同阶段采取的服务措施令顾客满意。这主要是在服务过程的每一个环节上都能设身处地地为顾客着想，做到有利于顾客、方便顾客。

3）"社会满意"是指顾客在对企业产品和服务的消费过程中所体验到的对社会利益的维护，主要指顾客整体社会满意，它要求企业的经营活动要有利于社会文明进步。

对于企业来说，如果对企业的产品和服务感到满意，顾客也会将他们的消费感受通过口碑传播给其他顾客，扩大产品的知名度，提高企业的形象，为企业的长远发展不断地注入新的动力。但现实的问题是，企业往往将顾客满意等于信任，甚至是"客户忠诚"。事实上，顾客满意只是顾客信任的前提，顾客信任才是结果；顾客满意是对某一产品、某项服务的肯定评价，即使顾客对某企业满意也只是基于他们所接受的产品和服务令其满意。如果某一次的产品和服务不完善，那他们对该企业也就不满意了，也就是说，顾客满意是一个感性评价指标。顾客信任是顾客对该品牌产品以及拥有该品牌企业的信任感，他们可以理性地面对品牌企业的成功与不利。

中华人民共和国商务部发布的商业服务业顾客满意度测评规范还包含针对中国境内的批发零售业、住宿餐饮业以及居民服务和其他服务业开展的顾客满意度测评指标体系，该体系包含了八个二级指标。而电子商务与传统的消费模式存在较大的差异，电子商务环境下影响客户满意的因素除了传统的因素外，还有以下一些与电子商务行业紧密相关的因素。

1）企业的网站设计。企业通过网站与客户进行沟通时，信息的有效性、内容下载的速度、网站设计是否人性化、网站导航是否方便、网站功能的强大与否、链接是否有效、网站商品的种类及更新速度等因素都会影响顾客能够感知的实际体验，从而影响顾客对于企业的满意度。

2）客户的信任度。在电子商务环境下，企业与客户的沟通主要是通过企业网站，影响客户对企业信任的最主要的因素之一就是网站的可信度，而影响企业网站的可信度因素包括信息来源是否明确、网站的安全性、网站对于个人信息的保护、网站所有者信息是否真实有效、财务支持机构是否明确、是否有其他机构批准证明、是否有其他机构给予的奖励和证书等。

3）物流配送。物流配送包括具体的配送方式、配送时效、包装的好坏等因素。物流配送是电子商务中的重要环节，它间接影响电子商务客户的满意度。如果电子商务企业不能为客户提供满意的物流配送，则会影响客户对企业的满意程度和信任程度。

因此，基于原有的测评体系，通过增加与电子商务行业紧密相关的网站设计特性、网站安全和物流配送等指标，可以组成适用于电子商务客户满意度测评指标体系，具体见表6-3。

表6-3 电子商务客户满意度测评指标体系

一 级 指 标	二 级 指 标	三 级 指 标
客户满意度指标	网站特性	网站访问速度
		网站设计的人性化程度
		网站导航检索的便利程度
		商品的种类
		商品的更新速度
	客户信任度	网站平台的安全保障
		商家的资质认证
		交易信息的保护
		客户隐私的保护
	物流配送	配送时间
		配送方式
		包装的好坏
	企业品牌形象	企业品牌的总体形象
		企业品牌知名度
		企业品牌特征的显著度
	客户预期	总体质量预期
		可靠性预期
		个性化预期
	产品质量感知	总体产品质量感知
		产品质量可靠性感知
		产品功能适用性感知
		产品款式感知
	服务质量感知	总体服务质量感知
		有形性质量感知
		可靠性质量感知
		保证性质量感知
		响应性质量感知
		关怀性质量感知

（续）

一 级 指 标	二 级 指 标	三 级 指 标
客户满意度指标	价值感知	给定质量下对价格的评价 给定价格下对质量的评价 与同层次竞争对手相比时，对价格的评价
	服务满意度	总体满意度 实际感受同其服务水平相比的满意度 实际感受同理想服务水平相比的满意度 实际感受与竞争对手相比的满意度
	客户抱怨	客户抱怨与否 客户投诉与否 投诉处理满意度
	客户忠诚度	重复接受服务的可能性 向他人推荐的可能性 价格变动的忍耐性

6.5.2　电子商务客户忠诚度管理

在营销实践中，客户忠诚被定义为客户购买行为的连续性。它是指客户对企业产品或服务的依赖和认可、坚持长期购买和使用该企业产品或服务所表现出的在思想和情感上的一种高度信任和忠诚的程度，是客户对企业产品在长期竞争中所表现出的优势的综合评价。企业需要通过努力来巩固及进一步发展与客户长期、稳定的关系。这需要企业与客户相互了解、相互适应、相互沟通、相互满意、相互忠诚，这就必须在建立客户关系的基础上，与客户进行良好的沟通，让客户满意，最终实现客户忠诚。

实际上，企业获取客户只是完成了客户关系管理的第一步，如果企业不能有效保持与客户的关系，那么获取的客户很有可能会流失，企业不得不继续付出高昂的成本去获取新的客户。据统计，吸引一个新客户所需要花费的成本是维护一个老客户所需成本的5～10倍；老客户宣传的效果是广告所带来效果的10倍。这就要求企业在品牌满意度和美誉度的基础上建立品牌忠诚度，通常可以用以下五大指标进行衡量。

1. 重复关注和购买的次数

在一定时期内，客户对某一品牌产品或服务重复关注或购买的次数越多，则说明其对这一品牌的忠诚度越高，反之就越低。如果客户与企业仅有一次交易记录，那自然不能认为该客户的忠诚度很高。因此，客户重复关注和购买企业产品的次数是衡量客户忠诚度的指标之一。

2. 决策时间的长短

根据消费心理规律，消费者购买商品，尤其是选购商品，都要经过仔细比较和挑选的过程。由于信赖程度有差别，对不同品牌的商品，消费者购买决策时间的长短也是不同的。一般来说，购买决策时间越短，越说明其对某一品牌商品形成了偏爱，对这一品牌的忠诚度越高；反之，则说明他对这一品牌的忠诚度越低。在运用这一标准衡量品牌忠诚度时，必须剔除产品性能和质量等方面的差异而产生的影响。

3. 对价格的敏感度

一般来说，消费者对商品的价格都是非常重视的，但这并不意味着消费者对各种品牌商品的价格敏感程度也一致。事实证明，对于喜爱和信赖的商品，消费者对其价格变动的承受能力强，即敏感程度低；而对于不喜爱的商品，消费者对其价格变动的承受能力弱，即敏感度高。据此也可衡量消费者对某一品牌的忠诚度。当运用这一标准时，要注意消费者是否受该产品的必需程度、产品供求状况以及市场竞争程度三个因素的影响，在实际运用中，要排除它们的干扰。

4. 对竞争者的态度

人们对某一品牌态度的变化，多半是通过与竞争者相比较而产生的。根据消费者对竞争者产品的态度，可以判断其对其他品牌的忠诚度的高低。如果消费者对竞争者的产品兴趣浓、好感度强，则说明其对某一品牌的忠诚度低。如果消费者对其他品牌的产品好感度低、兴趣不大，则说明对某一品牌的忠诚度高。

5. 对产品质量问题的态度

任何一个品牌都可能因种种原因而出现有瑕疵品的问题，如果消费者对某一品牌的忠诚度高，则对该品牌偶尔出现的瑕疵品问题会以宽容和同情的态度对待，相信品牌会很快加以妥善处理。若消费者对某一品牌忠诚度低，则一旦产品出现质量问题，那么就会非常敏感，极有可能从此不再购买这一产品，甚至传播负面消息。

随着市场竞争的日益加剧，客户忠诚已成为影响企业长期利润高低的决定性因素。以客户忠诚为标志的市场份额，比以客户数量来衡量的市场份额更有意义，企业管理者可以采取相应措施来提高客户的忠诚度，以使企业在激烈的竞争中获得关键性的竞争优势。具体措施如下：

1）提供良好的电子商务交易环境。电子商务交易的虚拟化，要求建立网上客户的信任，降低他们的购买感知风险，必须了解驱动在线客户满意的因素，提供高品质的、能满足其需要的产品。在此基础上，企业首先应通过基于客户导向的网站建设建立客户的初始信任。

2）通过信息技术加强与客户的互动。在电子商务交易过程中，企业的信息管理工作应注重在互联网上与用户的交互作用，通过信息交流了解客户需求，为之提供更有价值的信息服务，从而形成独特的市场竞争优势。

3）及时准确地履行契约。对于电子商务企业而言，实体商品的配送或服务合同的履行是一个很重要的问题。如何把客户指定的商品及时送达指定的地点，要求企业将其网上业务与网下的物流服务系统相结合。因此，要在网站上详细展示待售的商品，突出商品品牌，提供实时的物流信息，保证按时交货。

4）充分利用客户数据库营销。数据库营销能使企业更加充分地了解客户的需要、为客户提供更好的服务。客户数据库中的资料是个性化营销和客户关系管理的重要基础。企业运用客户数据库，可以使每一个服务人员在为客户提供产品和服务时，了解客户的偏好，习惯其购买行为，从而提供更具针对性的个性化服务。

5）完善客户关系管理系统。通过客户关系管理进行目标客户及其价值的确定、客户服务力量的检测、开展客户忠诚活动的策略、非忠诚客户的分析和管理、客户忠诚计划的评估等。客户可以通过客户关系管理系统随时进行相关咨询或求助，同时企业通过该系统定期对顾客进行访问和回访，这是一个有效的客户反馈机制。企业要想更好地赢得客户忠诚，就必须不断追踪了解客户的期望以及满意水平。

6）建立完善的售后服务体系。完备的客户服务体系包括售前、售中、售后各个环节的服务实施和衔接；对可能分布在本地、异地的客户服务请求的及时响应；企业内服务规范及文档的建立；服务过程记录；服务监督与投诉系统；服务的改进提高机制等。

7）加强退出管理，减少客户流失。当客户不再购买企业的产品或服务，终止与企业的业务关系时，正确的做法是及时做好客户的退出管理工作，认真分析客户退出的原因，总结经验教训，利用这些信息改进产品和服务，最终与这些客户重新建立起正常的业务关系。

案　例

小米始终坚持和用户交朋友

小米卖的到底是什么？小米如何从智能手机的产品供应商成功转变为年轻一代人数码生活的伙伴？

实际上，小米的真正战略意图是通过手机来聚集用户，通过一系列的营销手段使用户转化为客户，并构建客户社区、呼应客户价值观、深化与客户的一体化关系，再根据客户的生活方式成为综合供应商。

例如，根据年轻人的生活方式，小米逐步展开产品的系列化，围绕小米手机生产出了小米电视、小米盒子、小米路由器、摄像头和耳机等，还有米兔玩偶等周边产品。至此，小米的平台模式正式架构成形。

小米在创业初期的第一个产品是 MIUI 操作系统，时任小米首席产品经理的黎万强是当时这个业务的负责人，雷军给黎万强的任务是"不花钱把 MIUI 做到 100 万"。在这样的情况下，黎万强带领团队通过各种方式寻找资深用户。他们从最初的 1000 个人中选出 100 个人作为超级用户，参与了 MIUI 的设计、研发、反馈。而这 100 人也成了 MIUI 操作系统的"星星之火"，也是"米粉"最初的源头。后来小米手机的论坛成为"米粉"的大本营，论坛上有资源下载、新手入门、小米学院等核心技术板块，随后又相继增加了酷玩帮、随手拍、爆米花等生活方式板块。

在小米论坛上，用户可以决定产品的创新方向或是功能的增减，为此，小米设立了"爆米花奖"：每周五下午5点被定义为橙色星期五，每周都会发布新版本。在下一周的周二，小米会根据用户提交的体验报告数据，评出上一周最受欢迎的功能和最不受欢迎的功能，以此来决定小米内部的"爆米花奖"。同时，众多"米粉"参与功能讨论，也推动小米在下一个版本中做改进。这种将员工奖惩直接与用户体验和反馈挂钩的完整体系，代替了许多原有的内部考核。

在论坛上，"米粉"参与调研、产品开发、测试、传播、营销、公关等多个环节，同时因为这些活动也使得"米粉"有了荣誉感和成就感。论坛只是"米粉"的大本营，但他们的活动范围绝不局限于论坛，更为强大的线下活动平台是"同城会"。按照黎万强的设计，"米粉文化"有些类似车友会，"米粉"因为小米手机而聚在一起，在线上讨论，在线下组织活动，甚至做公益事业。小米官方则每两周都会在不同的城市举办"小米同城会"，根据后台分析各个城市的用户数量来决定同城会举办的顺序，然后在论坛上登出宣传帖后邀请用户报名参加，每次活动邀请30~50个用户到现场与工程师面对面交流。

此外，小米还设立了"米粉节"，这是与用户一起狂欢的节日。在每年的"米粉节"活动上，雷军会与"米粉"分享新品，沟通感情，激发"米粉"的热情。

在论坛取得成功之后，小米又向微博、微信等社交媒体发力。通过摸索，微博慢慢成为事件营销的主场，为小米赢得了新用户，而论坛则沉淀下资源用户，微信则慢慢地开始发挥客服的作用。可以看到，小米的一切都是围绕着用户，而借助于互联网最大限度地消除了信息不对称，使得品牌附加值趋于合理化，越来越靠近产品价值。品牌的最大意义不再是获得超额利润，而是获得客户忠诚，让客户产生持续购买，并推荐别人购买。这就是雷军的成功的关键，它颠覆了传统营销时代，掌握了进入关系营销时代的密钥——客户关系管理（CRM）。

（资料来源：https://www.sohu.com/a/974427_1/6411.）

6.6 电子商务企业 CRM 应用与实施

6.6.1 电子商务情境下 CRM 的应用

随着 CRM 在大服务量系统中的应用，人工服务渠道中出现了新的瓶颈，该瓶颈源于传统交流方式的局限。与此同时，基于互联网的交流渠道已经形成，这一新的交流渠道和基于其上的应用程序有可能缓解个人服务瓶颈，并为客户及合作伙伴提供扩展 CRM 优势的方法。这种对 CRM 系统的电子扩展就是电子化客户关系管理（Electronic Customer Relationship Management，e-CRM）。

e-CRM 的催生和发展完全归功于网络技术的发展。企业对 CRM 概念的关注集中在与客户的及时交互上，而互联网及在它之上运营的电子商务提供了最好的途径，企业可以充分利用基于互联网的销售和售后服务渠道，进行实时的、个性化的营销。

1. e-CRM 的优势

与传统的 CRM 相比，e-CRM 有其独到的优势。

（1）整合性　它依托网络平台，汇聚了各式各样的沟通渠道，企业可以让客户依据自己的方便，在不同时间以网站、电子邮件、智能终端等不同方式与企业接触。更重要的是，无论是专门的客服还是自动应答系统，对客户提交的各种形式的服务请求，企业都能提供实时、专业的响应。

（2）一对一　电子商务环境下的 e-CRM 应当以每一个客户作为一个独特的个体，所以对客户行为的追踪与分析，都是以单一客户为单位，寻求其行为方式与爱好。同时，应对策略与营销方案也是依每个客户的个性来提供。

（3）实时性　电子商务环境下的客户快速地接受大量信息，所以其偏好也在不断地发生改变。企业必须能够及时采集与分析客户的行为倾向，并且快速采取个性化策略跟进，才能掌握先机，赢得客户。

（4）模块化结构　e-CRM 具有可扩充性和可配置性，应对客户需求的不断变化，它还拥有完整的数据库，字段丰富，各类数据分析更具有真实性和应用价值。

2. e-CRM 在网站销售中的应用

（1）在售前阶段的应用

1）个性化站点定制。e-CRM 能为浏览的游客提供海量的信息，但是这些未经分类的信息很可能让其无所适从，很难找到自己真正想要的东西。针对此种情况，e-CRM 可以为客户提供个性化站点定制，帮助客户过滤掉不感兴趣的内容。因此，完全的"一对一"站点是 e-CRM 的发展方向，客户只需在第一次登录时定制自己的需求，当再次登录时就可以浏览自己定制的内容。

2）多渠道沟通。e-CRM 提供各式各样的沟通渠道，如 E-mail、免费电话等。

3）本地搜索引擎。允许浏览的游客通过关键字搜索快速找到所关注的商品。

4）会员制。游客可以注册一个账户，通过该账户可以浏览网站中加密的网页，并对自己的交易记录进行保存。

5）E-mail 列表。如果客户希望得到更多信息，则可以将自己的 E-mail 地址加入到 E-mail 列表中，以接收系统自动发出的 E-mail。

6）网站地图和导航。客户可以查看网站的索引，初次访问网站的游客可以通过网站导航来了解如何更加便捷地使用网站。

（2）在交易阶段的应用

e-CRM 提高了网络交易的透明度，让客户对商品交易的过程及状态更加了解，从而降低了客户对网络购物的感知风险。

1）线上浏览和预览。客户可以在网站上浏览和了解商品的相关信息，在下单前预览所要购买（定制）的商品，这种预览可以通过动画或演示来完成，还可以通过线上了解产品购买及合同的相关条款，包括运输条款、退换货政策、授权书或其他相关承诺及免责条款。

2）产品定制化。客户可以在网络上定制他们的产品和服务，如根据自己的需求选定所要购买的个人计算机的配置（如戴尔：www. dell. com）。

3）快速下单和订单追踪。客户仅需几次点击就可以完成购买，并通过网站实时追踪订单状态。

4）外部链接。通过外部链接，客户可以快速地找到其他公司的同类产品。

（3）在售后阶段的应用

1）FAQs（Frequently Asked Questions）。客户可以通过这些常见问题解决方式等自助渠道来处理所遇到的相关问题。

2）售后问题处理。客户可以在网页上描述他们所遇到的问题及期待的解决方式，并等待客服的回应与处理。

3）售后处理评价。客户可以线上评价售后服务的满意度。

6.6.2 电子商务情境下 CRM 的具体实施

CRM 的具体实施是一个复杂的系统工程，涉及范围广、周期长，能否取得成功取决于企业的发展战略是否清晰、对 CRM 的理解是否正确、一把手是否真正重视、需求是否清晰、总体构架是否明确、实施方案是否得当、产品选型是否合理，以及项目管理能力、资金预算和人才储备等多方因素。

CRM 的实施一般按照以下流程操作：

（1）明确 CRM 项目实施目标　实施 CRM 首先要做好立项分析，包括对经费预算、过程控制、人力配备、组织保障等问题进行系统设计，明确实施目标。明确的、切实可行的实施目标是 CRM 成功实施的保证，也是衡量一个 CRM 项目成功与否的标准。CRM 项目的实施目标要基于企业的基本情况和企业的发展战略目标。

（2）考虑企业业务量的大小和产品的性价比，确定 CRM 的实际需求　由于不同企业的客户规模、实力等存在较大差异，即使是同一类型网站的客户服务系统，其要求也有很大差别。此外，CRM 的应用需求一方面要结合企业现有的管理要求和管理水平，通过流程分析和瓶颈问题分析，整理出企业自身的 CRM 需求；另一方面要与企业的发展战略相结合，形成整体规划，并充分考虑 CRM 与其他应用系统间的集成问题。

（3）根据实际需求决定应该自主开发还是选择成熟产品　购买产品的最大优势就是可以获得包含先进管理思想与供应商实施众多企业的经验结晶，可以通过供应商获取本行业标杆企业的先进经验，而自主开发最大的优势就是贴合企业的业务流程，符合企业的操作习惯，但相应的企业所付出的代价也将更高。如果有一个易于定制的成熟产品，则将是企业的最优选择。目前，多数企业在进行 CRM 选型前只有一些初步的设想，并没有形成明确的需求和规划，容易在软件选型的过程中被软件商所诱导，甚至导致项目实施的目标远离企业上信息化的初衷。需求的获取可以由企业的信息部门完成，也可以由专业的咨询公司与企业信息中心合作完成。

（4）确定选择 CRM 时要考虑的要点，选择恰当的 CRM　选择 CRM 产品要考虑的要点有产品成熟度、产品特点、系统功能（通过跑流程来实际检验）、行业匹配度、典型用户、产品构架（包括开放性、柔性、配置能力等）、实施方案、实施顾问团队（尤其是项目经理）、重视程度（尤其是方案的水平）、公司实力、本地化服务能力、总体拥有成本等方面。同时，选择 CRM 软件的重点是要考察软件的架构与软件的可配置性，当企业流程发生改变时，能够通过修改配置参数而不用复杂编程适应这种改变，这点对于成长型企业是十分重要的，因此最好选择一个平台级 CRM 产品，具备与外部系统整合的能力。在软件功能上，除了要关注企业现阶段的功能是否具有以外，还要考虑企业未来需要应用的功能，以及行业的特殊需求。

（5）根据客户服务工作量配备客户服务人员　成功实施 CRM，必须重视培训。通过培训在公司内部宣传建立"以客户为中心"的企业文化，通过培训让员工明白 CRM 的实施会给企业带来长期价值。同时，通过培训让企业员工能够很快熟悉系统，了解自身工作在系统中的角色及如何利用系统提高工作效率，使系统得以尽快投入到实际工作中，解决现有的问题，加强工作协调性。培训还必须要有完整的培训知识库，注重科学性、有效性和实用性，分阶段、分层次进行，借助培训手段统一员工的认识，提升管理理念和技术技能。

6.6.3　CRM 的应用效果评估

CRM 软件在企业中的应用并不是从"上线"那一刻起就大功告成了，恰恰相反，此时应用才刚刚开始。CRM 在企业的应用是一个持续改进的过程，具体到 CRM 软件的投资回报，由于在不同的应用环境下，选用 CRM 的目的不同、关注因素不同、外部环境不同，因此企业的关注点和评估方向也会有所不同。因此，可以采用比较分析的方法，在 CRM 项目开始之前，企业就应该确定要解决哪些问题，与实施方一起确定一个双方都认可的指标体系。虽然每个企业的评估指标都不一样，但都可以通过对比实施 CRM 前后的业绩变化来衡量：

1）每一个客服代表所创造的收入。

2）客户挽回率和流失率。

3）呼叫中心的业务处理数量。

4）呼叫等待的时间。

5）完成每一个销售环节所需要的平均时间。

6）实现一个销售机会需要打多少次电话。

7）每一个主要销售周期需要经过的渠道长度。

8）平均订单规模和订单频率。

9）每一个交易的边际贡献率。

通过收集这些衡量标准的相关数据，在 CRM 系统投入运作后就可以进行对比，从而能够计算出实施 CRM 前后业绩的变化。同时，也可以分析企业的营销项目效率，进一步考察评估 CRM 软件的实施效果：

1）客户信息的准确率。

2）销售机会的响应率。

3）销售线索的转换率。

4）对不同类型潜在客户的获取比率的比较。

5）对不同类型潜在客户的利润贡献率的比较。

6）对不同渠道订单的利润率的比较。

7）对不同产品的成功率和利润率的比较。

6.7 社会化客户关系管理

6.7.1 社会化客户关系管理概述

社会化客户关系管理（Social CRM，SCRM）是指企业借助社会化媒体营销的平台工具，进行智能化的社会关系网络管理，鉴别和评估社会化网络中个体客户的价值和需求，认知和管理个体的社会化网络结构和最佳、最短路径，选择合适的社会化媒体进行适合的交互，最终通过满足个体的个性化需求而实现社会化关系的转变和忠诚。

对于企业而言，SCRM 并不是在社交平台上注册账号，然后定期发布内容就可以实现的。完善的 SCRM 必须建立在合理高效的系统之上：首先，应建立 SCRM 的运作流程；其次，明确 SCRM 的组织结构；再次，需要制定 SCRM 的相关绩效考核指标；最后，要对 SCRM 系统进行持续不断地更新和维护。

6.7.2 SCRM 与传统 CRM 的区别

SCRM 赋予了企业公关部门更重要的角色，通过公关部门与客户更多的互动，获取客户的反馈信息、意见、新想法和新创意，之后再通过销售、市场推广以及产品服务等措施来吸引更多目标消费群，并通过活动来进一步推广。与传统 CRM 相比，SCRM 的特点主要区别体现在以下方面：

（1）参与人员 传统 CRM 的参与人员主要由特定部门的员工组成，由他们搜集客户资料，并对价值客户进行定期的回访；而 SCRM 要求每名员工都要参与其中，都有各自的任务，并为和企业的客户建立良好关系做出努力。

（2）流程内容 传统 CRM 的流程是以公司为中心进行设定的，结合公司当前的组织架构以及管理现状来设定流程，并保证流程的顺利实施；SCRM 的流程设定则以客户为中心。

（3）时间设定 传统 CRM 的时间设定以公司为中心，通常和公司的上下班时间一致；而 SCRM 的时间设定以客户为中心，通常是 24h 服务。

（4）沟通渠道 传统 CRM 中的沟通渠道是由公司制定，并以单方向沟通为主；而 SCRM 中的沟通渠道是以客户为中心的灵活渠道，注重与客户积极互动，使客户成为公司的决策制定者。

（5）执行动机 传统 CRM 通常被直接用来促进销售，增加收益；而 SCRM 则更注重企业与客户之间的交流与互动，培养忠诚客户，提升企业品牌形象。

（6）执行方式 传统 CRM 的操作方式是企业对外发布信息，客户接收企业的相关信息，并做出判断，属于单向沟通方式；在 SCRM 中，企业在向外界传递信息的同时更加注重从客户方面得到的反馈，属于双向沟通方式。

案 例

爱尔康公司利用 SCRM 系统盘活用户

一、实施背景

随着消费者的"数字化"特性日益增强，品牌的客户管理也必须随之社会化，建立 SCRM 系统便显得尤为重要。

爱尔康公司（Alcon）创始于 1947 年的美国，是全球最大的眼科药品与医疗器械专业公司，主要经营眼部医药品、眼科手术设备装置、隐形眼镜相关护理产品的研发、生产和营销。爱尔康虽然品牌产品质量过硬，但经营方式过度依赖经销商，致使品牌与用户的直接沟通不够顺畅，且在产品单方面的营销推广之后没有进一步促成用户的转化留存机制，基于品牌用户几乎处于放任自流的状态，因此建立 SCRM 系统就成为爱尔康迫在眉睫的需求。

从 2011 年开始，爱尔康公司决定全面战略转型，确立以用户为中心的运营战略，开始量身打造自己的 SCRM 系统，并采取以下措施来盘活用户。

二、实施过程

1. 建立品牌与用户直接沟通的平台，将用户信息牢牢掌握在自己手中

爱尔康采取多种措施宣传，进行全渠道拉新，最大范围覆盖加入会员的渠道，包括官网、EDM、微博、微信、线下门店、短信、ECP 引导。激活老会员，包括鼓励老会员与微信公众号绑定，为老会员定制欢迎语；鼓励老会员完善注册信息；鼓励老会员首次积分并在移动端进行积分操作等多种措施。

2. 建立会员服务模块，包括产品信息服务、会员优惠专区与客服服务，与用户进行有效沟通

爱尔康塑造了一个 IP——康老师。康老师既是眼科专业达人，教授用户护眼专业知识，也是用户的好朋友，了解用户，并为其提供多种定制化福利；康老师还是社交达人，与用户闲聊时下热点。爱尔康将康老师作为爱尔康会员俱乐部与用户的连接，从而使营销转化成有人情味的沟通。

此外，爱尔康还将沟通平台和频次体系化，每周推出会员活动鼓励与老会员交互。例

如，爱尔康通过微信 H5 页面推出"爱尔康双氧护理液活动"，用简单的互动游戏方式教授用户正确地使用双氧水护理液。用户填写资料后，可领取游戏所获得的奖品，新用户信息被整理归入爱尔康 SCRM 系统，日后可统一进行管理。

3. 采集 SCRM 上的数据，包括会员信息、所有活动数据及数据来源渠道，不断积累并分析用户数据

爱尔康通过绑定新用户社交账号，采集用户的基础数据，包括性别、年龄、地域等信息，同时将原有的 CRM 数据导入，识别出老用户和新用户，这样新旧用户数据就被统一管理起来。接下来，根据用户对于产品类型的需求点和用户信息的来源渠道给他们打上不同标签，例如，微信支付的用户更关心护理液的用户，或者是实体店购买的用户更关心镜片等。

爱尔康还通过设立优秀会员奖励机制及回馈用户的小活动，不断提升用户体验，增强与用户的黏性。例如，通过会员积分、会员特价以及互动游戏等有针对性的促销手段，使所有用户能够在一个闭环中更加顺畅的转动，进而促使用户成为品牌传播的资产。

4. 通过数据关联与数据洞察，为用户画像，充分分析用户信息及消费习惯等，让用户产生更大价值

当用户数据积累一段时间后，企业基本可以掌握用户交易数据、互动数据等。同时，利用这些累积的数据也可以逐渐建立用户画像的数据模型。企业用数据驱动营销的基础打好后，就可以利用已有的用户数据来制定精准的营销策略。

例如，爱尔康发现它的用户中有些人只买隐形眼镜护理液，却从来不买镜片；而有些人只买镜片，却从来不买护理液；再仔细挖掘，发现还有些人长期只买同一种镜片。针对这样的数据分析结果，爱尔康对不同的用户群组采用了不同的营销策略：针对长期只买护理液的用户，定向推送更多的镜片介绍；针对只买镜片的用户，定向推送护理液的活动和促销信息；针对从来没有买过镜片的用户，定向赠送体验代金券来引导消费，吸引用户去线下门店消费。

这些个性化营销、交叉销售的尝试，不仅把用户留了下来，而且通过不同的激励方法刺激他们进行更多的购买，用户对企业以及品牌的忠诚度也会逐渐提升。

5. 通过"以老带新"等措施，精确地吸引来更多用户，完成新一轮增长

爱尔康以会员体系为核心运营用户，充分发挥会员的自有影响力，利用会员积分和派样品等激励活动促使现有老会员拉动新会员的注册，通过"朋友推荐"的方式，带动全体会员进行全方位的会员招募。例如，爱尔康通过微信 H5 页面推出了"爱尔康微信新人邀请函"，以积分作为奖励，鼓励老会员向新会员发出邀请函。新会员收到邀请函，注册填写资料后也可获得奖品，实现双赢。

三、 实施效果

爱尔康的 SCRM 系统从线上和线下的会员渠道着手，与用户直接建立联系，在营销、销售和服务方面发挥 SCRM 系统的价值，取得了如下效果：

1）新系统一个月完成老系统一年的用户增长。

2）CRM 数据＋线下会员数据＋线上会员数据＋Social 数据，实现对用户 360 度的画像。

3）提升了会员活跃度和忠诚度，会员活跃度从 20％提升至 78％。

4）提升了销售转化，交叉销售、购买频率、竞品转化均获得显著提升。

根据上述案例，请总结爱尔康如何运用 SCRM 系统进行用户运营。

 ## 本章小结

1. 电子商务情境下的客户关系管理

（1）客户关系管理的概念。客户关系管理把追求客户满意和客户忠诚作为最终目标，通过将信息技术集成在软件上，在企业与客户之间建立一种数字的、实时的、互动的交流管理系统，是一种现代的经营管理理念。

（2）客户关系管理的特征。主要体现在以下几方面：客户关系管理的对象范围扩大；客户关系管理渠道越来越多元化；企业与客户的连接关系越来越社会化；客户关系管理逐渐向"数智化"转型。

2. 电子商务客户信息管理的主要内容

（1）电子商务客户信息管理的主要内容包括客户信息收集、客户信息整理和客户信息分析等。

（2）电子商务网站客户服务流程的主要内容。根据客户与企业发生交易关系的阶段，可以将这种交易分为售前、售中和售后三个阶段；网站的客户服务也相应地划分为网上售前服务、网上售中服务和网上售后服务。

3. 电子商务企业 CRM 应用与实施

（1）电子商务企业 CRM 的应用与实施。主要流程包括：①明确 CRM 项目实施目标；②确定 CRM 的实际需求；③根据需求确定产品的来源；④选择恰当的 CRM；⑤配备相应的客户服务人员。

（2）CRM 的应用效果评估。

4. 社会化客户关系管理 （SCRM）

SCRM 与传统 CRM 相关，主要区别体现在以下方面：参与人员，流程内容，时间设定，沟通渠道，执行动机，执行方式。

 ## 本章习题

1. 什么是客户关系管理？实施客户关系管理对企业有哪些重要意义？

2. 在 21 世纪数字经济时代条件下，客户管理方法的创新主要体现在哪些方面？

3. 简述实施客户信息管理的内容。

4. 如何评价电子商务企业 SCRM 实施的绩效？

5. 实验与实践：

下面的案例是美国航空公司的电子商务 EC 与客户关系管理 CRM 开展情况，作为在企业信息化领域比较成功的案例。阅读后，请探讨分析其开展特点、成功与不足，并调研我国交通服务行业都开展了哪些电子商务、开展得如何、有何特点。

CRM 的成功实践：美国航空电子商务案例

在电子商务时代，企业为了降低成本，提高效率，增强竞争力，纷纷对业务流程进行了重新设计，同时开始将客户管理系统（客户管理软件 CRM）作为新的利润增长点。如何提高客户忠诚度，保留老客户，吸引新客户，是客户管理系统（客户管理软件 CRM）关注的重点。成功的客户管理系统（客户管理软件 CRM）可以为企业带来滚滚财源，美国航空公司的案例可以称得上是客户管理系统（客户管理软件 CRM）的成功典范。

1994 年之前，美国航空公司的订票服务主要通过免费电话进行。但在电话订票发挥巨大作用的同时，时任该公司负责监督计算机订票系统业务的通路规划主任 Joho Samuel，无意中注意到公司的网站上只有公司年报一项内容，显然，公司的网站远远没有发挥应有的作用。

Joho Samuel 设想如果可以吸引这些订票者通过网络来查询航班、票价以及进行行程规划，那么将为公司省下一大笔费用；如果公司拿出一小部分资金用于网络系统的建设，让乘客得以在网上预定行程，那么实际的回收将远超开支。他还进一步想到，如果可与经常搭机的老主顾建立更加紧密的关系，在航空业越来越激烈的竞争中，公司就可以站稳自己的脚跟。

这一设想在 1995 年初开始变为现实。美国航空公司的调查发现，近九成的乘客会在办公室里使用计算机，近七成的乘客家中有计算机，这成了以 Joho Samuel 为首的六人网络小组成立的直接原因。这个小组主要掌管公司的电子交易业务。他们首先改造了公司的网站，将其定位为以传播资讯为主。经营到同年 10 月份时，美国航空公司已经成为第一家在网上提供航班资讯、飞机起降、航班行程变更、登机门等诸多资讯的航空公司，甚至连可不可以带宠物上机这样的问题，也可以上网查到。他们提供的资讯准确、快捷，有些更是每隔 30s 更新一次，极大地方便了乘客。

如果说这一切还都是对于网络的简单应用，那么接下来美国航空公司对于自己的老主顾的关注，则加入了电子商务的内容。通过对常客进行调查，美国航空公司发现，有七成以上的公司 A 级会员愿意以电子化方式进行交易。他们非常在意能否自由地安排旅行计划，甚至希望视需要随时取消原定的行程与班机。于是，作为第一步，美国航空公司在 1996 年推出了一项新的服务：每周三定期发电子邮件给愿意接收的会员订户，一年内，订户就突破了 77 万人。虽然后来其他航空公司也群起仿效，但美国航空公司始终都是领先者。同年，美国航空公司为 A 级会员特别开设了网络订票系统，使他们可以直接上网查询特价班次、直接选定机位，这再次带动了 A 级会员人数的激增。后来，美国航空公司又开设了新的互动服务，使 A 级会员可以直接上网订票并随时更改，然后公司就将机票寄给订户。到了秋天，订户已经可以在飞机起飞前临时更改定位，而无须到换票中心换票。

不过，公司不久便发现，通过网络订票的乘客远比通过传统方式订票并拿到机票的乘客需要更多的保障，因为大多数乘客对于最后能否拿到机票仍不放心。因此，每当乘客订位或更改订位时，美国航空公司就会主动寄发一封确认电子邮件，以让乘客安心。通过这一系列手段，美国航空公司 1997 年网上订票的收入比年度计划高出 97％。

到了 1998 年 6 月，美国航空公司又发布了新网站。新网站改善了浏览界面，功能更加强大，乘客甚至可以提出"从我住处所在机场到有海滩的地方、票价低于 500 美元的班次有哪些"这样的查询条件。新网站最大的改善是依靠会员资料库中会员的个人资料，向 A 级会员提供更加个人化的服务，如果乘客将自己对于座位位置的偏好和餐饮习惯等列入了个人基本资料，则可享受到公司提供的各种体贴入微的服务。美国航空公司甚至还记录下乘客的各张信用卡信息，当乘客下次使用信用卡时，将不用再麻烦地输入卡号。

再后来，美国航空公司推出了电子机票的服务，真正实现了无纸化操作；开始整合各种渠道的订票业务，使乘客通过网站、电话和旅行社都可以实现订票；对于乘客的电子邮件开始进行个人化的回复，优先处理 A 级用户的邮件，同时正在建设更加全面的、个性化的自动化回信系统，以处理大量的电子邮件；让乘客自行设立兑换里程的条件，获得自己想要得到的奖励；更为周到的是，美国航空公司正拟发行 A 级会员智能卡，使乘客订票、预定客房和租车等都可以用一张卡支付，免去乘客记忆各种卡的卡号和密码之苦。

美国航空公司在短短的四五年时间里，牢牢占据着航空业界电子商务领先者的位置，成功的客户关系管理可谓劳苦功高。

美国航空公司的成功，得益于其敏锐地利用了高速发展的网络与计算机技术这一工具。在客户关系管理上，该公司注意掌握乘客的背景资料，为他们提供量身定做的服务，特别是该公司对于 3200 万 A 级会员提供的诸多方便，不但保留住了大批常客，还吸引了大量的新乘客加入会员行列。可以认为，美国航空公司成功的关键在于锁定了正确的目标乘客群，让乘客拥有愉快的消费经验与感受，敢于让乘客进行自助操作，同时协助乘客完成他们的各种交易操作。

参考文献

[1] 邵兵家，钱丽萍，伍颖，等. 客户关系管理 [M]. 2 版. 北京：清华大学出版社，2010.

[2] 林建宗. 客户关系管理 [M]. 北京：清华大学出版社，2011.

[3] 汪楠，李佳洋. 电子商务客户关系管理 [M]. 北京：中国铁道出版社，2011.

[4] 吴丽芳. 电子商务环境下客户关系管理的有效性研究 [J]. 淮海工学院学报（人文社会科学版），2015（1）：91 - 93.

[5] 徐彬荣. 电子商务时代的 CRM [J]. 情报杂志，2003（11）：37 - 39，42.

第 7 章
电子商务人力资源管理

学习目标

- 掌握电子商务运营团队的岗位划分、运营管理制度的制订原则和内容。
- 掌握虚拟团队的含义及其组成特点。
- 掌握数字化人力资源管理的内容、特点以及优势。
- 了解常见的电子商务运营团队人员的绩效考核与激励方法。

玛氏中国的 HR 数字化转型之路

玛氏公司是全球最大的食品生产商之一，是全球糖果巧克力、宠物护理等行业的领导者，拥有众多世界知名品牌，在全球 80 多个国家有 10 0000 余名员工，是一家销售额超过 350 亿美元的跨国公司。目前，中国已成为玛氏最重视的市场，玛氏在中国每年的招聘人数大概在 1500 人，而招聘团队却只有 10 人。如果按照一年 200 多个工作日计算，即每一名招聘人员平均 36h 就要完成一个职位从有招聘需求到发出招聘通知的整个流程。招聘需求量大，而招聘人员数量极其有限，巨大的压力促使玛氏探索人力资源管理的数字化转型。

1. 将 AI 应用于招聘答疑模块，以创新解决招聘痛点

玛氏原本有一套线上招聘系统，但现有系统既无法在中国对接所有的招聘平台，也无法实现所有招聘平台简历的统一整合，因此无法满足招聘的需求。在此背景下，玛氏在校园招聘中开启了新的面试方式，通过玛氏在线网申及笔试的学生，可以自主去预约"AI 面试"。到了约定的时间后，玛氏的 AI 机器人就会给同学们拨出面试电话，在电话中考察同学们的求职意愿、综合能力、英语口语等方面的内容。所有的 AI 面试录音，都会由玛氏的真人 HR 招聘团队逐条收听和打分。通过应用 AI 面试，招聘团队和参与校招的学生们，在时间和地域上也能更自主和弹性，而且还将面试体量从之前的一两千人，提升到了五千人。应聘的学生对这种 AI 面试的接纳度很高，公司通过调研得知，80％以上的同学表示这种方式能发挥正常水平，超过 50％的学生对自己的表现十分满意。

2. 推出一站式入离职微信小程序

玛氏原先入职流程比较复杂，企业在对候选人入职流程进行重新复盘的时候发现，有五六个不同的团队共同参与了同一个流程，非但效率没有提高，有时还会出现信息更新不同步的问题。于是 2018 年玛氏针对招聘入职流程设计并开发了"Shell"的入职自动化微信小程序，打通了 HR、IT、财务等部门间的对接，通过自动化技术来减少相关人员的参与，还能方便候选人信息的审核、更新、通知，以及创建档案和文件签署。新员工从拿到通知的那一刻起，就可以在小程序上全程无缝完成所有入职流程，直到正式进入公司，把入职准备周期从 14 天缩短至 7 天，新员工满意度从 6.5 分提升到 9.8 分。随后在 2019 年

企业上线了离职小程序和后台，使工作效率和用户体验都获得明显提升。

3. 基于业务需求场景推出电子签与电子合同

玛氏从 2019 年开始推行电子签章与电子合同的解决方案，以提高合同与证明类文档的安全性，并减少传输时间与成本。企业实现了所有人事类的文档，无论签署还是盖章，都可以通过电子签平台用电子化的方式给到同事。企业把这些应用场景需求给到供应商，和供应商一起开发出一套适合于玛氏的电子签管理系统，真正帮助企业实现端到端的流程对接，而非呈现给用户局部、零散的数字化体验。

4. 设计智能聊天机器人，从用户反馈中挖掘需求

2018 年年底，企业上线了基于微信平台的聊天机器人爱问小玛达 Marta，为同事们提供了在手机端全天候的人事咨询服务。Marta 自上线以来一直在不断迭代更新，包括知识库持续完善、接入渠道扩展（覆盖微信、门户和 Teams 等终端）、新增服务功能等。Marta 通过分析用户反馈和常见问题数据，相继开发了社保公积金供应商查询、证明开具、工资问题收集、销售奖金查询等备受同事喜爱和需要的功能。在 2019 年共帮助 2900 名同事解决了 9191 单人事问题，解决率高达 90.78%，共节省同事电话咨询时长 374h，不仅有效分流 MyP&O 运营高峰期的热线电话量，更能让热线团队的同事们专注于解答复杂问题，有效改善了用户体验。

从以上内容可以看到，玛氏中国的人力资源数字化运营，几乎覆盖了招聘、入职、考勤、离职、员工关系、组织决策等选用育留全模块。这些数字化应用，也确实给中国地区 10000 余人的组织效能提升，带来了明显的改善。自 2020 年开始，玛氏人力资源管理的数字化进程并未放缓，电子签应用日趋成熟并实现了更多跨部门场景的应用，AI 和视频面试也帮助玛氏在全线上的情况下完成大批量的校招任务，数据洞察能力的提升也开始帮助业务提供更多有价值的决策支持，标示着玛氏 HR 数字化即将迈入新阶段。

（案例来源：改编自《2021 企业人力资源信息化管理全景路线图》.）

7.1　电子商务情境下的人力资源管理

人力资源管理是指运用现代化的科学方法，对与一定物力相结合的人力进行合理的培训、组织和调配，使人力、物力保持最佳比例；同时，对人的思想、心理和行为进行恰当地引导、控制和协调，充分发挥人的主观能动性，以实现组织目标的过程。人力资源管理工作所涵盖的内容包括人力资源规划、招聘与配置、培训与开发、绩效管理、薪酬福利管理、劳动关系管理六大模块。

互联网、大数据、云计算、AI（Artificial Intelligence，人工智能）等新一代信息技术成为中国经济高质量发展的新动能，越来越多的传统企业顺应数字经济发展趋势，不断推动组织向自动化、数字化和智能化转型，这也促进了人力资源管理的数字化转型。人力资

源管理的数字化转型，目的是实现人力资源管理与企业战略的浑然一体、协同共振，以助力企业适应数字时代的变革，持续获得竞争优势。随着数字化工具与招聘、培训、绩效管理、薪酬管理及劳动关系管理等各大模块的深度融合，人力资源管理正在被重新建构，主要表现在以下方面。

7.1.1　数字化招聘

传统的招聘渠道以线下方式为主，这种招聘方式往往存在很多弊端，例如，前期工作准备烦琐，费用构成复杂，岗位发布、简历搜寻与筛选等常规工作重复耗时，招聘工作效率低，且受到时间和空间等多方面限制等。

随着互联网的普及，很多企业引入了互联网招聘模式，适当缓解了一部分招聘压力。企业可以轻松地将职位发布到上百个招聘站点，包括主流招聘网站、行业垂直招聘网站、分类信息网站、校园招聘网站及地方招聘网站等；有企业将电子化招聘系统对接微信、微博等各主要移动 SNS（社交网络服务）门户，使公司的职位信息同步到微博和微信公众号，真正实现内部推荐移动社交化，候选人可在微信上直接投递简历、推荐朋友、分享职位、关注公司动态，将最新职位信息和公司动态第一时间推送给目标人群。但是互联网招聘依然存在一些问题，例如，很多企业仅仅是通过网站收取简历，然后与候选人电话沟通线上面试时间，然后在面试过程中双向交流。相当于将原来的面对面招聘照搬到了线上，虽然技术上有所突破，效率上也有一定提高，但是很难完整的描绘出求职者的画像，实现精准匹配。

为全面提升工作效率并实现高效寻才，数字化、智能化成为企业招聘的深入发展方向。企业希望通过数字技术赋能优化招聘工作流程、减轻庞大的招聘工作负担，并满足获取人才信息、完成人才筛选和人才竞争等招聘需求，通过高精准人岗匹配，来迎合企业的发展战略布局，实现人才储备。企业数字化招聘的应用主要体现在以下方面：

1）利用 AI 技术为企业进行简历筛选和人才搜寻，为求职者生成人才画像，降低人力整理成本。

2）通过 RPA（Robotic Process Automation，机器人流程自动化）进行全渠道职位管理，实现一键全渠道发布、下架管理。

3）利用智能问答机器人 7×24h 回答候选人常见问题，收集信息，通过 AI 外呼机器人致电候选人，替代 HR 电话沟通确认。

4）通过 AI 面试初筛，多维度对求职者语言能力、个人形象、职业素养、身心健康进行分析，并根据不同类型职位提供不同评测维度，输出评测报告，免去人工初试工作量。

5）利用大数据分析技术，对求职者的信息进行深度挖掘和分析，提高招聘效率的同时增强背调结果的可靠性与真实性。

6）引入数字化职业社交平台拓宽社交招聘渠道，通过抖音、快手等平台以直播招聘的形式加速招聘流程，提高供需双方的匹配效率。

综上所述，数字化招聘能够通过快速筛选简历、匹配合适岗位人才，满足企业升级的招聘需求，因此很多企业在原来互联网招聘方式的基础上，通过自身研发或与第三方机构合作，深入融合 AI、RPA、大数据等技术，实现了招聘的数字化转型。描述了数字化招聘的工作流程如图 7-1 所示。

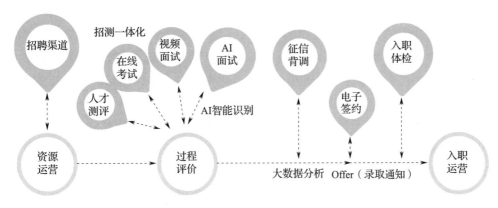

图 7-1　数字化招聘的工作流程

7.1.2　数字化培训

互联网让知识的更新速度越来越快，很多知识的生命周期很短，如新鲜的水果，保质期只有数日。作为网络经济时代的企业必须成为"学习型团队"，通过持续不断的培训，提高员工整体素质，增强企业竞争力。当前大多数电子商务企业已经在使用电子化培训的方式进行员工培训，即通过运用标准的网络技术，通过计算机、手机等设备将知识传输给员工，从而实现培训过程。相比让员工某一时间集中在某一地点统一受训的传统线下培训方式，电子化培训具有培训成本低、培训方式灵活和针对性强等优势，但仍存在课程教学形式单一、课程质量和员工学习效果难以保证等问题，因此，利用数字技术提升员工的培训体验和培训效果，逐渐成为企业培训新的趋势和方向。

数字化培训通过互联网和信息化技术手段，实现培训内容的在线交流和管理，让培训过程更加灵活、高效和便捷。数字化培训是指使用数字技术和在线学习平台来提供教育和培训的方法。数字化培训可以通过在线课程、虚拟教室、网络研讨会、电子书、视频教程等多种方式进行，主要具有以下特点：

（1）培训内容个性化、定制化　数字化培训平台可以根据不同人的学习习惯、能力特征，来匹配精准的学习内容，进行智能化的推送，从之前千人一课的形式变为千人千课，满足每一个人的个性化学习需求。

（2）课程形式场景化、微课化　数字化培训可以通过在线课程、虚拟教室、网络研讨会、电子书、视频教程等多种方式进行，课程采用直播或场景化微课的方式，时间短、主题聚焦、呈现方式多样，还可以通过人机互动、考试通关的方式防止员工挂机，使员工注意力集中。

（3）学习方式自主化、智能化　培训过程中，员工能够充分利用其碎片化时间，基于业务需要随时随地学习。此外，数字化培训平台可以借助 VR、AI 等技术，创建模拟真实场景的沉浸式培训体验，让员工能够在安全和可控的环境中自主学习相关的职业技能，从而提高绩效并减少错误。

（4）学习过程社交化、协作化　数字化的工具从根本上改变了人们寻找知识和分享信息的方式，过去知识的传授往往是单向的，而在数字化平台中，人人可以是知识的传授者，同时也是学习者。数字化培训平台将学习群体聚集在一起，通过互动来学习某一主题或实践一项新技能，更好地让员工发布自己的经验和知识分享，提高个人的社交性，真正地完成了培训教师与员工，员工与员工之间的协作和互动。

（5）培训管理闭环化、可视化　企业的培训考核一般采用参加培训人次、平均学时、出勤率，以及课堂后学员评估打分，或一些考试通过率等简单的数据，很难基于员工的整个学习过程做出客观准确的评价。数字化培训平台可以通过大数据挖掘，以数据看板的形式呈现员工的整个学习过程，还可以综合更多维度的数据进行可视化分析，为采取干预措施和优化培训课程等方面提供直接的参考依据，完成"学习→掌握→考核→应用→反馈"的培训闭环。

7.1.3 数字化沟通

传统的沟通模式一般是按照组织结构自上而下或自下而上逐级传递的，传输速度较慢，而且信息容易衰减或失真。互联网让企业人力资源管理的触角成功地延伸到了每一位员工的身边，使相关信息和资料可以在管理高层和基层员工之间直接传递，起到了实时、准确沟通的效果。企业互联网沟通形式有很多，例如，在企业内部网上建立员工的个人主页，开设论坛、建议区、公告栏，并公布企业各管理层的邮箱，但最常用的莫过于使用即时通信工具，如 QQ、微信或者企业内部的聊天应用软件，员工可以通过这些工具快速交流、共享信息和文件，促进即时的反馈和决策。

随着现有沟通渠道快速发展，以及新的渠道不断涌现，当今的员工在联系、沟通和控制方面比以往任何时候都更频繁，而 AI、大数据等技术的发展也推动着沟通工具的不断升级和扩展。如今的沟通工具除了具备交流和文件分享功能外，往往还具备以下功能。

（1）平台协作和知识管理　员工可以在平台上共同协作、编辑文档、共享知识和经验，增强团队合作能力和信息共享。

（2）虚拟会议和远程工作　通过视频会议、远程协作工具和云存储，员工可以远程参与会议、合作项目，不受地域限制，提高沟通和协作的效率。

（3）数据共享和群组沟通机制　支持"群组＋频道"沟通、日程会议、文件共享、消息强提醒等功能，使团队协作更为便捷。企业的业务部门或项目团队可以创建独立的协作空间，参与者可以围绕特定的事件或项目进行讨论、文件共享和任务分配，避免受到外部噪声干扰。

（4）内部社交媒体和社交网络　通过企业内部社交媒体和内部社交网络，促进员工之间的交流和互动，员工可以分享工作成果、经验和观点，建立跨团队的联系和合作，提高组织的协同能力。

（5）项目管理和任务协调　通过项目管理工具和任务管理平台，员工可以清晰地了解项目进展、任务分配和工作优先级，实现更高效的协作和任务协调。

7.1.4　数字化管理

数字化管理是指企业通过数字化技术和工具，对员工的信息、日常工作、薪酬发放等方面的业务进行管理，主要涉及以下方面。

（1）档案管理　将传统的纸质档案转换为电子档案，存储在计算机或云端服务器上，以便实现高效、安全的管理和存储。电子档案可以加密、备份和恢复，保证档案信息的数据安全性，并且可以授权访问，确保档案信息的隐私性和保密性，还可以通过在线系统实现远程访问电子档案，提高信息共享和协作效率。

（2）考勤管理　将考勤系统对接主流考勤、门禁等硬件设备，可以实现 IC 卡、指纹、手机扫码、人脸识别等多种方式打卡签到，并将考勤数据实时上传，帮助管理人员动态掌握全员考勤状态。考勤数据能够自动进行统计，可以无缝衔接薪酬核算，并可按企业需求自动生成考勤日报、月报、加班工时等多种报表，大幅减轻考勤工作量。

（3）OA 审批管理　OA 审批系统提供了各种类型的电子表单，包括请假申请、报销申请等，方便员工填写和提交。员工可以通过移动端自助发起请假、加班、出差、补签等流程审批，系统自动关联审批人层层推进审批，员工可以实时查看审批状态和进度，提高沟通效率和透明度。

（4）薪酬管理　实现薪资数据的自动化采集、计算和分析，减少出错概率和误差率，提高数据的准确性和稳定性。采用智能算法，对员工的实际情况进行综合考虑，实现了薪资核算与发放的自动化和智能化管理，有效地降低人力成本和管理成本。

7.1.5　数字化考评

目前数字化考评已经代替传统的纸质化考评，成为互联网企业常用的考评方式。数字化考评可利用信息系统对员工的工作成果、学习效果进行记录；对员工的工作进行全程电子化、动态化的管理，通过建立规范化、定量化的员工绩效考评体系，代替以经验判断为主体的绩效考评方式，使绩效考评更为公正、合理、科学。

数字化技术进一步优化完善了企业考评管理体系，重塑了考评管理工作，提升了管理效能。已有部分企业通过云平台考评系统进行员工测评，平台内置丰富的考评指标库与考评方案模板，支持多种考评方式。企业各部门可结合自身实际情况，快速建立考评项目，自定义设置指标。系统自动汇总考评数据，生成考评结果分析及排名汇总，员工可自助登录平台查看考评结果。需要多人对被考核人员测评时，系统可通过数字化技术生成评价二维码，评价人员通过手机扫码即可随时开展评价，操作简单便捷，完成后一键提交，评价完成进度实时掌控，系统实时收集输出评价数据，自动生成和导出测评结果和可视化分析报告，无须人工收集、统计与核查。原始测评数据可核查、追溯，可一键下载，减少工作量，保障测评结果的精准性与公平性，同时大大减少测评实施工作量，提高工作效率并提升体验感。

7.2 电子商务运营团队的人员组成

电子商务运营工作不仅涉及技术性的工作，也包含了大量的管理工作，因此在电子商务运营团队中，除了技术人员，还需要包括市场营销、调研、服务等具有商务知识的专业人员。因此对于电子商务团队而言，应包括经营管理人才、网络营销人才、软件开发人才和有丰富业务经验的人才。

结合电子商务运营的工作内容，电子商务团队的组成一般涉及以下岗位：①电子商务类岗位，包括电子商务助理/专员、电子商务主管、电子商务经理、电子商务销售、电子商务工程师等；②网络营销类岗位，包括网络营销专员、网络营销主管、网络营销经理、网络营销总监等；③物流类岗位，包括物流专员、物流主管、物流经理、物流总监等；④客服类岗位，包括咨询客服、投诉客服、客服主管等；⑤设备系统运行岗位，包括服务器运维人员、数据库管理人员等；⑥设计类岗位，包括平面设计、制图、美工、摄影专员等；⑦数据分析类岗位，包括数据开发工程师、数据挖掘工程师、数据仓库工程师等。

1. 电子商务类岗位

电子商务类岗位是负责企业电子商务平台运营管理、平台战略决策及平台运营计划监控的平台运营管理岗位，其主要职责在于电子商务平台战略目标的决策及监控，协调运营团队整体工作，这个岗位有着以互联网为依托的一个企业整体运营的决策权。工作内容包括以下几个方面：

1）负责企业电子商务系统运营维护、企业策划、推广以及客户服务等部门的工作。

2）策划、执行、推进公司的业务运营战略、流程与计划，组织协调公司内外资源、实现公司的运营目标。

3）建议修订及执行公司战略规划及与日常运作相关的制度体系、业务流程，组织推进及协调公司重大运营计划，进行市场发展跟踪和策略调整，完善运营模式并监督实施。

4）负责本地平台运营指标、年度发展计划，同销售总监一道推动并确保业绩指标的顺利完成，对公司成本、利润负责，接受考核。

5）负责公司政企关系与媒体关系，负责当地合作方和市场反馈，负责合作伙伴以及客户的关系。

2. 网络营销类岗位

网络营销类岗位应熟悉网络营销常用方法；能够制订网站短、中、长期发展计划，并执行与监督；能够完成整体网站及频道的运营、市场推广、广告与增值产品的经营与销售；能够实现网站或平台账号的战略目标、流量提升与盈利。工作内容包括以下几个方面：

1）负责公司产品整合营销活动，线上的事件、话题、专题策划、推动、统筹、组织、执行、跟踪和总结。

2）负责网络渠道管理，负责网站对外品牌形象的策划与管理，负责广告事务的工作指导与审批管理，对各项广告投入进行备案等。

3）负责技术开发监管，管理网站技术，进行网站功能实现的需求沟通，并监督执行。

4）负责本部门员工的招聘、考核、管理、部门规划、总结。

5）负责客户的开发，定期整理、收集与挖掘客户需求，并及时反馈，向管理层与网站规划人员提出针对性的改进意见。

3. 物流类岗位

物流类岗位负责保障商品顺利完成从产品采购、入库、加工、出库直至消费者的整个流程。这个岗位的员工应具有优秀的谈判技巧和供应商管理能力，也应具备较强的分析能力。工作内容包括以下几个方面：

1）管理采购供应商，评估供应商的供货能力及合作关系，负责与供应商的谈判，争取优惠的价格和理想的交货条件，并积极开发其他供货渠道。

2）组织制订物流配送中心各业务运作场所、各岗位的作业标准和管理标准，指导、检查其落实情况。

3）管理货源调配和配送事宜，根据各渠道的订货需求和物流方式安排货品发送，确保商品正常送到客户手中。

4）妥善保管本部门的所有文件及记录，负责库存的控制、管理和分析，控制送货和仓储成本。

4. 客服类岗位

客服类岗位负责整个网站客户服务中心的管理工作，对重要客户进行回访，提供个性化服务等。工作内容包括以下几个方面：

1）负责客服部门具体工作计划的制订和实施。

2）负责客服部门的管理工作，对客服日常反映的问题进行收集、统计和分析，保证客服质量。

3）负责客户的咨询，为客户提供合理的解决方案；协调及处理客户重大投诉与建议，负责与重要客户的沟通和洽谈。

4）负责对客服人员培训以及进行辅导、指导、监督、激励、评估。

5. 设备系统运行岗位

设备系统运行管理人员一般由团队负责，成员包括网站设备管理员、操作系统管理员、应用服务器软件管理员、数据库管理员和网站安全管理员等。团队主要负责支持网站运行的各种软/硬件的检修与维护，涉及服务器设备、操作系统、应用服务器软件和数据库等。工作包括以下几方面内容：

1）负责网站硬件设备的检修与维护，当系统出现运行故障时，检查原因并对故障加以排除。

2）负责网站运行操作系统的维护和管理，及时对操作系统进行优化处理，监控操作系统的运行情况。

3）对 Web 应用服务器软件进行系统升级、补丁安装等维护性工作。

4）监控数据库的运行、进行数据的备份和恢复、优化数据库储存和运行等。

5）防范病毒和黑客的攻击，及时处理网站发生的紧急安全问题，并对安全的管理制度有一个总体的方案。

6. 设计类岗位

设计类岗位是美化电商平台网店、网站页面和研究用户交互体验的人员，具体工作涉及以下几方面内容：

1）负责店铺、网页等方面的整体设计、日常维护、页面创意设计等，利用图像、文字、色彩、空间等元素，创造出有视觉冲击力的效果，从而吸引更多的消费者。

2）负责新品的详情页设计，定期制作促销图片和页面，配合店铺销售活动；美化修改产品页面，定期更新店铺或网站页面。

3）了解搜索引擎的技术原理，并且能够更好地设计出搜索引擎友好的网站，从而达到增加网站流量的目的。

4）通过了解用户的使用习惯，设计出用户友好的交互界面，从而更好地满足用户的需求。

7. 数据分析类岗位

数据分析人员负责对数据进行统计和分析，通过专项分析，为业务部决策提供数据支持；还要主动且持续地挖掘日常业务数据，发现业务价值和机会点，供平台管理者做出相应的系统改进和经营决策，从而更好地促进平台发展。工作包括以下几方面内容：

1）在网站数据和营销传播两个方向上提供多维数据分析服务，并根据数据分析结果提出业务策略建议，对异常数据进行及时预警，定期形成相关的报表，向相关部门反馈，并提出解决方案。

2）负责使用网站分析工具，对全站的流量进行统计、分析和监控，分析流量的来源、关键词、访问深度、停留时间等维度，能得出相应的逻辑，并给出指导意见。

3）根据网站的架构和逻辑，对分类页面和商品单页的用户行为进行统计分析，对站内搜索行为作分析统计，对品类，页面内容的改进做指导。

4）对平台的用户行为路径做统计分析，设置转化目标和布局跟踪代码，实时监控转化漏斗的各个环节，并且提出相对应的优化意见；对平台用户的地域分布、年龄比例、性别比例、职业构成等进行统计和分析，给出相应的建议。

5）对已经形成订单的客户和订单管理系统中收集来的数据做整理，按照相应的逻辑进行分类，对各个推广平台的数据进行整理，统一优化整个系统的数据资源配合进行全渠道营销。

7.3　电子商务运营团队的组织结构

团队组建最重要的是团队的组织结构。每个企业的网站都有其自己的特点，其完成的任务和功能都存在着一定的差异。因此，对于企业自己的网站，都应根据自身的特点和需要设定相应的组织结构。并且，随着企业业务的发展，网站的业务也会发生相应的变化，企业应及时针对业务的变化而调整网站的组织机构。从系统组织的视角来看，电子商务网站是一个系统组织，是一个由人组合而成的合作系统。电子商务运营团队的成员一般由企业中的对应业务部门和相应的技术人员共同构成。运营团队的人员会进行细分，如果团队的人员较少，则每个人都是担当一方面事务的主角。如果团队人员较多，则可以按职能划分为细分团队，如运营管理组、网络营销组、客户服务组、技术开发组等。

7.3.1　传统项目团队的组织结构

传统项目团队建设主要有三种组织结构，即职能型、项目型、矩阵型。

1. 职能型组织结构

在职能型的组织结构（见图 7-2）中，成员来自于各个职能部门，分别由所属的职能部门领导人管理。

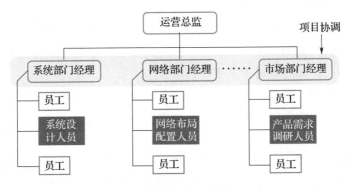

图 7-2　职能型组织结构

注：彩色框代表了参与项目活动的员工。

职能型组织结构的优点有：①人员使用具备较高灵活性；②每个员工可以在所属部门中获得知识和技能的更新、分享和支持；③成员事业稳定性和连续性较高。

职能型组织结构的缺点有：①没有明确的项目经理，不能保证项目的全面控制管理；②成员的工作局限于所属的部门和专业，缺乏从项目整体的角度审视自身作用的能力；③由于每个人都将职能部门的工作放在优先的位置，因此客户的利益有时无法得到保障。

2. 项目型组织结构

项目型组织结构（见图 7-3）按照不同的电子商务项目组成不同的团队，并由指定的项目经理来协调和管理项目的运作。

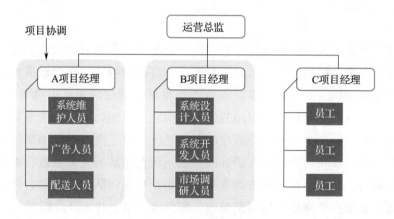

图 7-3　项目型组织结构

注：彩色框代表了参与项目活动的员工。

项目型组织结构的优点有：①提高了项目的运作效率；②项目团队精神得到充分发挥；③客户的利益更容易得到保障；④宜于评估管理。

项目型组织结构的缺点有：①不同项目中，同种职能人员、同种资源设备之间的交流、共享及技术积累比较难开展；②专业性人员的使用效率比较低；③不利于整体激励；④成员缺乏事业发展的稳定性和安全性。

3. 矩阵型组织结构

矩阵型组织结构（见图 7-4）是综合了职能型和项目型组织结构特点的一种模式，成员属于某个职能部门，同时也属于某个项目组。

矩阵型组织结构的优点有：①项目经理和职能部门经理可以发挥各自优势；②各种资源利用率达到最高；③成员具有较高的事业稳定性和安全感。

矩阵型组织结构的缺点有：①项目组成员具有两个甚至两个以上的领导，容易造成责任不清；②需要共享的稀缺资源，容易引起项目组间的争斗，不利于企业的整体利益。

这三种团队组织结构各有优劣，企业需要根据自身人员的数量、质量和结构特点，以及项目的目标、进度等因素需求，选择具体项目适用的组织结构。例如，有的企业是第一次涉足电子商务，缺乏经验，一时间难以建立完整、独立的电子商务部门，而且在刚刚起步时需要应对各种可能出现的情况，那么按照项目型的组织结构组建团队或许是个明智的选择。因为项目型的组织结构形式明确，有单独的项目指导人，在面临紧急情况时能快速、及时地做出反应，不会出现决策上的冗杂；而且项目型组织结构便于管理，这种组织结构不涉及两个或两个部门以上的多重管理问题，在进行实践时，不存在管理的混乱。

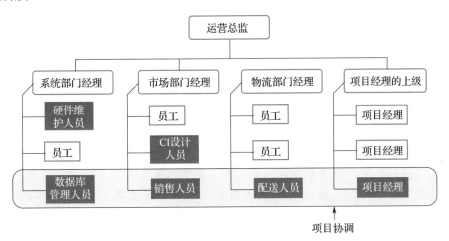

图 7-4 矩阵型组织结构

注：彩色框代表了参与项目活动的员工。

7.3.2 面向电子商务的人力资源管理模型

随着世界经济一体化进程的加快和市场竞争的加剧，如何使人力资源部从成本中心转变为利润中心并成为企业领导者的战略合作伙伴，如何以员工绩效和企业绩效为核心开发人力资源，就成为企业普遍关注的问题。

汉森（Hansen）和戴姆勒（Deimler）提出了基于企业—员工（Business-to-Employee，B2E）的电子商务模型。B2E 由在线业务流程、在线员工管理和对工作地所在社区的在线服务三部分组成。B2E 管理中的每一个部分都能为公司与员工带来利益，这些利益的推动因素包括更易沟通互动、更多的员工自助服务、更大规模的客户定制以及工作—生活的整合。B2E 人力资源管理系统使企业管理者、HR 管理者等实现无论何时、何地都能进行人力资源商务工作，而企业的员工也可以实现无论何时、何地都能得到优质和专业的"服务"，并达到与人力资源管理的互动，这尤其适合于具有较多分支机构的企业；在事务处理、流程管理和战略管理的三个层次上，可以实现流程管理和战略管理，克服了传统人力资源管理系统在流程管理方面局限于人事部门的缺点，使企业的领导层、各级经理都参与到了人力资源管理中，真正实现全面人力资源管理。

7.3.3 电子商务运营的虚拟团队

电子商务的发展，使团队的活动不再局限于面对面的活动，虚拟团队作为一种新的组织形式开始出现。虚拟团队是网络经济条件下的产物，在虚拟的工作环境下，由分散在不同地方、密切配合、共同进行工作的人们组成的工作团队。团队成员一般有着不同的背景、技能和知识，他们之间具有高度的知识互补性、技能的跨职能性和信息的差异性，是一种"以项目为中心"的动态、柔性、高效协作的人力资源组织模式。

虚拟团队的本质可概括为：人员、目标、联系和时间四个维度。人员是虚拟团队最基本的构成要素之一，来自组织内部或不同组织的成员。目标是虚拟团队存在的依据，将所有具有共同愿景的人员凝聚在一起，完成组织的任务。联系是人员之间沟通和交往的渠道、互动的方式以及关系的建立。虚拟团队与传统团队最大的差异在于联系的本质和多样性，联系的方式依赖通信技术和计算机网络，包括电子邮件、视频会议、音频会议、网站等。时间在虚拟团队中起着主导作用，包括工作进度、日程表、流程和生命周期。

与传统实体团队不同的是，虚拟团队成员是广泛和流动的，不局限于某项特定的职能，团队的结构也不是严格的官僚式结构，而是基于成员间知识与技能的互补和动态的协作。虚拟团队突破了时间、空间和组织的边界，成员不需要集中到有形的办公场所里工作，可以借助现代信息与通信技术进行远程的沟通与协作，因此虚拟团队具有以下几个特征：

（1）扁平化的柔性组织形式　虚拟团队是根据市场信息构建的跨越组织内外边界的组织结构形式，因而它变传统的刚性和直线式组织形式为柔性和扁平式组织形式，变静态结构为动态结构，使整体组织应对市场的变化变得更为敏捷。

（2）时空独立的工作方式　由于团队成员分散，可能由来自不同国家和具有不同文化背景的成员构成，因此工作方式具有时间和空间上的相对独立性。所以，团队的工作方式有异地同步协作或同地异步协作等形式。

（3）异质性高的团队成员　虚拟团队的成员是根据所要完成项目的需要而挑选的，有着不同的教育及社会文化背景，彼此存在较大的差异。同时，团队成员是各具所长的高技能高素质的优秀人才，人才间差别较大。

（4）借助电子媒介的沟通方式　虚拟团队主要通过电子媒介来完成工作的远程沟通与协调，交流的是与工作有关的正式信息，沟通的基础是团队信任与合作。

（5）动态优化的团队资源　虚拟团队资源选择的范围大、优化程度高，能够迅速整合团队成员的核心竞争力以实现团队的目标。

随着经济全球化与信息化的进程，电子商务企业间的竞争将愈发激烈，在复杂性、不确定性和多样性日益增加的环境下，组建以任务和关系为导向、聚散自如的虚拟团队就成为电子商务企业的一种必然选择。它可以帮助企业充分利用外部人力资源，加强企业间的交流与合作，降低经营成本，提高组织动作效率，从而提高整个组织的竞争力，以利于在激烈的竞争中立于不败之地。

7.4　电子商务运营的团队建设

　　建立高效的电子商务运营团队是一个相当重要的内容。一个高效的、团结向上的团队，一个有着强烈合作意识和具有自主学习精神的团队，对整个企业电子商务运营的效果起着至关重要的作用。

7.4.1　电子商务运营团队的建设原则

　　组建优秀的团队，就是通过目标、定位、职权、计划和人员的各项协调，达到目标一致，团结协作，从而达成企业的目标和宗旨。在电子商务团队建设过程中，总的原则是保障网站业务流程的正常运行，同时保证每位成员的应有利益，并鼓励其主动性和创造性，强化员工和公司之间的沟通和联系。具体包括以下几方面内容：

　　（1）维护原则　应结合以人为本的理念，考虑到每位成员自身的感受，保障企业和员工的基本利益。

　　（2）警示原则　为保障网站的正常运行，团队在建设过程中应制订完备合理的管理制度，既能发挥人的主观能动性，同时又制约其惰性。

　　（3）分工原则　要明确团队中每个人的职责和权限，既分工又协作，团队的每个人对照工作说明书，履行自己的职责，享受自己的权利，既横向体现个人的价值，又纵向关联企业的大目标，使团队中每个人的每一次进步，都推动着大目标的完成。

　　（4）激励原则　人是企业竞争中的根本因素，科学恰当的考核和激励原则也是团队建设过程中的重要内容。良好的激励原则是激发员工潜力的有效工具，是团队保持旺盛战斗力必不可少的条件。

7.4.2　打造学习型团队

　　学习型团队是指通过培养团队的学习气氛、充分发挥员工的创造性思维能力而建立起来的一种有机的、高度柔性的、扁平的、符合人性的、能持续发展的团队。这正是学习型团队的理想状态，是学习型团队的实践目标，这种团队具有持续学习的能力，具有高于个人绩效总和的综合绩效的效应。

　　学习型团队的建设应当从以下几个方面入手：

1. 打造基础管理平台

　　学习型团队不是"空中楼阁"，要有自己的"骨骼"，包括组织结构在内的企业各个"硬"的要素，有战略、组织、流程、制度等，这些是"硬功"，是建设学习型团队的前提，没有这些"硬功"，学习型团队建设就无法落地。学习型团队也对这些企业要素提出了新的要求，例如，要求组织结构扁平化，强调授权与分权；要求流程面向市场和客户，组织设计要以流程为核心。

在设立组织结构方面，建议设立专门的知识管理部门来负责学习型团队的建设和维护，主要工作为标杆管理、外部信息收集和发布、企业内部问题公布和意见收集、知识共享平台的建设和维护，并且配合人力资源部进行相应的考核。

建立学习型团队的目的是要有效提升企业的学习能力，并保证知识的有效利用和传承，因此，必须建立相应的流程和制度，以保证不但能够学习到新的知识，还能够将知识加以保存和有效利用。

不少企业在建设学习型团队时，认为只要做了培训，组建了学习小组，就是建成了学习型团队，其实不然，培训和学习小组都是学习型团队的一种表现形式，而非学习型团队的实质。建设学习型团队的第一步，是做好管理平台工作。

2. 塑造学习文化和氛围

学习型团队要有学习型文化，首先，要确定学习的理念和价值观，要把学习与创新作为公司的核心理念进行塑造；其次，要求管理者改变过去的管理风格，多与下属进行沟通和交流；再次，要建立学习型的团队和相应的激励和约束机制，如成立学习小组，并把学习作为一项工作任务，与考核和薪酬结合起来，这样才会建立真正的"学习"文化。从正式的、脱产的、活动式的培训转变为员工在日常工作中就可以进行学习，通常被称为"工作流程中的学习（Learning in the Flow of Work）"。

3. 构建培训和学习体系

学习型团队当然离不开如何"学习"，必须要明确学习内容，企业的学习不同于学校里的教育，讲求学习内容要能够解决企业问题。这就需要企业一方面构建完善的培训体系，另一方面还要建立各种制度来维持组织成员的持续学习，例如，定期的读书会、提交学习心得、电子公告牌以及人员流动和工作轮换等，还要建立相应的考核机制，以确保学习的效果。尤其是需要由管理者协助员工制定个人发展计划书，对员工队伍的现有技能水平进行摸底，它可以帮助企业更快地确定技能差距，并采取行动来填补任何不足。明确提出通过实践和教育、培训要达到的学习目标，使之不仅有利于个人事业成功，也有利于员工符合公司发展需要。

4. 构建知识共享与交换平台

今天的员工对学习的态度也开始有所变化，即越来越喜欢在线学习。过去往往是次优选择的在线学习方式，现在成了许多员工获得知识的主要方式，因此构建知识共享与交换平台尤为重要。借助一些工具，如钉钉、企业微信等，可以大大提高企业运营和知识积累与共享的效率。

5. 标杆管理

通过设定标杆，引导、支持员工与团队向公司内外先进的生产、管理实践学习，并在公司内合理分配、使用这些知识，在不同部门之间达成知识、技术、数据的共享。可以采取矩阵式的组织结构，人员可由研发、市场、营销、生产、人力资源等部门抽调，并建立详细的标杆管理制度，接下来就需要定期收集和分析市场上先进的管理方法、技术、策略等，并及时协调相关部门人员在公司内部进行试运行，如果效果良好，则可以推广到整个公司。

6. 提升团队学习技能

学习型团队的打造，首先要求企业里的"人"在观念上和方法上进行改变，要先转变自己的观念；其次要塑造组织和团队的共同愿景，让大家有共同的目标；接下来要进行团队学习，群策群力，集思广益；再次是个人的自我超越，唯有个人不断提高，才能带动团队和组织的飞跃；最后要能够系统思考，不局限于局部，要从整体和长远的眼光来看待问题。只有做到内外兼修、软硬相宜，团队才能真正地"学习"起来。

7.4.3　建立团队的知识管理机制

团队为什么要进行知识管理？下述情况是现实中经常遇到的：

员工 A：碰到一个难题，没有人能够解决这个问题！→没有知识积累

员工 A：企业里有人能够解决，但我不知道是谁！→没有知识导航

员工 A：员工 B 能解决这个问题，但他不在！→知识依赖于个人

员工 B：我曾经解决过这个问题，但忘了上次如何解决！→没有知识记忆

员工 B：我是解决过这个问题，也记得上次是怎么解决的，但是我不想告诉你！→没有知识分享

知识管理正是为了解决上述现象而采用的一种方法和手段，它的含义就是以知识为核心，对其进行管理和应用。知识管理适用于各大企业、平台、个人等，将各种知识汇总、整理、总结、存储、更新，达到一种不断积累创新的目的。初创企业刚刚成立，开始经营，对知识管理更应该重视，利用现在已有的资源，获取新的知识，实现企业的成长和发展。知识管理有助于企业知识、经验的积累沉淀，有助于企业内部人员业务经验的沉淀，防止由于员工流失而导致的知识资产流失；有助于部门和部门间、团队人员与人员之间信息的流通，项目信息共享，及时掌握项目进度，防止重复劳动；有助于团队资料的管理，需要资料时查找方便，提高工作效率。

企业可以通过建立企业知识地图来进行知识管理，在进行团队职责的分配时可以借鉴知识地图来找出各个团队成员适合的工作职位与承担的职责。知识地图（Knowledge Map，KM）是描述企业所拥有知识资产的指南，刻画了不同类别的各项知识在企业中所在位置或来源。将一个组织结构的各种技能、职位甚至个人的职业生涯视为一种资源并进行记录，从而勾画出了一张该机构的知识分布图。其功能在于当需要某项专业知识时，协助使用者快速而正确地找到所欲寻找的知识。

一个典型的知识地图结构由项目知识点和项目成员两个坐标刻画。电子商务运营项目中常见的知识点包括：市场调研、需求分析、系统分析设计、美工设计、开发测试、网络

构架、数据管理、市场营销、仓储运作、配送规划、车辆管理、线路设计、系统维护等。知识地图从能力和兴趣两个方面对项目知识点与项目成员的联系进行了描述，通过知识地图，管理者能清楚地找到自己需要的人才以及项目成员的特长，也可以使员工很方便地找到他们所需要的专项知识（各种技能、技术和/或职责描述）。借鉴知识地图，项目负责人可以将工作与人力资源的关系明确，每项工作分配到具体的个人（或小组），并指定负责人，这样人员能力便得到了最大的利用。

7.4.4 优秀团队的典型特征

一般而言，优秀的团队往往具有以下特征：

1. 团队目标明确，共同努力

作为一个团队，必须要把目标明确化，这不仅包括明确团队近期的工作目标，而且包括明确长远的工作规划。成员对团队的目标十分明确，并且自觉努力实现这个目标。只有明确努力的方向，才能对他们产生巨大的激励作用，从而保证团队能始终朝着既定的目标前进。

2. 角色分工明确，各司其职

分工是目标的细化，是责任的分解，也是完成目标的基础，必须明确。在团队中，每个人都在被动扮演着或者必须扮演着一个或多个角色，每个角色都有其不同的特点和功用，每个角色效能的发挥程度将会成为影响这个团队完成目标的重要因素，角色之间的合理调配和运用则是高绩效团队的重要基础。

3. 内部沟通充分，避免冲突

团队自身要想高效率的运作，在很大程度上依赖于团队内部成员的构成和沟通的有效性等因素。由于沟通差异、个体差异、结构差异的客观存在，误解和冲突的发生不可避免。怎样消除误解和冲突是团队的重要任务，沟通则是其最好的渠道。定期的沟通机制，能够使成员之间相互交流思想、交换意见、发表不同观点，可以增进理解、缓释情绪、减轻压力、活跃气氛；在严峻形势和困难面前，客观分析，权衡利弊，使大家心气相通，共同面对，容易达成共识。既有利于团队内部的精诚团结，气氛和谐，又有利于与外部加强联系，消除误会。同时，要认真对待非正式沟通所产生的信息，并加以合理利用和疏导。

4. 层级传达及时，有效授权

授权是指管理者将自己的部分职权授予下属行使，使下属在一定的职责范围内全权进行工作，同时，管理者对下属的工作结果承担最终责任。有效授权使企业的每个人都感到受重视、被信任，整个团队同心合作，企业充满活力，进而为组织带来较高的激励水平、高效率的团队作业和优异的业绩。一个成功的管理者，会通过适当的授权，充分发挥下属的积极性和创造性，分担自己的工作，达到完成任务的目的。

5. 团队氛围和谐，乐于共享

在一个团队中，能否产生足够的合作默契，能否拥有足够的凝聚力，在很大程度上依仗着团队成员之间的人际关系是否融洽。试想，在一个团队中，成员间关系并不融洽，是不可能拥有默契和凝聚力的。相比和谐的氛围，分享同样重要，因为分享会使团队减少大量的摸索时间，无论分享的是失败的还是成功的经验，都同样宝贵。

6. 三观保持一致，行为规范

团队价值观是指团队成员对共同价值观和某些原则，如组织文化、群体规范等的认同程度，以及团队共同愿景的达成程度。只要价值观正确，不管环境如何变化，团队都能朝着正确方向坚定不移地前进。价值观是处理问题、解决问题的方向，价值观混乱，思想就会混乱，就会损害团队的利益。行为规范是指由目标体系和价值观念所决定的企业经营行为和由此产生的员工所特有的工作态度和行为方式，是企业文化的重要构成要素。它不仅表现为规章、制度、准则等成文的规定，更多的则表现为传统、习惯、禁忌、时尚等不成文的行为规范。

7. 自我价值实现，有归属感

一个人不管怎么优秀，其力量相对团队来说也还是微薄的，只有像滴水汇入海洋那样全身心融入团队中，才能获得无穷无尽的力量，个人也会因团队而迸发出更高的热情和能力，而团队也会因此更加精彩。对团队来讲要为员工提供一套完善的激励培训机制，营造良好的学习氛围，帮助员工自我成长，实现梦想与价值。好的团队氛围有助于培养员工的归属感，员工归属感是指员工经过一段时期的工作，在思想上、心理上、感情上对企业产生了认同感、公平感、安全感、价值感、工作使命感和成就感，这些感觉最终内化为员工的归属感。归属感的形成是一个非常复杂的过程，一旦形成后，将会使员工产生内心自我约束力和强烈的责任感，调动员工自身的内部驱动力而形成自我激励，最终产生投桃报李的效应。

7.5　电子商务运营团队成员的考核与激励

7.5.1　电子商务运营团队人员的考核方法

绩效管理与考核是电子商务人力资源管理的重要组成部分，团队成员的考核可以从特征、行为、绩效三个方面衡量。特征包括成员的学历、专业职称、技能证书等各种与项目任务相关的能力证明；行为包括成员在项目进展过程中所表现出的勤奋、合作、奉献等品质；绩效即对比目标要求，成员所担负责任、任务的实际完成情况。

一般而言，可以通过以下几种方式进行考核。

1. 关键绩效指标考核法

关键绩效指标 KPI（Key Performance Indicator）考核法，即完成某项任务、胜任某个岗位所具备的决定性因素，是基于岗位职责而设定并与员工工作任务密切相关的衡量标准，体现了各岗位的工作重点。进行考核时，从每个岗位的考核指标中选取 3～5 个与员工本阶段工作密切相关的重要指标，以此为标准，对员工进行绩效考核。KPI 在单独使用时，衡量的是员工的能力与素质，而不是工作业绩，在做综合评价的时候也能起到一定的作用，适合年度或阶段性的员工能力素质考核，而不适合短期目标实现情况的考核。

优点：KPI 是企业战略目标的层层分解，通过 KPI 指标的整合和控制，使员工绩效行为与企业目标要求的行为相吻合，不至于出现偏差，有力地保证了公司战略目标的实现。此外，KPI 通过指标分解，使公司战略目标成了个人绩效目标，员工个人在实现个人绩效目标的同时，也是在实现公司总体的战略目标，达到两者和谐，公司与员工共赢的结局。

缺点：KPI 更多是倾向于定量化的指标，这些定量化的指标是否真正对企业绩效产生关键性的影响，如果没有运用专业化的工具和手段，不好界定。而且，KPI 过分地依赖考核指标，而没有考虑人为因素和弹性因素，会产生一些考核上的争端和异议。

2. 目标与关键成果法

目标与关键成果法 OKR（Objectives and Key Results），是一套明确跟踪目标及其完成情况的管理工具和方法，由英特尔公司创始人安迪·葛洛夫（Andy Grove）发明。2014年，OKR 进入中国。2015 年后，百度、华为、字节跳动等企业都逐渐使用和推广 OKR。OKR 的主要目标是明确公司和团队的"目标"以及明确每个目标达成的可衡量的"关键结果"。OKR 的思路是先制定目标，然后明确目标的结果，再对结果进行量化，最后考核完成情况。KPI 的思路也是先确定组织目标，然后对组织目标进行分解直到个人目标，最后对个人目标进行量化。

优点：员工、团队、公司可以在执行过程中更改 KR（关键结果），甚至鼓励这样的思考，以确保 KR 始终服务于 O（目标）。这样就有效避免了执行过程与目标愿景的背离，也解决了 KPI 目标无法制定和测量的问题。

缺点：OKR 下的关键结果高度依赖机器和管理者的指令，人的主观能动性被压抑，每个人只对自己的过程负责，没有人对最终结果负责。

3. 平衡记分卡考核

平衡计分卡 BSC（Balanced Score Card）是常见的绩效考核方式之一，是从财务、客户、内部运营、学习与成长四个角度，将组织的战略落实为可操作的衡量指标和目标值的一种新型绩效管理体系。目前有很多大型企业已运用了 BSC，可见其确实对企业绩效管理和运营有一定的作用。

平衡计分卡不只是一个新的绩效衡量系统，企业更可以将它作为流程管理中的架构，使组织上下能同心协力、专心一致地实施长期策略，同时，平衡计分卡考核方式可视为组织信息时代的管理基础。因为，平衡计分卡对企业有以下四个方面的协助作用。

1）澄清策略并建立员工对策略的共识，并将策略传达至组织的每一个角落。

2）使个人和部门的目标与策略一致，让策略目标与长期指标以及年度预算连接。

3）判别和校准执行策略的行动方案是否合适，并对策略进行定期和系统化的检验。

4）凭借平衡计分卡的回馈资料，让企业与员工作进一步的学习和改进。平衡计分卡考核方式能将公司的愿景与策略转化成一套环环相扣的绩效衡量指标体系。

优点：BSC 可以将抽象的、比较宏观的战略目标分解，细化并具体化为形成具体可测的指标。BSC 考虑了财力和非财务的考核因素，也考虑了内部和外部客户，也有短期利益和长期利益的相互结合。

缺点：BSC 实施难度大，工作量也大，操作及初期推动相对烦琐，对企业推动人员素质要求较高，而且 BSC 系统庞大，短期很难体现其对战略的推动作用。

4. 360° 绩效评估法

360°绩效评估法又称 360°反馈（360°Feed Back）或全方位考评法，最早由英特尔公司提出并加以实施。其特点是评价维度多元化，适用于对中层以上的人员进行考核。它是一种从不同角度获取组织成员工作行为表现的观察资料，然后对获得的资料进行分析评估的方法，它包括来自上级、同事、下属及客户的评价，同时也包括被评者自己的评价。

优点：360°绩效评估法打破了由上级考核下属的传统考核制度，由于信息来源的多样化，从而使得考评更客观、更准确、更全面。

缺点：当一个人要对多个同伴进行考核时，360°绩效评估法时间耗费多，由多人来共同考核所导致的成本上升可能会超过考核所带来的价值。组织要对所有的员工进行考核制度的培训，因为所有的员工既是考核者又是被考核者。

5. 目标管理绩效考核法

目标管理 MBO（Management by Objetive）是管理专家彼得·德鲁克（Peter Drucker）1954 年在其名著《管理实践》中最先提出的，其后他又提出"目标管理和自我控制"的主张。德鲁克认为，并不是有了工作才有目标，正相反，是有了目标才能确定每个人的工作。所以"企业的使命和任务，必须转化为目标"，如果一个领域没有目标，这个领域的工作必然被忽视。因此管理者应该通过目标对下级进行管理，当组织最高层管理者确定了组织目标后，必须对其进行有效分解，转变成各个部门以及各个人的分目标，管理者根据分目标的完成情况对下级进行考核、评价和奖惩。这种方法是目标管理原理在绩效评估中的具体运用，与组织的目标管理体系以及工作责任制等相联系，深受众多企事业组织的青睐。

优点：目标管理方式的实施能够调动员工积极性，同时员工相对比较自由，可以合理地安排自己的计划和应用自己的工作方法，可以切切实实地提高组织管理的效率，还可以使组织各级主管及成员都明确组织的总目标、组织的结构体系、组织的分工与合作及各自的任务。

缺点：首先，目标管理中的"目标"通常强调短期目标的实现而非实现长期目标。其次，一个组织的目标有时只能定性地描述，尽管我们希望目标可度量，但实际上十分困难。最后，目标一旦确定就不能轻易改变，也正是如此，使得组织运作缺乏弹性，无法通过权变来适应变化多端的外部环境。

7.5.2　电子商务运营团队人员的激励方法

获得考核结果后，还要及时与激励制度和能力发展计划挂钩才能发挥作用。绩效管理是其他人力资源工作的基础。绩效加薪、浮动薪酬都以此为依据，增加了企业决策的透明度；培训部门能够获得比较准确的信息，分析出员工绩效不理想的欠缺所在，总结优先的培训需求；在后备干部队伍选拔方面，也可以从绩效记录中获得很强的支持，因为过去几年的绩效表现通常预示着未来的潜力发展方向。企业应避免随意、短期的激励行为，将短期激励与长期激励、有形激励与无形激励相结合，构建合理的激励机制，并分析不同员工的需求层次，有针对性地开展激励，以达到事半功倍的效果。另外，企业在制订薪酬福利体系时应该协调保障性薪酬和激励性薪酬的比重，在保障员工基本生活需求的同时激发员工潜力、调动员工积极性。同时，在以绩效考核结果作为奖惩依据时，应调整参照标准，避免奖多罚少、只奖不罚或与此相反的局面，保持奖惩并重，真正实现激励的作用。一般而言，可以参考以下几种理论对成员进行激励。

1. 马斯洛的需求层次理论

马斯洛（Maslow，1908—1970年），美国社会心理学家，在20世纪50年代提出了著名的需求层次理论（Hierarchy of Needs），具体内容如下：

1）生理需求：人们满足生存需要的要求，如工资、工作餐、宿舍、班车等。

2）安全需求：人们要求保障自身生命安全及自由、摆脱失业和丧失财产威胁等方面的需要，如长期劳动合同、养老保险、医疗保障、意外保险等。

3）社会需求：人们对于朋友和同事间的友情，属于某一个群体、成员间相互照顾的归属需要，如定期员工活动、聚会、比赛、旅游等。

4）尊重需求：人们希望自己有稳定的社会地位，个人的能力和成就得到社会承认的需求，如荣誉、升职、作为导师指导新人等。

5）自我实现需求：人们实现个人理想、抱负，尽量发挥自己才能，实现具有挑战性目标的需求，如让员工参与决策、负责某个项目等。

2. 赫茨伯格的双因素激励理论

赫茨伯格的双因素激励理论也称为激励—保健因素理论，由美国的行为科学家弗雷德里克·赫茨伯格（Fredrick Herzberg，1923—2000年）在1966年提出。

激励因素，如成就、赏识、挑战性的工作、增加的工作责任、职业的满意和赏识，以及成长和发展的机会等；保健因素，包括公司政策与管理、监督、工作条件、人际关系、薪金、地位、工作安定等。这两种因素对员工产生不同的激励作用，应该差异对待。

3. 综合激励公式

综合激励公式为 $M = V_{it} + E_{ia}(V_{ia} + \sum E_{ej} \cdot V_{ej})$，式中，$M$ 是综合激励效果，量化描

述了后面的若干因素共同形成的对成员的激励作用；V_{ej} 是完成任务后取得的奖酬的大小，即外酬效价；E_{ej} 是取得奖酬的可靠性；V_{ia} 是对完成任务的重要性评价；E_{ia} 是对完成任务的期望值；V_{it} 是活动本身提供的内酬效价。

从上述的理论可以看出，职工的激励不能只靠简单的报酬待遇，还需要职工看重的被尊重感。在进行激励时要充分考虑职工的能力，给职工一种满足感，具体如下：

首先，要根据团队的项目背景和成员能力，制定可行（在成员的能力范围内可以达到，也要保证一定的挑战性）、可测（对工作绩效的评价可以用客观准则衡量）、公平（在推行过程中，强调操作过程的公开和公平）的目标。

其次，要根据实际效果与目标对比得到绩效衡量，对成员进行公开公平的、物质和精神奖励相结合的、适度的奖励或惩罚。

另外，激励中还应辅助以恰当的树立典型和建立集体荣誉感等途径。

 ## 本章小结

1. 电子商务环境下的人力资源管理

电子商务环境下人力资源管理的内容，包括：①数字化招聘；②数字化培训；③数字化沟通；④数字化管理；⑤数字化考评。

2. 电子商务运营团队的组织结构

传统项目团队建设的组织结构，包括：①职能型组织结构；②项目型组织结构；③矩阵型组织结构。

3. 电子商务运营的团队建设

（1）电子商务运营的团队建设主要涉及：①团队的建设原则；②打造学习型团队；③建立团队的知识管理机制。

（2）电子商务运营团队人员的考核方法有：①关键绩效指标考核法；②目标与关键成果法；③平衡记分卡考核；④360°绩效评估法；⑤目标管理绩效考核法。

（3）电子商务运营团队成员可参考的激励理论有：①马斯洛的需求层次理论；②赫茨伯格的双因素激励理论；③综合激励公式。

 ## 本章习题

1. 电子商务环境下的人力资源管理与传统的人力资源管理有何异同？
2. 数字化人力资源管理的优势主要体现在哪些方面？
3. 什么是虚拟团队？建设好虚拟团队的关键是什么？
4. 可以采用哪些方法对电子商务运营团队人员进行绩效考核和激励？

参考文献

[1] 德斯勒. 人力资源管理 [M]. 刘昕，译. 12 版. 北京：中国人民大学出版社，2012.

[2] 王瑞永，全鑫. 绩效量化考核与薪酬体系设计全案 [M]. 北京：人民邮电出版社，2011.

[3] 张登印，李颖，张宁. 胜任力模型应用实务：企业人力资源体系构建技术、范例及工具 [M]. 北京：人民邮电出版社，2014.

[4] 叶向峰，李剑，张玲，等. 员工考核与薪酬管理 [M]. 6 版. 北京：经济科学出版社，2013.

第 8 章
移动电子商务运营

学习目标

- 了解移动电子商务的定义与特点。
- 了解移动电子商务的发展。
- 了解移动电子商务的技术基础。
- 掌握移动电子商务运营的思维与原则。
- 掌握移动电子商务的运营策略。

📖 | **案例导入**

神州租车：全面实现移动服务

神州租车有限公司（简称"神州租车"）是中国知名品牌和出行服务供应商，为个人及企业客户提供汽车租赁及车队租赁服务。神州租车成立于 2007 年 9 月，总部位于北京，已全面实现移动服务。

自成立以来，神州租车以创新进取的姿态，推出多项在国内及世界范围内有创新价值的运营举措，包括租车全流程无接触自助取还、无员工服务点模式、人工智能运营 APP 等，在极大升级客户体验的同时，提升了运营效率。其开展的移动业务有如下几个特点：

（1）便捷的租赁方式 神州租车具有专业化的 24h 取还车服务和客户服务。目前，其业务已覆盖我国 300 多个城市，网点已有 4000 多个。客户可通过神州租车 APP 或者小程序选择距离最近的提车网点，依据车型、品牌、价位等进行选择，实现手机下单，无接触自助取还。客户能够方便地进行异地还车。无线系统连接数据库的移动设备能够帮助客户找到最近的网点，很快将汽车归还，实现便捷还车。

（2）多元化用车 神州租车以技术和创新作为业务推动模式，并结合有效的价值链扩张战略，为客户提供与时俱进的汽车出行解决方案，不断提升用户体验，在汽车出行服务行业的革命性变化中把握未来增长机会。神州租车提供了短时用车、长期用车、国际用车、企业用车等多种用车服务，并提供不同的优惠套餐。

（3）完善的客户服务 神州租车提供免费 GPS 导航和道路救援等配套服务，随时随地满足客户的租车需求，为客户的安全出行保驾护航；提供押金双免服务，支付宝芝麻信用分 600 分及以上或绑定信用卡的客户即可享用；提供 24h 在线客户服务；全国统一服务标准，价格透明；公司网页上提供了详细的客户自驾须知、自驾攻略、常用保险说明、常见问题列表等信息，供客户随时查阅。

神州租车坚持以客户为本，颠覆烦琐的传统租车模式，为客户提供快速便捷的全新租车服务体验，其使命是以推动绿色出行和新型汽车消费文化为己任，引领中国汽车出行服务行业的发展，致力于成为消费者首选的中国汽车租赁服务品牌。

（资料来源：构建"数智化"运营体系神州租车引领数字时代全新出行服务体验.）

神州租车的案例显示，运输行业电子商务的应用不仅提升了客户服务的质量，而且改进了公司的经营模式。神州租车的经营依赖于无线网络和移动设施。无线网络有着它独特的属性，基于这些属性，能够开发出多种应用。

本章将讨论移动电子商务的定义、模式、运营、策略等。

8.1　移动电子商务概述

8.1.1　移动电子商务的定义

移动电子商务（M-Commerce），是指基于移动通信网络，利用移动设备开展商务活动。它将互联网、移动通信技术、短距离通信技术及其他信息处理技术结合，使人们可以在任何时间、地点进行线上线下的各种交易活动、商务活动、金融活动和相关的综合服务活动等。

在移动电子商务的整个流程中，至少要在某个环节的处理中有一方是处于移动状态并且通过移动网络完成该环节。以交易类业务为例，用户首先通过 PC 浏览选择商品并订购，然后商家服务器将用户订单通过某种方式，如短信、WAP PUSH（服务信息）等推送到用户手机上，用户通过手机进行支付。该交易过程就是一个移动电子商务的过程，因为虽然选购过程是通过有线网络进行的，但支付过程是通过无线网络来完成的。

从技术角度来看，移动电子商务是电子商务的扩展，为电子商务的应用提供了新的应用领域。但是从应用角度来看，它的发展是对有线商务的整合与发展，是电子商务发展的新形态。这种“整合”就是将传统的商务与已经发展起来的、但是分散的电子商务整合起来，将各种业务流程从有线网络向无线互联转移，这样不仅可以保证商务活动的无缝连接，还可以有效地利用消费者的碎片时间。

从互联网的角度看，移动电子商务与电子商务有相当大的共通之处，但是两者的服务对象和服务方式（包括终端设备方面）都有很大的不同。正如电子商务不能照搬传统商务的运营模式一样，移动电子商务也不能完全照搬电子商务的运营模式。

移动电子商务与电子商务业务的主要区别在于：用户的可移动性（泛在性）以及对有实时性要求的电子商务业务的支持。而移动电子商务与移动电子事务的区别在于，后者主要指商业信息和数据的交换。

随着 5G 网络及移动设备的迅速发展，以及其他各种智能手机的普及，移动电子商务的战略价值会大幅提高。

8.1.2　移动电子商务的驱动力

促进移动电子商务不断发展的驱动力除了它的增值属性以外，还有其他一些要素，如技术因素、经济因素、社会因素、商务因素等。

（1）技术因素　技术因素主要包含两个方面：

1）高性能移动设备的普及。根据人民网《中国移动互联网发展报告（2023）》，2022

年我国智能手机市场出货量约 2.86 亿台，前三季度可穿戴设备出货量为 8670 万台。泛智能终端成为市场消费热点，2022 年 VR（虚拟现实）终端增长迅猛。前三季度，中国电商市场 VR 一体机销量达 93 万台，同比增长 86%。2022 年 1 月～11 月，我国 L2 级智能驾驶辅助功能的乘用车销量超 800 万辆。截至 2022 年底，国内市场上监测到的 APP 数量为 258 万款。

2）带宽不断增加。为了更好地开展移动商务，人们对带宽提出了新的要求，要用文字、照片、音频、视频、多媒体来传输信息。随着数据通信与多媒体业务需求的发展，适应移动数据、移动计算及移动多媒体运作需要的第五代移动通信（5G）已经普及。国际电信联盟（ITU）定义了 5G 的八大关键性能指标，其中高速率、低时延、大连接成为 5G 最突出的特征。

（2）经济因素　整个经济环境已经从重制造转变为重服务，在竞争激烈的行业中，客户服务是差异化优势的重要表现。所以，发展移动设备为主导的服务项目就显得十分重要。许多客户对价格并不是十分敏感，但是他们对时间的要求很高。移动电子商务能为客户提供更多的便利，如移动支付。移动服务的形式越来越多，功能越来越强大，而移动设备的价格则在逐渐走低，网络费用也在降低。其结果是移动服务的性价比提高。新的客户不断增加，老的客户也会对自己的设备更新换代，使用更多的移动服务。

（3）社会因素　手机文化愈加浓厚。手机文化的形成主要依赖于手机的普及，特别是年轻群体手机拥有量的不断上升。这个人群一旦有了足够的可支配货币，他们就会成为网络购物的主力军。手机文化既表现在个人，也表现在组织。目前，手机已经成为大多数人生活不可或缺的一部分。过去几年，手机的质量也在不断完善，应用形式越来越丰富。人们都愿意通过手机来实现相互间的沟通。

移动技术带来的最显著的利益是提高了员工在旅途中对时间的利用。有些人上下班路途遥远，有些管理者经常要出差。他们就会有这样的愿望，那就是把在公交车上或在机场候机的时间充分利用起来。

（4）商务因素　这主要是经销商的推动。移动通信网络运营商及移动设备制造商都在大力宣传移动业务的应用及移动商务的潜力，目的是向消费者推出新技术、新产品和新服务。一方面，这些企业不惜在广告上投入，鼓励企业开展移动商务；另一方面，经销商之间、产品之间的激烈竞争，也导致了更多创新应用的出现。

正是上述这些技术和移动商务发展的动力催生了各种各样的移动应用。

8.1.3　移动电子商务的特点

一般来说，电子商务的各种应用在移动电子商务中都有体现。例如，移动购物、网络银行、网络股票交易、网络娱乐、在线游戏等，在 B2C 移动电子商务中都有应用。但与其他的电子商务相比，移动电子商务及其业务模式又有着自己的特点，具体内容如下。

1. 广泛性

广泛性指的是随时、随地的应用。与其他电子商务必须在固定地点使用不同，移动电子商务允许用户在任何时间、任何地点使用。这种移动性体现在服务的用户、设备、会话和应用上，这可以通过移动无线网实现。广泛性保证了信息的实时读取，这在如今充满竞争的商业环境中显得尤为重要。但需要注意的是，移动电子商务包括但并不仅限于通过无线网络提供的服务。

2. 个性化

移动电子商务与其他电子商务的另一区别在于移动设备的个人特性。大多数人都拥有个人的移动设备，几乎没有其他一种东西可以像个人移动设备一样被人们随时带在身上。这种共生关系使得识别用户并且收集关于用户的个人特征、手机型号或典型行为成为可能，也使得用户可以享受更加个性化的服务体验，从而又加强了这种共生关系。然而，这也意味着相比于其他电子商务，对移动电子商务的隐私、安全和身份管理显得更加重要。

3. 情境性

除了静态的个人信息，实时的与用户相关的情境信息使得移动服务更加有用，也更具相关性。情境信息可以是与服务使用相关的任何信息，如通过全球定位系统（GPS）或基于网络基站三角测量获得的位置信息，或是时间、温度、设备的电量、日程安排、社交联系，甚至是血压和心率等其他情境信息。情境感知信息会在相关的时间自动传输，为用户发布的内容加上标签，以提供更有效的商务机会。

4. 便捷性

在无线环境中，网络用户会感受到很大的便利。移动设备虽说体积很小，但是它的功能却越来越强大。移动设备最大的特点是便捷性，不管屏幕大小，它的网络连接速度都很快，不像传统的台式计算机需要很长的时间来启动。网络用户通过移动设备可以很快地连接到互联网、内联网或与其他移动设备互联等。

5. 互动性

有些商务活动或客户服务，需要很强的互动性。这时候，移动设备的优势就显示出来了，由于使用了移动设备，因此交易、沟通、服务中的互动性都更强了。

6. 本地化

如果要向用户发送实时的信息，特别是广告或相关的服务，就有必要知道该用户的位置。这样的服务就称作定位移动商务。定位有时是面向群体的，如在购物中心里所有的用户；有时是针对个人的，如具体地了解该用户的位置和偏好，这就是把本地化和个性化联系在一起了。

移动运营商在竞争激烈的市场上具有自己的差异化优势，因为他们借助移动商务的特征，能够向客户提供新的、吸引人的、有更多帮助的服务。移动商务的增值特征使得运营商提供的服务更有价值。传统企业进行电子商务运营，开展移动电子商务是一种有意义的、有价值的补充。

8.1.4 移动电子商务在企业中的应用

移动技术最主要的应用场所还是在企业中。

1. 移动企业的定义

由于移动技术的出现，人们正在从信息时代走向无限制沟通、无限制协同、无限制工作的时代。企业能够将移动技术融入日常的经营管理中，才是移动技术成功的关键。

移动企业（Mobile Enterprise）也称为企业移动化，即 Enterprise Mobility，指的是企业对移动技术的应用，目的是改进员工的操作模式、增加功能、提高供应链的效率等。这些应用可以是在企业内部进行的，也可以是与商务伙伴的合作。

2. 移动企业应用的内容与形式

一般企业的移动应用内容主要分成三大块。

（1）销售应用模块　这一功能使得企业各个职能部门都能看到客户关系的所有层面信息，如有关账户、潜在销售机遇、客户需求等各种信息。它给企业带来的利益包括加快销售工作流程、提高销售额、改善客户关系、方便需求分析等。

（2）支持应用模块　这一模块方便 IT 技术人员为客户提供实时的服务。工作人员的时间都很宝贵，遇到问题都希望及时得到解决。所以，这款应用带给企业的利益包括提高现场工作人员的工作效率，减少呼叫次数，降低运营成本，同时客户可以在第一时间了解服务的进度，减少投资，提高投资回报率。

（3）服务应用模块　这一模块方便现场服务人员与企业进行双向的实时沟通，使得企业各个职能部门的员工使用移动设备都能看到有关企业供应、仓储、任务进展等所有层面的信息。它给企业带来的利益包括加快工作流程、提高工作效率、改进沟通、提高可视度、统计数据更加精确等。

尽管 B2C 移动电子商务已经很普及，但是对绝大多数企业来说，移动电子商务带来的主要利益还是在于企业的经营管理本身，也就是为那些主要工作场所不在企业内部的员工提供支持。

3. 移动电子商务在其他行业中的应用

移动电子商务广泛应用在各行各业中，如旅游/交通业、移动电商、社交网络、即时通信、游戏和效率工具等行业，已成为移动互联网巨头公司的主营业务领域。

交通/旅行领域一直是移动商务应用最活跃的领域之一，也是移动互联网投资最值得关注的领域。作为 O2O 代表的移动打车应用，是用户量大、使用频率高的重量级应用。

随着互联网金融的创新频发，互联网金融市场规模不断扩大，可以期盼，互联网金融成为未来促进传统银行改革的新生力量。而支付宝和余额宝获得的长足发展，也奠定了我国互联网金融发展的坚实力量。

工业互联网正成为引领产业互联的新趋势。工业互联网是新一代信息通信技术与工业经济深度融合的新型基础设施、应用模式和工业生态，通过对人、机、物、系统等的全面连接，构建起覆盖全产业链、全价值链的全新制造和服务体系，为工业乃至产业数字化、网络化、智能化发展提供了实现途径，是第四次工业革命的重要基石。工业互联网不是互联网在工业领域的简单应用，而是具有更为丰富的内涵和外延。它以网络为基础、平台为中枢、数据为要素、安全为保障，既是工业数字化、网络化、智能化转型的基础设施，也是互联网、大数据、人工智能与实体经济深度融合的应用模式，同时也是一种新业态、新产业，将重塑企业形态、供应链和产业链。

8.1.5　移动电子商务带来的利益

移动电子商务不仅为企业也为个人带来了诸多的利益。

1. 给企业带来的利益

1）由于可以不受时空的限制而订购商品，因此提高了销售量。

2）为企业带来了更多的收入。

3）为网络营销提供了新的形式和渠道，客户满意度提高，竞争力提高。

4）能够向员工提供各种实时信息，减少了培训所需的时间。

5）帮助流动作业的员工节省时间，加快了信息传递速度，提高了生产效率。

6）企业可以通过移动设备为客户提供数字化的产品和服务。

2. 给员工个人及客户带来的利益

1）可以不受时间和地域的限制参与电子商务活动。

2）同样的交易，多了一种移动渠道的选择。

3）缩短了沟通交流的时间，有利于客户将自己的碎片化时间利用起来。

3. 其他的利益

移动电子商务除了带给人们普适性的利益以外，还伴随着提高个性化的程度，降低成本，增加员工的可支配时间，加快商务流程以及其他众多好处。

8.2　移动电子商务的发展

8.2.1　移动电子商务的发展阶段

移动互联网的发展是互联网技术、平台、商业模式和应用与移动通信技术的结合并实践。

移动互联网的发展历程大致经历了三个阶段。

1. 起源阶段

起源阶段为 2000—2007 年。2000 年 12 月，中国移动正式推出了移动互联网业务品牌——"移动梦网 Monternet"，搭建了移动增值产品付费下载平台，由于网络和终端等基础硬件设施不够成熟，因此产业发展较为缓慢。

2. 发展阶段

发展阶段为 2007—2010 年。2007 年，苹果公司推出 iPhone 后，互联网已经从桌面互联网开始步入移动互联网的新阶段。随着 3G 网络和智能手机的发展，众多厂商加入其中，迅速扩大了移动互联网市场和用户规模，提升了智能终端的产业价值。随后，一些移动互联网企业开始获得融资。

3. 迅速发展与普及阶段

迅速发展与普及阶段为 2010 年至今。随着中国智能手机的普及以及移动互联网的发展，手机已经成为人们生活中非常重要的一部分，手机已经不是过去传统意义上的通信产品，而是承载了人们的娱乐、消费、商务、办公等活动的工具。与此同时，移动支付、移动电商、移动医疗等各种移动应用迅速发展。在此背景下，中国移动电商行业快速成长起来，用户的移动购物习惯也在逐步养成。

一方面，智能手机和其他移动智能终端的普及和应用，奠定了移动互联网的硬件基础；另一方面，移动互联网所衍生出的互联网金融、交通旅行、在线教育的应用服务愈发完善，并加速推向市场，移动互联网成为市场规模快速增长的主要原因。

2021 年，我国移动互联网市场继续蓬勃发展，总市场规模约为 23.15 万亿元。同比增长 39.1%，如图 8-1 所示。

2021 年，我国移动互联网接入流量达 2216 亿 GB，比 2020 年增长 33.9%。2022 年上半年，移动互联网累计流量达 1241 亿 GB，同比增长 20.2%。2017—2022 年中国移动互联网接入流量及同比增速如图 8-2 所示。

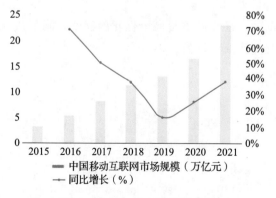

图 8-1 2015—2021 年中国移动互联网市场规模及其增长（单位：万亿元，%）

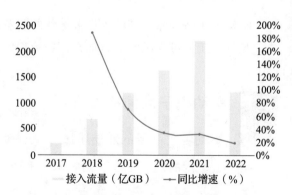

图 8-2 2017—2022 年中国移动互联网接入流量及同比增速（单位：亿 GB，%）

8.2.2 移动电子商务的发展特点

1. 兼容性

移动电子商务具有高度的兼容性，可以在多个平台上进行购物、支付和交流，包括移动设备、计算机等。这种兼容性使得用户可以随时随地进行购物和交易，极大地方便了用户的消费和交流。

2. 灵活性

移动电子商务的灵活性也是其发展的重要特点。在移动电子商务中，用户可以自由选择购买方式和支付方式，同时接受商家的促销和折扣信息等，这种灵活性大大提高了用户的消费体验。

3. 个性化

移动电子商务的个性化是其另一个重要特点，它可以根据用户的兴趣、偏好和历史购买记录，提供更加个性化的商品推荐、促销信息和支付方式等。这种个性化服务可以提高用户忠诚度，进而促进消费的增长。

4. 互联性

移动电子商务的互联性也是其发展的重要特点。通过互联网的连接，移动电子商务可以实现与其他平台的信息共享和传输，同时打通线上和线下销售等多个渠道，这种互联性可以大大提高销售效率和用户体验。

5. 安全性

移动电子商务的安全性也是其发展的重要特点。在用户进行购物和交易时，需要保证支付和交易的安全性，防止用户信息泄露和支付失误等问题的出现。因此，移动电子商务需要配备高度的安全性保障措施，以确保用户数据的安全性和隐私性。一般来说，各个移动电子商务应用，都会提供详细的用户隐私保护声明，以使用户能安心下载和使用自己的 APP，图 8-3 所示为神州租车的用户隐私保护声明（部分）。

神州租车隐私保护声明

隐私权是您的重要权利，海科（平潭）信息技术有限公司（以下称"我们"）非常重视用户（以下简称"您"）的个人信息和隐私的保护。

在您使用神州租车各项产品或服务前，请您务必仔细阅读并透彻理解本声明，特别是以粗体/粗体下划线标识的条款，您应重点阅读，在确认充分理解并同意后再开始使用。 如果您不同意本隐私保护声明的任何内容，您应该立即停止使用。当您开始使用神州租车平台，即表示您已经同意我们按照本隐私保护声明及其他相关法律文本中的有关约定在中华人民共和国境内收集、存储、使用、共享、转让、公开披露等处理您的个人信息。

在您使用神州租车各项产品或服务前，我们为了平台的正常运行，收集到了您的个人信息。如果您不需要我们的产品或服务，请通过本隐私保护声明中所述的联系方式告知我们，我们会按照本声明所述及相关法律法规的规定删除或匿名化处理与您相关的个人信息。

图 8-3 神州出租车的用户隐私保护声明（部分）

案例
2022 年的"双十一"移动市场

2022 年的"双十一"，大多数用户通过智能手机等移动终端下单，例如，天猫"双十一"成交额为912.17亿元,移动端占比达到了68%。除了传统销售方式,直播、短视频营销等均成为吸引用户的重要手段。

2022年"双十一"大促期间,用户跨平台比价选购,第一波尾款日下单时,淘宝、拼多多、京东三者重合用户数达3621万,同比增长了6.1%。同时,拼多多和淘宝的重合用户达到1.26亿,拼多多与京东重合用户规模也突破5574万,平台间用户争夺愈演愈烈。此外,直播电商也在快速争抢用户。"双十一"第一波销售期内,拼多多、快手、抖音、淘宝、京东的新增去重用户数分别为5150万、2948万、2258万、1563万、1543万;从新增用户的画像上看,淘宝主要以60后、70后为主,拼多多以70后、80后为主,京东则以90后为主。这也让平台巨头的玩法发生变化,总体上,在造势、引流、促转化等阶段,综合电商平台侧重全域营销吸引用户,直播平台侧重域内内容分发,双方均升级了营销工具,强化"精准投放"概念。平台的牵引,给品牌方也带了刺激效果,"双十一"期间,美妆护理、家用电器、IT电子、服饰箱包、食品饮品位居投放榜前列,尤其是美妆护理,以公域转私域为目的,借势吸引用户;同时,即时通信、在线视频、搜索下载、短视频、微博社交位居投放前5,分别吸引投资3.3亿元、2.0亿元、0.7亿元、0.7亿元、0.6亿元。客观来看,直播间的吸引效果仍在提升,整个"双十一"期间,抖音、快手去重活跃用户数500万以上的KOL直播间保持在3300个左右,"双十一"当天达到3477个,各品类的销售额占比上,面部护肤高居榜首。

8.3 移动电子商务的技术基础

移动商务的技术基础是纷繁复杂的。本节所介绍的只是其中最主要的部分。

8.3.1 移动计算技术

传统的计算环境一般包括台式计算机,网线连接网络、服务器,还有外部设备,如打印机等。这样的计算环境就把使用者限定在固定的位置,无法保证用户随时随地使用计算机。但人们经常需要在移动的工作场所或在旅途中使用信息技术,这样能够提高工作效率。解决的方法就是无线移动计算技术(Wireless Mobile Computing,或称 Mobile Computing),这种技术能够让移动设备与计算机网络(或是另一台计算机设备)进行实时的连接,不受时空的限制。移动商务主要依靠移动网络来实施。所谓的移动网络,指利用移动设备连接互联网,或利用移动设备中的浏览器连接互联网。

移动计算环境中有许多硬件设备和软件支持。首先是移动设备(如智能手机),用户可以利用它连接移动网络。此外,还需要能够支持无线连接的条件,如网络接入点或Wi-Fi。其次是通过连接可以传递服务的设备,如 GPS 定位器。最后是支持移动商务运行的一些条件,如网络服务器、数据库服务器和企业应用服务器。这些服务器既能向连线的计算机提供服务,也能向无线设备提供同样的服务。不同点在于一个是有线连接,而另一个是无线连接。移动设备有着自己的特征，如屏幕较小、内存少、带宽不大、数据接收速度较慢等。这就要求硬件及软件的设计者要考虑到用户的特殊需求，无线系统在设计时也要考虑这些特点。

本节将简要介绍移动计算系统的主要技术。要了解这些技术，首先需要明白一些基本术语，具体见表 8-1。

表 8-1　移动计算系统主要技术的基本术语

基 本 术 语	解　　释
蓝牙	一种支持设备短距离通信的无线电技术，能在包括移动电话、PAD、无线耳机、笔记本式计算机、相关外设等众多设备之间进行无线信息交换
全球定位系统	一种基于卫星技术的跟踪系统，据此能判断 GPS 设备所在的位置
PAD（平板计算机）	一种小型的便携式计算机，如蓝莓手机、Palm 等企业生产的便携式 PC 设备
WiMAX	全球微波互联接入；WiMAX 也叫 802.16 无线城域网，这是按照电气与电子工程师协会标准开发的无线技术；它的用户是城区内的固定用户，而不是移动用户；它也属于一种无线宽带技术
无线应用协议（WAP）	一种支持无线设备接入互联网的技术
无线局域网（WLAN）	泛指 802.11 标准，一般情况下，它是指以太网接入技术的无线版

8.3.2　移动设备

几年前，计算机、手机、PAD 被用来进行日程管理、通讯录管理和计算等，各自的功能都非常清晰。但是，如今的设备很难再根据功能区分彼此。

移动设备有各种形状、各种规格，如手提电脑、轻薄型笔记本式计算机、薄片式计算机、随身计算机、超便携移动个人计算机等。其实，这些设备的基本功能都是相似的，例如，支持收听和收看音频和视频、收发电子邮件、打开互联网浏览器、Wi-Fi 接入等。能够区分这些移动设备的只是它们的外表。例如，轻薄笔记本式计算机重约 2.5lb（1lb≈0.45kg），显示屏 15～21in（1in＝2.54cm）。随身计算机则更轻、屏幕更小。大多数计算机生产商（如惠普、苹果、戴尔、华硕、东芝、联想等）都生产轻薄型笔记本式计算机和随身计算机。但是生产超便携移动个人计算机的厂家却不多。因为虽说超便携移动个人计算机的功能也很齐全，但是它们体积太小，是非标准化的小键盘，显示屏也小得多（5～6in），一般重 1～2lb。

移动设备也有大的，如戴尔公司生产的 M6500 移动工作台，显示屏为 17in，它可以与非移动式计算机相媲美。惠普和联想公司也生产这样的移动设备。

移动设备包括个人数字助理（Personal Digital Assistant，PDA）、智能手机、平板计算机（PAD）、智能电子书、可佩戴移动设备（如苹果 iWatch、Google 眼镜、车载移动设备）等。

许多移动设备（尤其是 PAD 和智能手机）如今都趋向于整合为一体，成为一个体积小、便于携带、集多项功能于一体的装置。

8.3.3　无线通信网

所有的移动设备都需要连接通信网络或其他的计算机设备。连接的方式取决于多种因素，例如，连接的目的是什么、无线设备有哪些功能、位置的远近等。无线设备可以连接的网络包括：①个人设备之间的连接，距离不超过 30ft（1ft＝0.3048m）；②短距离的无线连接，距离在 300ft 以内；③市内无线网络，覆盖半径为 30mile（1mile＝1609.344m）；④适用于手机通信的无线广域网。以下是对这些网络的具体描述。

（1）个人局域网　个人局域网（Personal Area Network，PAN）是无线用户在很小的范围里（一般是在一个房间里）利用无线技术在设备之间进行无线连接。最为典型的是蓝牙技术。"蓝牙"（Bluetooth）指的是多个通信标准的集合。利用这种技术可以形成无线设备的近距离（20m 以内）连接。例如，无线键盘与 PC 的连接，PAD 与计算机之间的数据传输，数字照相机与打印机的连接等。

（2）无线局域网及 Wi-Fi　无线局域网（Wireless Local Area Network，WLAN）与有线局域网是一样的，只是没有连接线。大多数无线局域网是依据通信标准 IEEE 802.11 开发的，这个标准称作 Wi-Fi，就是"无线高保真"。无线局域网的关键部分是连接无线设备及相应网络的无线接入点。无线设备上有一个出厂时就配置在设备里的无线网卡，无线网卡也可以由用户自己插入，通过无线网卡接入无线网络。无线接入点接入互联网的形式与有线接入的形式相似。许多公共场合（如机场、宾馆、饭店、会议中心等）都使用 Wi-Fi 接入互联网。同样，很多家庭用户也使用 Wi-Fi 接入网络。

（3）城市 Wi-Fi 网络　城市里若是设置多个无线接入点，就形成了无线网络城市，人们将其称为无线城市。例如，2006 年 8 月 16 日，谷歌公司在美国加利福尼亚州山景城的几百根电线杆上设置了无线接入点，使山景城成为美国第一座完全覆盖无线网络的城市。

（4）WiMAX 网络　有些地方不是用 Wi-Fi 无线网络，而是用 WiMAX 网络（World-Wide Interoperability for Micro-Wave Acceess，全球微波无线接入），它适用于 50km 半径范围内的宽带接入形式。WiMAX 接入形式可以形成一个相互覆盖的网状区域。每片地域有一个基站，由基站连接宽带。基站发出一定频率的无线信号，称作光谱。WiMAX 接入与 Wi-Fi 不同，它的频率属于某一家公司，公司要从政府主管部门领取执照。WiMAX 接入的地域更宽，可靠性更强。接入 WiMAX 网络，用户也需要一种特殊的上网卡。

（5）无线广域网　无线广域网（Wireless Wide Area Network，WWAN）提供的无线接入带宽最大。它的技术与手机网络相似，这就意味着，只要手持计算机和上网卡，用户就可以接入相应公司开发的本地网、全国网，甚至全球网。无线广域网可以按照网络速度来区分，如 4G、5G；可以按照所使用的通信协议来区分；也可以按照无线蜂窝通信标准来区分，如全球通用的 GSM 标准或日本专用的 PDC 标准。

8.3.4　我国移动互联网发展的六大趋势

1. "物超人"开启万物智联新时代

5G 将进一步落地并赋能千行百业，工业互联网、车联网、医联网等各领域链接物体终端不断超越链接人的数量，并推动智慧工厂、自动驾驶、远程医疗等落地发展。5G 泛终端将迎来爆发，移动物联网将成为推动经济社会数字化转型的新引擎。

2. 5G 发展进一步推动数实融合

5G 将在实体经济中具有更广范围、更深层次、更高质量的融合应用，利用 5G 专网进行行业应用拓展具有极大潜力和空间。5G 发展也将推动"元宇宙"向着虚实结合、虚实共生的方向演进，人们也会更注重通过 3D 建模、智能感知、数字孪生等技术解决现实生产、生活与社会治理问题。虚拟现实产业总体规模将进一步扩大。

3. 基础制度建设推动数据资源应用

在中央政策支持下，我国数据交易市场交易规模将持续扩大、交易类型将日益丰富，未来选购数据产品或如逛超市一样方便。数据产权划分等标准规范也有望陆续出台，数据跨部门、跨层级、跨地区汇聚融合与深度利用将得到广泛实践，有力提升我国数据资源应用效能。

4. 网络安全与个人信息保护进一步强化

我国网络安全配套规定将逐步完备，个人信息、车联网、人工智能等重要领域数据安全标准将持续完善。移动量子保密通信技术突破了传统信息技术安全保密和信息容量的极限，在特定领域的应用将更加普及。

5. Web3.0 与卫星通信应用有效拓展

预计我国 Web3.0 相关标准与相关法律法规将加快制定，各地也将进一步推动区块链等技术赋能实体经济。我国"低轨卫星网络"和"空天地一体化"的建设将加速推进，卫星通信在手机通信、民航等领域的应用将持续拓展。

6. 移动平台企业迎来新战略发展期

随着 5G、"东数西算"工程等移动互联网基础设施建设进一步推进，更多具有强大技术能力、吸纳资源能力、行业运营能力的工业互联网平台、生成式人工智能平台等或将涌现，为平台经济发展带来新动力和新红利。

8.4　移动电子商务运营的思维与原则

8.4.1　移动互联网时代的思维

自进入互联网时代以来，人们体验了一场颠覆性的生活变革，而互联网时代发展最快的是经济生活，传统商业面临转型，大量的电商企业如雨后春笋般遍布各大领域。苹果公司 iPhone 的出现，正式开启了移动端向传统 PC 端宣战的第一步，而随后智能手机频繁地更新换代，越来越多的移动端设备代替了 PC 端。移动端用户越来越多，PC 端流量也开始向移动端分流。在移动互联网时代，互联网思维开始逐渐被移动互联网思维所取代。

首先要了解互联网与移动互联网连接的分别是什么，互联网是 PC 端与 PC 端的连接；而移动互联网则是人与人之间的连接，人与世界的连接，是 PC 端互联网进化的高级阶段。因此移动互联网的出现，将会改变传统的商业格局，改变世界的游戏规则，掀起一场更大的革命。清楚地了解移动互联网思维，是迈向成功的第一步。

移动互联网思维可描述为 5F 思维，如图 8-4 所示。

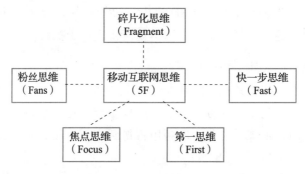

图 8-4　移动互联网思维（5F 思维）

1. 碎片化（Fragment）思维

移动互联网连接的是消费者，这个连接是实时的。随着 5G 时代的到来，实时连接起来的消费群规模已经越来越大；连接的成本越来越低，信息传播的速度越来越快；大家分享的内容越来越丰富，从文字、图片到短视频、电影，信息的控制权也已从企业转移到消费者的手中。

在移动互联网时代，消费者是全天候的消费群，任何时间如果产生了购物需求，可能会立即购买；消费者也是全渠道的消费群，在任何地点，包括实体店、网店、移动商店或在社交媒体里，消费者都可以立即购买。同时，消费者需求也越来越个性化。

移动互联网时代，用户的消费场景发生了巨大变化。商家接触消费者的地点越来越不固定，接触消费者的时间越来越短暂。移动互联网加剧了消费者的三个碎片化趋势：①消费者购物地点的碎片化；②消费者购物时间的碎片化；③消费者购物需求的碎片化。而碎片化的时间、需求、口碑，甚至碎片式的投入，通过移动互联网的众包模式，就会爆发出巨大的商业力量。如何建立起碎片化思维，从看似碎片的世界中汇聚商业的力量？有五个关键的问题需要研究：

1）如何让消费者在碎片时间主动选择应用。

2）如何让消费者在几分钟内喜欢上该应用。

3）如何在一小段时间里与消费者建立起令他（她）心动的对话。

4）如何在一个碎片的时间窗口提供令消费者惊喜的商品和服务。

5）如何通过全渠道覆盖消费者更多的碎片时间。

2. 粉丝（Fans）思维

工业经济时代是标准的商业时代。任何企业只要产品足够好，分销渠道和零售终端布局得当，理论上可以卖给世界上的每一个人、每一个角落。而在移动互联网时代，则是"得粉丝者，得天下"。在中国电商行业持续重新洗牌。粉丝不仅仅是品牌忠诚的顾客，也是品牌的传播者和捍卫者。粉丝是生产力，也是优质的目标消费者，一旦注入感情因素，即使有缺陷的产品也会被接受。进入移动互联网时代，人人都是自媒体人。当粉丝对一个品牌或企业拥有高度的忠诚和热情时，不仅会再三购买产品，而且会通过微博、微信等各种社交媒体向其朋友传播，帮助企业业务获得非线性的增长，甚至是爆炸性增长。

在移动互联网时代，每个公司都有一个强大的粉丝团。未来的品牌与消费者的关系将从单向的、静态的、没有情感连接的会员体系走向双向的、动态的、注入每个粉丝情感的粉丝圈。每一个企业、每一个品牌，都必须与自己的粉丝团通过真诚的对话建立起忠诚的消费部落。"因为小米，所以小米"，小米提出"为发烧而生"的价值主张，聚集了众多粉丝的力量，他们追求品质，共同参与设计，每年自发组织很多同城见面会。在数码消费领域，"果粉"大部分是从 iPhone 开始接触苹果，通过情感认同再延伸消费到苹果的个人计算机（Mac）、音乐播放器（iPod）、平板电脑（iPad），同时再将这种对苹果的认可感染至周围的人群。

3. 快一步（Fast）思维

很多企业家做决策的时候，仍然停留在工业经济时代，例如，喜欢制订五年目标，往往对世界的小变化视而不见，更是在当今移动互联网时代，对未来竞争格局和世界变化的速度缺乏感知。

移动互联网时代，整个世界瞬息万变，最重要的体现就是速度发生了变化。企业得到优势的时间和失去优势的时间可能同样短，创新有时候带来的优势和利益越来越少。当某个小公司的新产品诞生时，企业所制订的策略往往在短短的一两年时间内就失去了竞争的力量。

我们正处于一场速度越来越快的、大规模变革的洪流之中，无论是哪家公司，都必须深刻意识到世界正随着消费者的改变而改变，必须跟上消费者的步伐，制订出长远的战略规划和可快速启动的、切实可行的发展路线图，同时植入富有激情的、新的创业基因。

如何建立起快一步思维？有两个关键的问题需要研究：

1）如何加速，找到快速发展的道路。

2）如何将整个组织的速度与消费的速度协调一致。

4. 第一（First）思维

移动互联网时代，只有第一，没有第二。在消费者的心目中和碎片时间里，大部分都会选择第一个，而不会记住第二个。第一，并不一定是销售额第一。如果想要成为第一，就必须打破消费者的惯性思维，成为消费者心目中的第一。

第一胜过最好。如何建立第一思维，在自己定位的焦点市场赢得消费者心中的第一？有两个关键的问题需要研究：①如何定位，找到成为第一的路径；②如何成为第一。

5. 焦点（Focus）思维

将全部精力投入到一个焦点上，做专一的，从满足大部分人的需求变成满足特定人群的需求，从做全部商品变成只做特定商品，做成这一品牌或这一行业的佼佼者，这样的思维才是可取的。这一点思维可以从唯品会、艺龙旅行网的成功中看出。只做特定的产品和服务，是一种明智的思维方式。

建立焦点思维有两个关键点：①如何做减法，找到焦点战略；②如何将焦点战略做到极致。

8.4.2 移动互联网时代的原则

以移动互联网时代的 5F 思维为指导，具体的移动电子商务运营中还必须遵守一些行动原则。

1. 倾听消费者的声音

对于品牌营销来说，消费者不再是单纯的受众，而是已经参与到品牌的塑造与传播中，成为品牌的推广者；同时，品牌与消费者实现直接的对话与沟通，企业可以通过聆听消费者的声音获得第一手信息。这种变化要求企业必须调整自己的位置和心态，改变与消费者沟通的态度。

进行用户分析。用户在网络上一般会产生交易信息、浏览信息、购买行为、购买场景和社交关系等多个方面的大数据，这些数据的沉淀，有助于企业进行预测和决策。例如，沃尔玛的工程师就曾通过追踪分析许多年轻父亲每次的购物小票，发现每到周五晚上，啤酒和尿布的销售量同时变得非常高。原来，年轻的父亲们周末下班后帮太太买尿布时，顺手带上啤酒，准备在看球赛的时候喝。沃尔玛洞察到这个需求，将啤酒和尿布摆在一个货架上卖，销售量马上提升三成。

尊重消费者的个性化需求。真正的需求创造者，把所有的时间和精力都投入到对"人"的了解上。例如，红领就建立了全球第一家全面信息化的个性化生产线，流水线上每一件衣服都有一个电子标签，记录着某位顾客在每个工序个性化定制的全部生产数据，包括布料、体型、纽扣和款式等上百个数据。消费者希望借助互联网、社交网络，在前端任何渠道里，包括实体店、网店、移动商店、社交商店等完成定制和订单。

2. 全渠道一致体验

过去"以产品为中心、以实体店为中心"的传统零售分销模式，已经被新一代的"以消费者为中心、以电子商务为中心"的全渠道体验模式所取代。商家要跟随消费者的脚步，在全渠道、全媒体为消费者提供一致性的体验，如给消费者参与感。互联网把传统渠道不必要的环节、损耗效率的环节都拿掉了，让服务商和消费者、让生产制造商和消费者更加直接地对接在一起，消费者的喜好、热点能快速地通过网络反馈。

3. 为消费者创造价值

移动互联网颠覆了价值创造的规律，必须回归到商业的本质，真正找到消费者的普遍需求，为消费者创造价值。

为什么同样生产数码产品，苹果的产品能带来与众不同的惊喜？而很多计算机公司在以这样的思维顺序劝服人们进行购买："我们生产计算机。它们性能卓越，使用便利。快来买一台吧！"而苹果传递信息的顺序恰恰相反："我们永远追求打破现状和思维定式，永远寻找全新的角度。方式是我们会设计出性能卓越、使用便利的产品。计算机是我们生产产品的一种。想要买一台吗？"其思维关键在于，要想最大程度影响他人，最关键的不在于传递"是什么"的信息，而在于给出"为什么"的理由；人们最在乎的也并不是实现供需之间的匹配，而是达成信念的契合。

4. 高效

移动互联网时代的高效体现在以下几个方面：

企业必须要及时乃至实时关注消费者需求，把握消费者需求的变化。"敏捷开发"是互联网产品开发的典型方法论，是一种以人为核心、迭代、循序渐进的开发方法，允许有所不足，不断试错，在持续迭代中完善产品。

只有快速地对消费者需求做出反应，产品才更容易贴近消费者。例如，游戏公司Zynga 每周对游戏进行数次更新，小米 MIUI 系统坚持每周迭代。微信在推出后一年内迭代开发 44 次，小米手机每周都有四五十个漏洞要修改。

流程设计要简化，在每个消费者与其想要的商品或服务之间建立最短的路径、最少的使用时间。消费者无论从哪个渠道进去，在找到商品前，整个操作流程越短越好。

同时，整个组织要有一种包容失败的文化（Inclusive Culture）。做到"快速地失败(Fail Fast)""廉价地失败（Fail Cheap）"，及时收集错误并及时改进。

案 例 ▶

小米的"快"字诀

1. "快"是一种竞争策略，也是持续进化成长的素养

在小米科技创始人雷军的认知中，"快"是一种竞争策略。"在竞争背后，快更重要的意义在于企业/业务本身的成长效率，以及用户价值的提升预期和速率。"雷军说道。对企业而言，"快"是更低的机会成本、更快的改善成长速度。而对用户而言，"快"关联着迁移成本与持续获利预期，在互联网领域中，由于产品多是免费的，用户的迁移成本很低，所以对快有更高的要求。对创业者而言，创业的每一天都有巨大的机会成本，这就需要保持极快的速度，开发产品时一定要想清楚产品能不能在两三个月或者最多半年内做出来，

测试用户的需求和反馈能不能很快有一个结果，收到用户的反馈以后能不能很快去改进产品性能。

小步快跑、快速迭代，是移动互联网企业的共识，用户是不怕产品不完善的，用户怕的是提了意见企业却没有改进。企业与用户之间的快速沟通、快速反馈、快速修正，这几个问题非常关键。对于硬件企业来说，虽然无法跟软件企业一样快速迭代、小步快跑，但道理是相通的。"用一切办法，尽可能地了解用户需求、尽快获得用户反馈，尽快更新改善，这就是我们采用互联网开发模式的原因。而用户也更相信一家效率更高、改善更快的公司能拿出更好的产品/服务，为他们持续提供更多的价值。"雷军说道。

所以，对企业而言，"快"是一种持续进化成长的素养。

2. "快"的四种能力：洞察快、响应快、决策快、改善快

为了说明这个问题，雷军讲了两个故事。

第一个故事：很多年前，雷军与一家手机企业的高管交流，当时这家手机企业正是鼎盛时期，一家公司占据全球40％的市场份额。雷军跟对方聊了两个小时，指出了很多产品存在的问题，并提出了改进意见。对方也在认真地记录，反复表示感谢，并非常诚恳地说这些问题的确存在，回去后会推动产品和研发部门尽快改善。两年后，大多数问题依旧存在，雷军说："我毫不怀疑那位高管听取我的意见的诚意，我也完全相信，他会在内部传递这些意见。但是依然没什么改观，这或许只能说明这家公司内部的某些系统出现了失灵。"

智能手机出现后，苹果、三星、小米等企业的市场份额持续增加，这家巨头却快速消亡，将手机业务卖掉。当一家公司持续出现系统失灵时，无论它当时多么强大，一旦遭遇技术世代的变迁，距离覆亡可能就只有咫尺之遥。

第二个故事：众所周知，MIUI系统的更新速度快、频率高，稳定版月更，开发版周更，不断地迭代、优化、修复Bug。如何做到这么快速的更新？雷军说，这个秘诀说起来的确非常简单，但是需要将内测版、开发版、稳定版的产品线区分设置；需要建设一个聚集发烧友的社区，通过四格反馈报告、用户意见投票等运营产品提供支持；需要有一群视团队为朋友，真心参加共创设计开发的发烧友群体的支持；再加上一支充满激情、自驱力极强、技术能力出众的团队，以"不吃饭也要先优化"的热情打磨产品，才能够实现。

这就是传统工程开发模式和互联网开发模式的巨大区别。

从这两个故事中我们可以看出，"快"作为一种素养，它的实现本身更是一种突出的系统能力。我们可以把快的四种能力总结为：洞察快、响应快、决策快、改善快。本质上说，"快"是一种独特的全局能力，要实现"快"，需要把实现"快"的机制当成一个创新产品来做。以快的四种能力为对标，去衡量改造相关团队的组织和流程，这样才能真的让公司发展提速。

3. 小米的"快"：五个月做台 98in 电视

小米是怎么做到"快"的？以下两个案例可以说明。

2019 年 10 月，雷军在乌镇参加互联网峰会，有天晚上吃饭的时候，网易 CEO 丁磊突然说，雷总，能不能帮我做一批超大尺寸的电视，比如 100in 左右的。丁磊打算将电视放到办公室里，开视频会议、播放 PPT 时用。实际上，当时市面上这样尺寸的电视已经有了，但丁磊为什么要找雷军呢？因为现有产品价格太贵了。丁磊就想找雷军，能不能用小米的那套方法，推动超大屏电视领域快速成熟起来，让价格降下来。

雷军略微思考，他觉得 100in 左右的超大尺寸符合未来趋势，有机会成为小米"高端产品大众化"的下一款爆品，超大屏电视将会是办公场景的高潜力需求。雷军立即给小米电视部门总经理打电话，得知其早就有这样的考量，并已经做过了调研，98in 的电视 BOM 成本当时在 25000 元左右，有机会把零售价做到 50000 元以内。于是，雷军立即做出决定，马上立项这款产品。

5 个月后的 2020 年 3 月 24 日，Redmi 98in 超大屏电视发布，定价 19999 元，引发了行业轰动。这个定价在前期是亏损的，BOM 成本是 25000 元左右，安装时需要吊车和一组工人，成本 2000 元左右，但随着面板厂对产线的调整改良，加上配送安装成本的降低，销量的增加等因素，当年就实现了微利。最主要的是，小米的这款产品，推动了行业成本的降低，市场规模的扩大，让消费者享受到了高质平价的好产品。

从这个案例可以看出，小米在洞察、响应、决策、改善方面的速度。

4.　经历了惨痛的代价才知道，有时候局部的慢才是全局的快

2012 年，政府主管部门要求小米优选国内产业链，做国民手机，小米就立项了红米手机。红米第一代手机在当时研发上已经投入了 4000 多万元，但因为当时的国内产业链还不成熟，内部测试体验并不理想，雷军非常不满意。

已经投入了这么多，该怎么办？经过研发团队讨论决定，整个项目推倒重来。后来发布的第一代红米手机，实际上是研发的第二代手机，代号是 H2。2013 年 7 月 31 日，第一代红米手机发布，配置越级，定价只有 799 元，震动业界，累计卖出了 4460 万台，成为超级爆品。

所以，"快"是一项准则，而不是目的。在具体执行时，我们要防止本末倒置，以核心目标为先，以极致产品和过硬口碑为导向，而不是一味追求表面上的、局部的"快"。

随着业务的成长和拓展，可供选择的方向就多了，小米在追求"快"上，也犯了不少错误。比如，小米早期为了追求"快"而疏忽了重要的战略思考，导致团队忽视了品牌的系统性建设。小米手机从一开始就定位旗舰手机，性能参数用料等瞄准全球顶级，但红米的命名，混淆了小米和红米的界限，导致在用户眼中，给小米贴上了低价标签，混淆了小米品牌的大众认知。

红米也是小米旗下第一个用某米命名的项目，开启了某米的先河，后来生态链公司沿用了这种命名，造成了认知上的混乱，严重稀释了小米的品牌势能。产生这种问题的根源

是，为了新产品能高位起步，给足了势能，但直接消耗了小米的品牌资产，得不偿失。2019 年，小米重新梳理品牌架构，将红米更名为 Redmi，成为与小米品牌并列的独立品牌，同时禁止某米的命名。

战略上的懒惰用战术上的勤奋是掩盖不了的，时间长了问题就会暴露出来，慢一点，想明白了再做决策，因为慢是为了更好的快。

雷军认为，"战略积累快不得，战术演进慢不得"，为了更底层的坚定原则和更长远的发展，有时候，有局部的、阶段性的"慢"，才有全局的"快"。

8.5 移动电子商务的运营策略

成功的移动电子商务模式取决于人们如何有效操作和管理移动电子商务。为了搭上移动电子商务的顺风车，企业的移动电子商务解决方案需利用其区别于基于网页的传统电商的特征优势。这些特征包括：一直在线、方便不同应用程序整合、迎合社会化和游戏化趋势、方便获取消费者的地理定位信息等。

8.5.1 移动电子商务的运营内容

任何一样互联网产品，没有恰当的运营都无法成长。本节需要了解一家电商运营移动端需要完成哪些事情。由于移动端的所有订单、商品、类目信息都是和原网站集成在一起的，因此很多原来网站上的日常运营工作不必重复做。移动端的运营侧重于三个方面：内容、活动、服务。由于移动设备屏幕较 PC 端小，所以内容要求更简便、快速、具有个性化；移动端更利于消费者利用碎片化的时间，促销活动更适宜多一些游戏性、趣味性，如限时限量、签到积分等；利用移动端的即时通信等工具能为消费者提供更好的客户服务和关怀。

图 8-5 移动电子商务具体运营工作

具体运营工作如图 8-5 所示。

移动网站和 APP 在运营方面的本质是一样的。本节先看一个普通用户的移动购物步骤，再分别介绍首页、其他页面及进阶活动的运营。

1. 用户移动购物步骤

消费者通过几个可能的入口进入移动网站，开始进行商品搜索和购买，如图 8-6 所示。

1）入口 1：如果是老用户，则可以在空闲时用手机进入网站看看有没有什么新鲜的商品。这些用户进入移动网站后，对应第一次访问的网页应该是移动网站的首页。

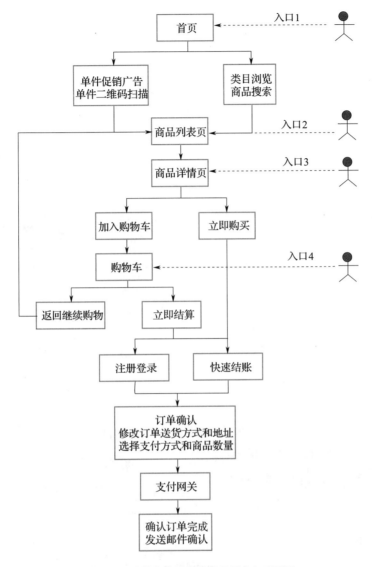

图 8-6　移动商店购物流程及用户入口页面

2）入口 2：用户从搜索引擎上搜到网店的商品页，然后点击链接进入网站。这些用户进入移动网站后，对应第一次访问的页面应该是商品的详情页面，或是某个类目的商品列表页面。

3）入口 3：用户点击在互联网上或移动互联网上的广告链接、软文链接、社交媒体推广链接等来到网站。这些用户进入移动网站后，对应第一次访问的页面应该是商品的详情页面，或是某个类目的商品列表页面。

4）入口 4：用户在线下门店，通过图像识别、二维码等技术连接到线上店铺，对应到网站的首页、某个类目、某个具体商品，或直接到购物车抢购，也就是入口 1～3 的后续页面。

归类到商户的移动网站上，主要的入口就是首页、商品列表页、商品详情页。流量进来的入口或者说着陆点，最重要的事情就是减少掉出率，让用户愿意进一步与商户互动。这三个着陆点中，与运营工作最相关的就是首页。商品列表页和商品详情页的掉出率主要与移动商店的用户界面设计、商品、类目有关，与用户被商户导入这个页面的方式有关，用户进入这个页面的目的和兴趣决定了最终的转换率大小。

2. 移动网站首页运营

对于一个中小型电商来说，首页上的元素有 LOGO、购物车、搜索、轮播图片、首页商品显示、类目列表、导航条、登录等，如图 8-7 所示。

图 8-7　典型的移动网站首页示例

（1）轮播图片　手机屏幕上，最开始位置上的一般是轮播图片。每张图片的点击率衰退很快，这也比较容易理解，因为手机屏幕较小，用户可以看到的大图数量很有限，移动用户点过一次的图片，知道后面的内容后，一般不会再点第二次。所以当大部分用户都点击过这个图片之后，二次点击率很低，衰退速度具体见表 8-2。

表 8-2　首页轮播图片点击率衰退速度

	第一周	第二周	第三周	第四周	第五周	第六周	第七周	第八周
点击率	60%	30%	10%	5%	5%	5%	5%	5%

因此，首页轮播图片不用放太多，一般不超过 6 张。排在后面的图片点击率也是依次越来越低的。另外，要经常更新轮播图片的内容，以保持其较高的点击率。

（2）首页商品显示　首页商品显示需要考虑三个问题：如何显示、显示多少和显示什么。

1）如何显示。手机上商品列表的陈列方式主要是两种，即重图片和重文字，适用不同的商品类型。如果是服饰、居家这类重外观的商品，则可选择第一种重图片的商品列表样式，如图 8-8 所示。如果是电子类产品，消费者关心的是性能参数信息，则可选择重文字的商品列表样式，如图 8-9 所示。

图 8-8　重图片的商品列表方式

图 8-9　重文字的商品列表方式

2）显示多少。如果显示太少，则用户需要频繁翻页，容易放弃继续使用。如果显示太多，一方面网络加载时间会略长，另一方面让用户下拉很久都看不到头，或者无法进行其他操作，消费者也会随时放弃页面。因此一般情况下，因为在首页上还有其他内容，所以建议精选 10 件商品左右。商品列表一页可放置 20～40 件商品。

3）显示什么。首页商品和轮播图片一样，是否有足够的吸引力影响页面的点击率。选择哪些商品显示在首页上的决定因素在于这些商品是否代表了网站最热门、最好的商品。如果是新访问者，则这些商品很有可能决定了他们对商户的第一印象。另外，在首页可加上限时限量促销活动的商品列表，也有助于促进移动流量的增长。在商品列表上需要加上翻页功能，使得用户能点击后直接进入某个类目，或所有商品的列表，或类目的列表。

（3）类目列表　首页的最下面是类目列表，因为一级类目一般并不多，所以可在首页中将所有类目显示出来。淘宝类目页如图 8-10 所示。

3. 其他页面运营

由于首页对于吸引用户与网店进一步互动具有非常重要的作用，但又受屏幕的大小限制，因此首页设计非常关键。相对而言，移动站点的类目页、商品列表页、商品详情页的设计则相对简单，应以优化用户购物流程为基本要求。

4. 移动电子商务进阶活动运营

移动电子商务运营的另一项重要内容是进阶促销活动的运营，其核心是通过有趣味的促销活动吸引用户，从而产生销售。本节以淘宝 APP 的促销活动运营为例。

（1）"淘宝好价" 点击淘宝首页中部位置的"淘宝好价"，就进入了展示特价商品、扶持淘宝网中小卖家成长的营销平台，如图 8-11 所示。优质卖家会通过该平台提供每天最优惠的折扣单品，并通过买家限时抢购等模式进行促销，获得高流量，并借机推广店铺，增强其店铺营销能力。

图 8-10 淘宝类目页

图 8-11 "淘宝好价"

　　从第三方的角度来说，"淘宝好价"是一个限时限量的特价促销活动。之所以这个活动会被放在淘宝 APP 首页的入口，因为它很适合移动场景，可以让用户在碎片时间里迅速找到满意的商品。

　　（2）淘宝"天天特卖"　　在淘宝 APP 的全部频道里找到"低价"，可以看到天天特卖，如图 8-12 所示。这是一个同样提供了优惠价格商品的平台。看到"特卖"，用户会想到更为优惠的商品，因此这个标题已具有足够的吸引力。而实际上该平台上的商品确实非常便宜，品质也依然有一定的保证。"天天特卖"中的商品大多是几块钱、十几块钱的日常生活小商品，有些类似"两元店""十元店"等实体店，用户还可以按"4.9 元封顶""9.9 元封顶""14.9 元封顶"等分类查询商品。

　　淘宝"天天特卖"利用了移动营销活动的精髓——限时限量、超低价，既能帮助商户清理库存，给产品核心定位，又能吸引眼球，提高店铺流量。

图 8-12　淘宝"天天特卖"

　　（3）淘宝"U 先试用"　"U 先试用"是全国最大的免费试用中心之一，是最专业的试客分享平台，如图 8-13 所示。这里聚集了上百万个试用机会及亿万用户对各类商品最全面最真实客观的试用体验报告，为用户提供购买决策。"U 先试用"作为集用户营销、活动营销、口碑营销、商品营销为一体的营销导购平台，也为数百万商家提升了品牌营销与影响力。

　　在淘宝试用上，分为"U 先试用"和"免费申领"两个版块。"U 先试用"一般是以很低的价格试用；而"免费申领"则需要用户先成为试用官，用户需要填写试用申请，试用后要填写试用报告。一般来说，商家提供试用的数量并不是很多，试用价值较高的商品一般不超过 10 份,但却能收到上万份申请。借助于试用产品,卖家成功地将用户吸引到店铺来并浏览店铺里其他商品,很好地实现了促销商品、寻找用户对产品的反馈意见、吸引流量等目的。

图 8-13 淘宝"U 先试用"

(4)"聚奥莱" 淘宝的"聚奥莱"汇聚了很多名牌商品的优惠信息,堪称线上奥特莱斯,如图 8-14 所示。这里有大牌打折捡漏,打完折后价格优惠,节约了用户逛线下实体店的时间,很受用户青睐。

图 8-14 淘宝品牌特卖——"聚奥莱"

淘宝的"聚奥莱"每天上新一批名牌商品供用户选择。用户可以非常直观地看到所有参与特卖的品牌和相应的折扣与时间。参与品牌特卖的商品优惠力度极大，当品牌和低价两个卖点结合起来时，它们的吸引力将以几何倍数增长。

（5）"淘宝直播"　通过"淘宝直播"，将用户关注的直播间或是根据用户个性化标签符合用户需求特点的直播间推荐给用户，让他们能真正通过直播淘到新奇的、有特色的好商品。"淘宝直播"既吸引了用户的关注，满足了他们淘好货的愿望，又为平台上的广大卖家们提供了一个展示自己商品的平台。

8.5.2　移动电子商务的运营策略

围绕上述移动电子商务运营内容，为了在移动电子商务市场取得成功，企业的移动电子商务解决方案可以围绕以下七种基本策略。

1. 选择适合的营销策略

移动互联网时代营销对策更为丰富，不同类型的产品必须寻找适合自己的营销策略。如苹果等公司遵循的"Less is more"，即"少就是多"策略。1997 年苹果接近破产，"乔帮主"回归后，砍掉了 70％产品线，重点开发四款产品，使得苹果扭亏为盈，起死回生。

让顾客在短时间内选出产品并迅速做出决策的最好途径，是给消费者最少最优的推荐。例如，C&A 在一些地面店展示出来的模特商品就是每天在 Facebook 上获赞最多的衣服；腾讯旗下的易迅网，推出了"精选商品"模式，还有很多商家都采用的一种闪购模式是以限时特卖的形式，定期、定时推出少量知名品牌的商品，一般以原价 1～5 折的价格供专属会员限时抢购，限时限量，售完即止。

2. 高度整合并保持在线

网页和移动端具有无缝链接的能力。服务型的构架允许不同的应用程序相互交流。现代移动电商应用的关键是整合各种资源为客户提供价值。例如，整合社会网络的客户资源，或在后端提供优惠、进行促销等，这些都对移动电子商务的应用程序的成功起到了关键作用，也能为商家提供更多有价值的合作伙伴和其他整合。

一个重要的事实是，移动设备用户长年在线对移动电子商务的应用程序具有重要影响。移动应用程序也需时刻保持在线。它们不依懒于用户的直接行动来提供优惠和价值服务，而是根据用户的间接活动，如登入或访问一个网址。

3. 社会化

商家利用移动设备开展电子商务活动，可结合社会化媒体进行营销。允许用户以成立小组或评论等方式进行分享与协作。这是一个开放性的领域，通过创造性的方式使用户和他们的网络系统参与进来，包括那些基于位置、人口统计和行为的自组织网络。

4. 游戏化

虽然游戏化是在简单的徽章游戏和分数比试进化中开始萌芽的，但它能发挥电子商务产品的巨大潜力。游戏化与电商是高度相关的，它甚至可以被传统电商网站广泛使用。它与提高手机用户忠诚度有着密切关系，用户会因为那些极具吸引力的目标而冲动消费。如果"玩"得好，则游戏化可以在暴富者和业务之间创造出赢家，这是一个重要的区别。

5. 提高消费者语境意识

相比个人计算机和桌面浏览器，移动设备最持久的优势是具有在用户操作过程中提供语境的能力。不管是通过用户登录跟踪他们的位置，还是根据用户的喜好递送动态和自定义菜单，或是简单地将用户行为与相对流行的产品相结合，在用户使用移动电子商务应用程序时，对消费者语境的理解和采取的行动，是其成功的一个关键因素。

6. 实行多样化终端

现在，移动设备已经变得更加多样化，各式各样的设备在不同的平台上运行。以最直观的方式呈现产品和电商交易，这是成功的移动电子商务应用程序的一个重要差异化特性。在移动设备上运营是由终端的网页服务、云计算和服务型构架所支撑的。移动电子商务应用需将它们与移动设备的固有功能相结合，从而提供完全不同的用户体验。

移动界面的定义必须与本地使用和网页技术相关；根据用户设备大小，专注于优先产品；拥有正确的后端信息构架，使不同的设备呈现出最佳产品信息。这些因素不仅对移动设备具有独特意义，而且对移动电子商务应用也非常重要。

7. 基于 AARRR 用户增长漏斗模型的运营策略

AARRR 模型又称海盗模型，最初由美国著名风险投资机构的创始人戴夫·麦克卢尔（Dave McClure）提出，是由 Acquisition、Activation、Retention、Revenue、Refer 五个单词的首字母拼写组成，如图 8-15 所示。为了方便记忆和易于传播，业内简称其为获取用户、激活用户、提高留存、产品变现和用户推荐，运用于用户运营的各个阶段。

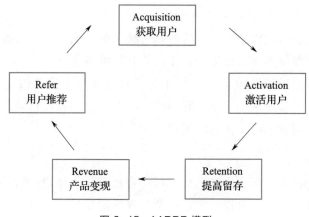

图 8-15　AARRR 模型

（1）获取用户（Acquisition）　作为用户增长的源头活水，没有新用户的加入就没有后续的一切，所以如何通过各种渠道获取更多优质的用户是这一阶段的唯一指标。在这个阶段，企业应该关注的用户关键行为是：访问、下载、注册、激活和关注，与之对应的运营指标是：装机量、注册量、关注量和激活量等。

（2）激活用户（Activation）　如何让新用户更快速地了解产品，变成活跃用户，是整个运营过程用户增长的关键转化点。在这个阶段，企业应该关注的用户关键行为是：启动、登录、浏览、停留时长和关键动作。（因为每个产品属性的不同，有可能这个动作是购物、听歌或聊天），与之对应的运营指标为：日活跃数、周活跃数、月活跃数等。

（3）提高留存（Retention）　如何让用户持续活跃并留存下来而不是经过一段时间的活跃后进入沉睡阶段甚至直接流失，是整个用户运营过程中的坚实基础。如果用户不能留存下来，再多的用户也有流失完的一天，只有拥有足够的用户留存量，企业才能在后续不断挖掘用户的价值。在这个阶段，企业应该关注的用户关键行为是：持续登录和持续活跃，与之对应的运营指标是：次日留存、7 日留存、30 日留存等。

（4）产品变现（Revenue）　当产品经过前期的探索、验证以及高速的成长期而进入成熟阶段后，产品的商业化就必须提上日程了，即如何创收。其实，这个阶段的主要目的只有一个，那就是获取用户的价值，不管是通过向用户卖商品、让用户看广告还是通过给用户提供增值服务让用户进行付费，其实就只有一个目的，那就是订单。而与之对应的运营指标就是：GMV、客单价、营收、净利/毛利、ROI。

（5）用户推荐（Refer）　有时候朋友的推荐对于用户的决策影响更大，企业应该如何设计发动现有用户的力量帮助自己进行推广获取更多的用户，也是企业应该思考的问题。在这个阶段，企业应该关注的用户关键行为是：传播/分享、推荐、邀请好友，与之对应的运营指标是：推荐率、推荐因子。

本章小结

1. 移动电子商务概述

（1）移动电子商务的定义：指基于移动通信网络，利用移动设备开展商务活动。它将互联网、移动通信技术、短距离通信技术及其他信息处理技术相结合，使人们可以在任何时间、地点进行线上线下的各种交易活动、商务活动、金融活动和相关的综合服务活动等。

（2）移动电子商务的驱动力：技术因素、经济因素、社会因素、商务因素。

（3）移动电子商务的特点：广泛性、个性化、情境性、便捷性、互动性、本地化。

（4）移动电子商务在企业中的应用。

（5）移动电子商务带来的利益。

2. 移动电子商务的发展

（1）移动电子商务的发展阶段：起源阶段、发展阶段、迅速发展与普及阶段。

（2）移动电子商务的发展特点：兼容性、灵活性、个性化、互联性和安全性。

3. 移动电子商务的技术基础

（1）移动计算技术：蓝牙、全球定位系统、PDA、WiMAX、无线应用协议（WAP）、无线局域网（WLAN）等。

（2）移动设备。

（3）无线通信网：个人局域网、无线局域网及 Wi-Fi、城市 Wi-Fi 网络、WiMAX 网络、无线广域网等。

4. 移动电子商务运营的思维与原则

（1）移动互联网时代的思维：碎片化思维、粉丝思维、快一步思维、第一思维、焦点思维。

（2）移动互联网时代的原则：倾听消费者的声音、全渠道一致体验、为消费者创造价值、高效。

5. 移动电子商务的运营策略

（1）移动电子商务的运营内容：用户移动购物步骤、移动网站首页运营、其他页面运营、移动电子商务进阶活动运营。

（2）移动电子商务的运营策略：选择适合的营销策略、高度整合并保持在线、社会化、游戏化、提高消费者语境意识、实行多样化终端、基于 AARRR 用户增长漏斗模型的运营策略。

 本章习题

1. 简要介绍各种移动设备的相同点和不同点。

2. 什么是移动电子商务？移动电子商务有哪些主要的驱动力？

3. 移动电子商务发展的趋势如何？

4. 移动互联网时代的思维和运营原则是什么？

5. 讨论企业追踪员工活动轨迹的利弊，如跟踪员工或他们的汽车会产生隐私侵犯的问题。

6. 讨论企业在上班时间是否有权查阅员工在企业设备上的电子邮件以及语音通话信息。

7. 高德地图为移动设备提供哪些服务？了解高德地图的功能。高德地图与定位商务有哪些关联？就此写一份报告。

8. 阅读本章开头的导入案例后回答下列问题：

（1）神州租车哪些应用是移动娱乐服务？哪些应用是移动客户服务？

（2）神州租车公司基于移动电子商务服务，设计了哪些功能？

（3）如果你在神州租车公司租车，对于公司能时刻了解你的去向，有怎样的感受？

9. 实验与实践：

在抖音 APP 上找到一家企业的抖音账号，评价其运营效果。

参考文献

[1] 吕廷杰，李易，周军. 移动的力量 [M]. 北京：电子工业出版社，2014.

[2] 特班，金，李在奎，等. 电子商务：管理与社交网络视角 [M]. 时启亮，陈育军，占丽，等译. 北京：机械工业出版社，2014.

[3] 颜艳春. 第三次零售革命：拥抱消费者主权时代 [M]. 北京：机械工业出版社，2014.

[4] 复旦商业知识. 移动互联网时代的变"态"思维 [M]. 杭州：蓝狮子文化创意有限公司，2014.

[5] 吕廷杰. 移动电子商务 [M]. 北京：电子工业出版社，2011.

[6] 王汝林，姚歆，杨立平，等. 移动商务理论与实务 [M]. 北京：清华大学出版社，2007.

[7] 周翔. 决战移动电商 [M]. 北京：电子工业出版社，2014.

第9章
电子商务的线上
线下运营策略

学习目标

■ 了解 O2O 资源合作的渠道与主要形式。

■ 了解电子商务环境下 O2O 网络联盟构建的目标、形式及策略。

■ 掌握 LBS 和二维码技术的含义，以及对 O2O 模式的影响。

■ 掌握新零售趋势下 O2O 运营管理的内容。

案例导入

优衣库的 O2O

2010 年 12 月 13 日，优衣库发布了一款基于 SNS 的社交小游戏，有着时尚的卡通界面和诱人的糖果色，用户可以选择自己喜欢的卡通形象作为在网络世界里的替身，去参加一个品牌的促销排队。在这里，你会走过一个长长的队伍，或许会见到队伍里有你的 SNS 好友，而且他们中奖的消息也会通知你，让你心中涌上一阵欣喜和亲切。到队尾的时候，游戏会立即告诉你是否中奖。如果两手落空？没关系，五分钟后又可以再去排队，而且可以一遍遍这样每五分钟重复下去，直到中奖为止。

在奖项设置上，优衣库做了精心的准备。首先是为参加排队游戏的用户提供可随机抽中的打折优惠券，用户可以拿着它去优衣库旗下的门店消费，为了鼓励他们及时消费，优惠券上还印着日期。另外，对于排到幸运数字的用户，优衣库都提供了衣服奖品，每 7 天还抽一台 iPhone 或 iPad 作为大奖。

游戏发布当天参与的人次就达到了 10 多万。截止到 12 月 24 日游戏结束时，共有 133 万人次参加了排队游戏。优衣库的实体店顺利完成了销售目标，而活动期间，优衣库的 B2C 网站每天的独立访客超过了 10 万，而在活动之前是 2 万多。

凭借这个活动，优衣库再次巩固了在年轻消费者心中的时尚品牌形象，这是排队促销的边际效益。

（资料来源：优衣库的 O2O）

9.1 O2O 概念及其特征

9.1.1 O2O 的含义

2015 年 9 月，国务院办公厅印发《关于推进线上线下互动加快商贸流通创新发展转型升级的意见》。意见称，近年来移动互联网等新一代信息技术加速发展，技术驱动下的商业模式创新层出不穷，线上线下互动成为最具活力的经济形态之一，成为促进消费者的新途径和商贸流通创新发展的新亮点。大力发展线上线下互动，对推动实体店转型，促进商业模式创新，增强经济发展新动力，服务大众创业、万众创新具有重要意义。2023 年政府工作报告指出，在过去五年，实物商品网上零售额占社会消费品零售总额的比重从 15.8%提高到 27.2%。作为 O2O 到家业务重要组成部分的即时零售等业态创新正不断激发消费活力，带动网络零售提质升级。

O2O 模式是指将线下的商务机会与互联网结合在一起，让互联网成为实体店的入口，同时促进线下商务的推广及成交。该模式打破了"线上"与"线下"的隔离局面，推进了"线上"与"线下"的互动融合，逐渐成为新的热点。目前，O2O 主要有两种解释：①"Online to Offline（线上到线下）"，典型应用场景有用户在线上购买或预订服务，然后再到线下商户实地享受服务（目前这种业务在国内开展的最为广泛），或用户在线上购买或预订商品，然后再到线下的实体店取货或体验；②"Offline to Online（线下到线上）"。应用场景有用户通过线下实体店体验并选好商品，然后通过线上下单来预订商品。

O2O 与 B2B/B2C/C2C 的商务模式有着明显的区别（见表 9-1），前者是以"电子营销＋客流"的模式，后者是以"电子营销＋物流"的模式。特别是它们与实体经济的关系有所不同，O2O 模式强调"在店体验或消费"，而 B2B/B2C/C2C 强调的是"在线采购或消费"。实际上，O2O 模式是将线下商务机会与互联网结合在一起，让互联网成为实体店的入口，同进促进线下商务的推广及成交。

表 9-1　O2O 电子商务模式与传统电子商务模式的比较

比较项	传统电子商务（B2B/B2C/C2C）	O2O 电子商务
商务模式	"电子营销＋物流"	"电子营销＋物流"与"电子营销＋客流"
产品类型	以实体产品为主	实体产品＋服务型产品
客户群体	无消费半径限制，可面向全网消费者销售	受限于消费半径，一般服务于本地消费者
技术支撑	以传统互联网大规模数据信息交互为主	整合二维码、LBS、身份识别认证等多种移动互联网技术
与实体经济的关系	线上订单瓜分线下生意，与实体门店互有消减甚至竞争	线上渠道与线下实体经济相融合，与实体门店相辅相成

与传统的消费者在商家直接消费的模式不同，在 O2O 平台商业模式中，整个消费过程由线上和线下两部分构成。线上平台为消费者提供消费指南、优惠信息、便利服务（预订、在线支付、地图等）和分享平台，而线下商户则专注于提供服务。在 O2O 模式中，消费者的消费流程可以分解为五个阶段。

第一阶段：引流。线上平台作为线下消费决策的入口，可以汇聚大量有消费需求的消费者，或引发消费者的线下消费需求。常见的 O2O 平台引流入口包括：消费点评类网站，如大众点评；电子地图，如百度地图、高德地图；社交类应用，如微信。

第二阶段：转化。线上平台向消费者提供商铺的详细信息、优惠（如团购、优惠券）、便利服务，方便消费者搜索、对比商铺，并最终帮助消费者选择线下商户、完成消费决策。

第三阶段：消费。消费者利用线上获得的信息到线下商户接受服务、完成消费。

第四阶段：反馈。消费者将自己的消费体验反馈到线上平台，有助于其他消费者做出消费决策。线上平台通过梳理和分析消费者的反馈，形成更加完整的本地商铺信息库，可以吸引更多的消费者使用在线平台。

第五阶段：存留。通过平台为消费者和本地商户建立沟通渠道，可以帮助本地商户维护消费者关系，使消费者重复消费，成为商家的回头客。

9.1.2 O2O 模式的优势与特征

下面从不同主体的角度分析 O2O 电子商务模式的优势和特征。

对于实体供应商而言：

1）能够获得更多的宣传和展示机会，进而吸引更多新客户到店消费。

2）推广效果可查、每笔交易可跟踪。

3）掌握用户数据，大大提升对老客户的维护与营销效果。

4）通过与用户的沟通和释疑，更好地了解用户心理。

5）通过在线有效预订等方式，合理安排经营，节约成本。

6）更加快捷地拉动新品、新店的消费。

7）降低线下实体店对黄金地段旺铺的依赖，大大减少租金支出。

对用户而言：

1）能够获取更丰富、全面的商家及其服务的内容信息。

2）更加便捷地向商家在线咨询并进行预订。

3）能够获得相比于线下直接消费较为便宜的价格。

对 O2O 平台本身而言：

1）与用户日常生活息息相关，并能给用户带来便捷、优惠、消费保障等作用，能吸引大量高黏性用户。

2）对商家有强大的推广作用及可衡量的推广效果，可吸引大量线下生活服务商家加入。

3）数倍于 C2C、B2C 模式的现金流。

4）巨大的广告收入空间及形成规模后更多的盈利模式。

在移动互联网时代，O2O 模式可以帮助用户随时随地获取周边商家信息，记录和分享消费行为，更快捷地帮助其进行二维码身份的辨识和移动支付，让商家获得更快、更大的发展。

9.2 O2O 网络联盟的发展与建立策略

9.2.1 O2O 资源合作的渠道与主要形式

O2O 早期是为本地生活服务电商化提出的概念，但随着电商市场的不断发展与移动互联网市场的快速崛起，O2O 的概念已不再局限于本地生活服务领域。例如，搜房网、汽车之家等这些垂直类资讯网站，58 同城这种分类信息网站，在广义上也都可称为 O2O，因为它们涉及了商业链条第一环节的目标信息查找。如果从电商角度讲，O2O 包括本地生活服务与部分 B2C 业务，进一步细分本地生活服务可包括团购、优惠券等形式，O2O 中的部分 B2C 业务包括家具、橱柜等产品的销售和部分零售企业线上线下相结合的零售方式。虽然广义的 O2O 涵盖范围非常广，但行业关于 O2O 的关注更多聚焦在相对狭义的关于本地生活服务市场的电商化发展。

目前根据 O2O 的模式，大致可以分为以下六种：

1. 实体店和网络商城双线运营

有线上零售渠道和线下零售渠道的品牌商、零售商都可以统称为 O2O。这种模式的线上线下双零售渠道结合的形式，已经颇具代表模式，这是传统零售企业做电商的集体表征，代表性的有苏宁易购和国美在线等。双线零售的 O2O 模式围绕的是"产品消费"。围绕"产品消费"的 O2O 模式不仅只有零售企业的双线结合，与 B2C 相比，还有很多产品更适合 O2O 模式，如有些企业已开始在房产、汽车、家具、橱柜、配镜等非标准、高单价商品上进行尝试，并取得了不错的成绩。这类运营模式实施同款产品线上线下价格相同的策略，消除了顾客对实体店价格偏高的错觉。人们可以选择在现场体验后直接下单，既节省了配送费用，又节约消费者的时间，提高了购买效率。

2. 团购

团购是从电商市场细分出来的，由于其主要经营本地生活类服务，而团购模式日渐成熟稳定，因此团购被认为是 O2O 代表性模式。团购行业已经基本覆盖本地生活服务市场的方方面面，主要可分为餐饮、服务、娱乐三大类。若不考虑模式细节，只看经营范围，则团购基本上已经涵盖了本地生活服务的所有主要项目。但从模式上讲，团购并非 O2O 最理想的模式，第一，团购行业现在还更多地依赖于互联网，没能完全地与移动互联网相融合，由于需要提前预约，团购消费更多的是消费者事先的"计划性消费"，不能满足即时需求；第二，由于团购多是薄利多销的服务，毛利较低，商家更多地用它来做清库存，是合理利用资源的有效促销手段，但并非是最理想的 O2O 模式。

3. 优惠券

手机优惠券是结合了移动互联网最为基础的 O2O 模式，用户只需在就餐时向商家出示手机上的优惠券即可，商家通过利用优惠券做营销吸引消费者光顾。优惠券 O2O 发展初期是通过与全国知名的快餐连锁合作，如麦当劳、肯德基、真功夫、一茶一坐等建立合作关系，之后向本地生活市场全面扩展。随着智能手机的普及和移动互联网的发展，O2O 市场越来越热，优惠券成为颇具代表性的 O2O 模式，市场前景大好。目前，优惠券 O2O 已不仅局限在餐饮业，正逐步涵盖本地生活服务市场的各个领域，并结合 LBS 功能，根据用户位置即时推送周边的相关服务。这种形式非常实用，用户使用方便，商家也很受益，但对于优惠券平台运营商来讲，优惠券实际带来的效果难以评估，盈利模式不好把握。

4. 微信 CRM

由于微信用户量的急速增长，线上活跃用户已突破 10 亿，媒体界、零售界都对微信 O2O 寄予厚望，对于本地生活服务类商家来讲，微信用户就是巨大的潜在市场。商家希望通过微信建立 CRM，把本地生活服务市场形成与网络零售市场相同的数据化管理方式。这样一来，商家便于对客户关系进行管理，形成精准可持续的营销渠道。同时，可对自身的经营状况进行数据化分析，进而提高资源利用情况，提升服务质量。对于用户来讲，这种"微信模式"的 O2O 既可以在好友圈内进行互动，又可满足突发的即时性消费需求，也可随时了解目标餐馆的具体情况。相比团购与优惠券模式，"微信模式"的 O2O 更为理想化。

5. 移动支付

业界除了关注微信 O2O 之外，还对支付宝等移动支付 O2O 模式寄予厚望，O2O 代表了本地生活服务市场的发展方向，移动互联网又是 O2O 模式的主要载体，本地生活服务正在与移动互联网紧密结合，移动支付则担负着结合后的资金流通重任，对 O2O 市场起着至关重要的作用。目前，微信、支付宝已经开设了二维码支付、人脸识别支付等多种移动支付方式，成为 O2O 市场最有力的竞争者之一。

6. 供应链型 O2O

与基于本地生活的 O2O 模式不同，基于零售业的供应链型 O2O 是结合门店、连锁店、互联网的优势打造的新兴连锁业态。供应链型 O2O 以供应链、物流为核心，最具有代表性的是京东商城。京东商城的 O2O 模式，就是将自身的物流以及配送服务和会员体系开放给上万家便利店，然后将便利店的丰富品类（如食品、生鲜、消费品等）融入到京东的销售体系之中，京东会员可以根据自身的位置寻找距离较近的便利店品类进行下单，最后由京东配送网络负责从便利店送达到用户家中。这种运营模式为一些传统电商与线下的零售企业的合作提供了很好的参考。由于便利店网点非常密集，且具有良好的基础设施和忠诚的客户群，客户购买的商品也比较固定，而且区域性很强，因此在线下零售企业中，最有成功把握和互补资源的就是线下连锁便利店。同时，移动互联网的发展，位置服务（LBS）、客户关系管理系统（CRM）、移动支付等技术和服务的成熟，为实现精准配送提供了很好的契机。

9.2.2 O2O 模式存在的问题和瓶颈

O2O 模式作为线下商务与互联网结合的新模式，解决了传统行业的电子商务化问题，但是，它也存在着一些比较突出的问题，主要表现在以下方面：

（1）社会化服务商家的信息化水平不足 由于国内大多数服务型商家的互联网程度不

高，对 O2O 模式的数字化电子平台还很陌生，不少餐饮等生活服务类企业还无法实现有效的信息化对接互联网，从而无法实现实时响应、匹配消费者的需求。要想成功激活 O2O 模式，必须大力推动传统服务业自身信息化水平的提升，构建好与 O2O 电商平台的互联互通接口，才能打造完整的交易信息链。目前，社会化服务商家资金实力弱，信息化程度低，人力资源有限，因此就面临着是否需要额外增加或调配人手来处理 O2O 带来的业务，商家的服务员是否明白业务，如何实现订单的结算并且关联网上的订单同步等相应的问题。此外，对于线下的传统企业而言，O2O 不能只是一个形式，传统企业不能为了电商而电商，为了 O2O 而 O2O。如果传统企业认为搭建一个在线商城实现线上交易，然后让消费者在线下去体验、去取货这就是 O2O，那就过于片面了。O2O 最终的落脚点是让线下的用户养成线上购买和消费服务的习惯，这不是仅在线上提供优惠、低价促销就能解决的。传统企业需要想明白用户在线下实体店的情景之下有哪些痛点需要去解决和改变，要通过电商的方式掌握用户的消费习惯，从而提升线下的服务质量，把产品和服务最本质的价值还原给消费者。

（2）难以实现精准化营销　区域的餐饮、购物、娱乐等服务行业的目标商户如何找到最受消费者欢迎的服务和产品是个问题。顾客在网上下订单后，很长时间以后才去消费，这就无法跟原有的库存实现有效的对接。尽管部分地区的商家优惠库和消费者数据模型已基本成熟，但仍需较长时间的实践来证明，因此如何实现精准有效又价格适中的新型营销方式，使之对消费者更具有吸引力是商家面临的关键问题之一。

（3）"线上信息"与"线下商家产品服务"的对称问题　线上的很多活动和服务最终需要线下的服务商配合完成，平台通过线上的方式吸引用户，而真正消费的产品或服务必须由用户到线下体验，这对线下服务提出了更高的要求；而线上能否掌控线下稳定的服务体系，掌握线下服务的质量，这将成为一个很大的问题。很多 O2O 模式的企业并不能掌握线下服务的质量，只相当于一个第三方中介，在中间起到协调作用。"线上支付＋线下体验"模式，容易造成用户在线下获得的服务没有达到预期，或低于线上的宣传信息，用户将使用"负口碑"反馈体验效果。而体验式服务没有好的口碑和信誉也很难获得规模化的发展。因此作为 O2O 服务商，如何把控线下商家服务的质量，并根据用户反馈去帮助线下商家进行服务质量提升，从而形成一个可视化的闭环，将是 O2O 成功的关键所在。

（4）互联网巨头与线下商家的合作深度不足　面对巨大的市场潜力，互联网巨头积极布局 O2O，腾讯凭借微信、阿里凭借淘宝本地生活、百度凭借地图，三大巨头在 O2O 市场上各占优势。微信对用户有极强的黏性；支付宝明确将自己定位在 O2O 链条的后端，为阿里内外的其他平台与客户端提供金融与数据服务；百度则应用 LBS 技术，积极推广百度地图。现阶段，互联网平台成为 O2O 实践的主要推动力量，而作为平台，其产品是标准化和普适化的，目前线下实体商家进行的 O2O 实验，基本依赖于腾讯或阿里的"产品"，其产品核心是以"客流导入"为主的场景及业务设定。平台运营内容一般包括导流、优惠、移动支付、会员，后期将延伸至 CRM、数据分析、会员管理。平台出发点是通过优惠、降价等形式来改变客流路径，并不是围绕商家的"商品或服务"进行新技术应用，以提高消费者的体验为出发点。平台作为独立的盈利组织，必然首先考虑其自身的战略和盈利模式，很难兼顾到具体线下实体商家的消费者体验这一深度运营层面。平台与商家如何合作才能兼顾提升用户体验，将成为一个关键的问题。

9.2.3 O2O 网络联盟的构建策略

由于 O2O 模式存在的一些问题，为了更好地实现线上线下合作，为用户提供一个有保障的满意消费体验，构建一个线上线下安全、高效、完整的运营支撑就尤为重要，其中 O2O 网络联盟便是一种有效的解决方案。

企业网络联盟是由两个以上独立的实体企业，在面对市场机遇时，以信息技术为支持，基于协议或信任而配置各自不同的核心能力或优势资源所形成的临时的动态的经济关系，它是介于市场和企业之间的一种创新的组织形态。通过构建 O2O 网络联盟，可以致力于增进产业链中各类企业的信息互通，加强产业协同、应用联动发展，使相关企业的单一竞争优势转化为产业链的整体竞争优势，形成 O2O 产业的商业模式和品牌。

可以采取以下策略进行构建：

（1）以数字营销服务为核心的数据应用服务平台策略 O2O 网络联盟应以实体零售商家为合作基础，将信息化与传统商业资源相结合，并使用当今前沿的互联网技术、无线通信技术、物联网技术、大数据分析等，为传统零售业搭建快速、便捷、低廉的电子商务交易平台，为顾客提供线下门店体验和线上网站购物相融合的消费新体验。例如，采用"SoLoMo＋O2O＋BBC"相结合的架构模式，SoLoMo 指"Social＋Location＋Mobile"，利用线上互动社区和移动互联网，将线下商户串联起来，帮助传统零售企业实现转型升级。通过商圈的深度运营，为商家带来更多的客户，为客户带来更多的服务，实现线上线下商圈的可持续繁荣和发展。

（2）信息技术策略 O2O 网络联盟可以通过构造覆盖商圈内主要商户的公共免费 WiFi 网络联盟，让用户通过 Web 认证或使用客户端软件，能够非常便利地接入互联网；为消费者提供免费无线上网和即时优惠信息，形成持续积累用户 3W（Who、When、Where）数据的网络基础。基于商圈 WiFi 网盟平台的 3W 数据分析，帮助圈内商户开展即时、精准的数字营销服务。

（3）精准营销策略 O2O 网络联盟还可以通过建立商户营销管理平台和提供就地实时消费向导的 APP，帮助商户实现及时、精准的数字营销。商户营销管理平台可以为商家的营销和配套服务提供便利的管理工具，如编辑营销广告、筛选目标顾客、选择信息通道、制订营销计划、即时双向互动、客户关系管理、移动 POS 收银、经营数据分析等。实时消费向导的 APP 可以根据用户所处的位置和时间，以及消费者当下潜在的消费需要，向用户提供准确的相关商品和服务信息以及商户优惠资讯，为消费者提供有针对性的，即时、互动、社区化的消费。用户通过 APP，能够就地获得当时最新的和最吻合自身需求的优惠活动或商品和服务的信息。

（4）服务领先策略　O2O 网络联盟的主要目标是服务质量、成本及操作效率，由于之前不少商户存在各种不规范的运营，距离稳定完善的高服务质量仍相差甚远，从而影响整个平台的口碑。规范制度是管理的标准和基本准则，是支撑体系执行保障的标准，当操作形成制度后，其执行力才有保障。因此，O2O 网络联盟应建立一套标准、完善、可执行的制度，来规范商户的行为并建立完善的售后体系，从而保障整个平台的服务质量。为了约束平台，可以采取让商家交保证金的形式运行，一旦发生与实际宣传商品质量不符的情形，可以对消费者给予合理的赔偿。同时，要实现服务领先还必须积极推行服务创新，为顾客提供更加透明的服务、更加方便的服务、更加快捷的服务和更加个性化的服务。

（5）会员促销与价格策略　O2O 网络联盟还可以为电子商务平台的积分会员开发积分消费平台，通过积分商城，用户可以查询积分使用信息，在商城内使用积分兑换等值的积分商品，也可以在积分商城联盟商户之间进行积分汇兑，扩大积分使用范围，提高积分商城使用价值。建立商圈会员积分体系，一方面，能促进商圈内不同业态之间的合作互动，巩固商户联盟，帮助商圈内商家获取客户、吸引消费者并产生黏性；另一方面，通过商盟积分互通，更好地应用积分这一营销工具，为消费者提供更多优惠体验和多元化消费渠道。

（6）搭建商圈微物流策略　通过与专业物流公司合作，开发并整合区域物流配送资源，依据商圈中心地域与实体商户位置关系属性，打造与之相配套的统一微物流配送服务体系，如订餐配送、商品送货上门等，让用户"解放双手，轻松购物"，从而增强线下购物体验，实现实体商圈服务能力的延伸。

案　例　"O2O 特色居家医疗服务"入选天津市 2024 年度"十佳消费新场景"

2020 年，天津市政府与微医集团签署数字健康战略合作协议，在天津市卫健委、医保局、市委网信办等政府机构主导下，天津微医互联网医院协同全市 266 家基层医疗卫生机构共同组建天津市基层数字健共体，落地"云管理""云服务""云药房""云检查""四朵云"平台。作为"互联网＋"传统医疗的创新服务模式，"云服务"通过数字化手段，实现了"用户手机下单提出医护上门需求，医疗机构审核后派单，医护人员上门服务"的"O2O 特色居家医疗服务"。用户只需关注并通过"天津微医互联网"公众号选择"医护上门服务"，选择需要服务的类别、填入联系人、上门服务地址等信息，系统即可匹配就近的基层医疗机构作为第一选择，用户也可以选择由二三级医院医护人员上门服务；下单后，医院工作人员看到订单，会第一时间联系下单用户，核实信息及评估服务需求后，双方约定时间医护人员上门服务。这项服务极大地解决了失能半失能、术后康复患者、老弱病残等群体急需的医护上门需求。根据患者服务需求，提供医护人员所属医疗机构等级、医疗耗材品类，以及双方距离等多重因素，单项服务的费用从几十元到两三百元不等。

目前，"云服务"平台注册医护人员达 4000 余人，均来自天津市基层医疗机构和二三级医院，可以为有需求的患者提供静脉采血、更换尿管、更换胃管、伤口护理等 60 项服务。对于有医护上门服务需求的患者来说，这项服务解决了"不便行动甚至不便外出""不知去哪里寻找合适的医护人员"等痛点；对于医护人员来说，平台的派单制和审核等前置工作，最大限度地优化了医护人员的日常效率，让医护人员能够更合理地分配服务门诊患者、居家患者的时间；对于医疗机构和政府机构来说，这一平台作为连接医护人员和患者的桥梁，优化医疗资源分配，同时在政府机构指导下，也为这项服务制定了标准化、数字化服务流程和监管手段，并最终产生一定程度的经济效益。

2020 年"云服务"项目落地以来，累计为天津市居民提供超过 7.66 万人次医护上门服务。2024 年年初，天津市卫生健康委年度工作会议中，"深化数字健共体'云服务''云药房'等平台服务内涵建设"作为全年的重点工作，而"O2O 特色居家医疗服务"就是"云服务"的重要服务内容之一，并且作为健康养老托育消费大类的代表，入选天津市2024 年度"十佳消费新场景"。

（资料来源：津云新闻.）

9.3 影响 O2O 发展的关键技术

9.3.1 二维码技术

二维条码/二维码是按一定规律在平面分布的黑白相间的特定几何图形，用于记录数据符号信息。二维码在代码编制上利用构成计算机内部逻辑基础的"0""1"比特流的概念，使用若干个与二进制相对应的几何形体来表示文字数值信息，通过图像输入设备或光电扫描设备自动识读以实现信息自动处理。

物联网的应用离不开自动识别，条码、二维码以及 RFID 被人们应用得更普遍一些，二维码相对一维码，具有数据存储量大、保密性好等特点，能够更好地与智能手机等移动终端相结合，形成了更好的互动性和用户体验。从技术层面上讲，二维码并不是个新鲜事物。国外早在 20 世纪 80 年代末就开始对二维码技术进行研究。随着移动网络环境下智能手机和平板计算机的普及，二维码应用不再受到时空和硬件设备的局限，二维码似乎一夜之间渗透到了生活的方方面面，如地铁广告、报纸、火车票、飞机票、快餐店、电影院、团购网站以及各类商品的外包装上。作为物联网浪潮产业中的一个环节，二维码的应用越来越受到关注，已逐渐成为移动互联网的重要入口之一。

在 O2O 电子商务模式中，首先要解决的是线上和线下如何对接的问题。消费者希望在平台上获得消费建议、优惠信息、消费便利并评价或体验，而商家则希望借助 O2O 提高销售收入、降低营运成本、形成品牌及口碑，并能够了解市场趋势和消费者的喜好。二维码可以有效地实现两者的沟通，构造交易的信息闭环，具体应用主要体现在以下几个方面：

（1）宣传与营销　二维码作为 O2O 平台宣传和营销渠道的引流工具，其优点显而易见。首先，它具备低成本的特性，可以大大降低平台及商家宣传推广的成本，高效率地扩大营销宣传范围。其次，它具备互动性高的特点，消费者通过手机 APP 上的"扫一扫"功能主动扫描自己感兴趣的二维码，进入线上平台进行浏览、消费，大大提高了互动性。最后，它具备了趣味性的特点，现如今的很多商家开始设计打造自己独一无二的二维码，先以独特的外表吸引消费者的注意，还有些商家推出二维码游戏等趣味性活动，用户通过手机 APP 扫描二维码打开链接玩游戏或闯关以获得优惠，从而达到吸引和汇聚消费者的目的。总之，利用二维码进行宣传和营销可以轻松实现线上和线下的有机结合，将客户从线下引导到线上，并引导用户访问企业网站，从而提高品牌关注度，提升品牌形象，带动客流量和销售量。

（2）购物与消费　二维码给受众提供了更便捷的感知，开拓了更大的营销平台，不再局限于传统的店面销售和电商推广，是更为便捷、更易于人们操作的新购物方式。O2O 与支付宝的联合，拓展了二维码的购物市场，形成商场 O2O 购物模式。为了让用户能够更便利地获取更多的信息，商场也开始在产品上使用二维码，当用户想购买某种产品时可以直接扫描商品二维码并跳转至相关链接进行付款，所购买的产品将以快递的形式送货上门。二维码让消费者省去了很多排队时间，只要一部有网络覆盖的智能手机便可通过二维码完成一切娱乐和购物等体验。

二维码购物不仅体现在购物的便捷性方面，利用二维码软件也可以轻松进行多商家的商品信息对比。例如，利用一些二维码购物比价软件扫一扫商品的二维码，就可以立刻在手机屏幕上显示产品在哪家店有卖，售价多少，店家的电话、地址、营业时间、网址等信息。同时能够显示包括淘宝、京东、家乐福等商家的价格信息，让买家不出门便可货比三家，从而真正实现花最少的钱买最实惠的商品的目的。

（3）支付　移动支付的核心价值是便捷性，不管是香港地区的八达通，还是内地的 NFC，所有移动支付为用户提供的核心价值都是便捷性。从商业推广的角度看，一种支付方式想要获得成功，需要同时抓住用户和商户两头。之所以二维码支付在手机等移动终端如此普遍地使用，主要是二维码支付改变了人们生活中传统的线下消费模式，将线下购物与线上付款有机结合，使支付不再受物理网点和 PC 终端的限制，为消费者带来了快速、便捷的体验。一些商家也开始利用二维码软件与 O2O 结合进行支付，在该支付方案下，商家可把账号、商品价格等交易信息汇编成一个二维码，并印刷在报纸、杂志、图书等各种载体上发布。用户通过手机客户端扫描二维码，便可实现与商家支付宝账户的移动支付结算，这使二维码俨然成为消费者口袋中的电子钱包。

总之，二维码在我国 O2O 平台中的使用已经越来越广泛，尤其是在与生活息息相关的生活类 O2O 平台，如订餐、订票、旅游、团购、支付等方面都有二维码的身影。虽然基于二维码的很多功能都有待开发和完善，但它作为 O2O 营销平台线上线下的关键入口已得到越来越多的重视，移动商务价值链上的各个参与者通过技术手段和商务模式改造创新，不断地提升二维码 O2O 的市场空间，共同发展，创造新的商业价值。

案 例

二维码营销案例

1. 美的用旧空调搭建巨型二维码

2022 年，美的在"618 大促"的节点，推出以旧换新的活动。为了让更多的人知晓这场活动，扩大声量，美的回收了一些老旧的空调和主机，在广州沙湾镇用回收的旧空调搭建了一个巨型二维码墙，如图 9-1 所示。路过的行人扫描这个巨型二维码，即可跳转到美的空调 618 活动页，凭旧空调换购新空调。通过此次营销活动，美的把"以旧换新"服务升级的信息以话题事件的方式直白地告知广大消费者，同时，美的还发起了"我的宝藏家电"活动，网上消费者可以通过扫描二维码参与活动，上传旧家电的照片并分享相关故事，有机会领取限量 NFT 数字藏品和额外优惠券，进一步增加了互动性和参与感。

图 9-1 美的用旧空调搭建巨型二维码

2. 大众汽车创意二维码 "外衣"

CES（国际消费电子展），全球最具影响力的科技盛会之一，每年都有大量的汽车厂商和汽车科技公司（汽车零部件厂商）到 CES 上来展示自己的最新成果和未来发展。2023 年的 CES 上，大众汽车展出基于 MEB 打造的首款纯电三厢轿车全新 ID.7，该款车是大众汽车计划在 2026 年前在全球推出的十款电动车之一，如图 9-2 所示。ID.7 展车采用智能伪装外观，利用独特涂层带来数字化设计效果，全车数字皮肤非常吸睛。车的前舱盖以及车身两侧都有隐藏二维码，扫码即可与车辆开"心"互动。

图 9-2　大众全新 ID.7 汽车

（资料来源：数英网等站点.）

9.3.2　LBS 技术

LBS（Location Based Service）即基于位置的服务，是指通过电信移动运营商的无线电通信网络或外部定位方式，获取移动终端用户的位置信息，在地理信息系统（Geographic Information System，GIS）平台的支持下，为用户提供相应服务的一种增值业务。LBS 包括两层含义：首先是确定移动设备或用户所在的地理位置；其次是提供与位置相关的各类信息服务。

我国基于 LBS 的移动电子商务营销从 2010 年开始萌芽，经过发展，目前已经进入快速增长期。LBS 通过不断强化自身定位和服务两大功能，逐步与移动互联网各种商业模式密切结合，成为各种应用的基础服务。表 9-2 列出了 LBS 在中国的发展情况。

表 9-2　LBS 移动电子商务在中国的发展情况

时　间	LBS 移动电子商务发展情况
2010 年	国内涌现出几十家主推"签到"的 LBS 企业，但遭遇用户签到兴趣弱、盈利模式不清晰等问题
2011 年	各签到企业转型，推出"LBS+社交""LBS+O2O 生活服务"等，并取得了成功
2012 年至今	基于位置的服务逐渐被认可，LBS 已成为移动互联网应用的标配功能，近 70% 的应用都与 LBS 有关

近年来，移动支付的不断成熟使得 O2O 的产业链变得更加完善，线上线下资源得到了进一步的整合。"LBS+O2O"模式将位置服务与生活服务紧密结合，在生活服务方面具有广阔的应用空间，无论是互联网企业还是传统行业均纷纷加入，以大众点评网为代表的餐饮行业，以去哪儿网为代表的旅游行业以及以滴滴打车为代表的打车软件形成了拉动 O2O 商业模式发展的主要动力集群。LBS 在 O2O 模式的应用有助于形成"二维

码＋LBS＋支付＋关系链"的 O2O 闭环体系，进而构造新的"消费场景"，其具体应用主要体现在以下几个方面：

1）从线上渠道低成本获取用户，将在线流量转变为消费人流。O2O 模式的核心是在线支付，同时把线上的消费者带到现实的商店中。然而把在线流量转变为实际的有效消费人流，才是 O2O 实现价值的关键。以"LBS＋餐饮业"为例，消费者打开应用，弹出界面地图，出现附近美食，显示具体位置，用户可以按距离远近查看，也可以按热度排行榜查看，有商家电话可以直接拨打，甚至可以直接网上订位。用户在寻找餐馆时用的是碎片化的时间，三五分钟就可以。有的 LBS 服务商还提供公众渠道的应用营销服务，更好地为 O2O 创业者完成低成本的线上流量推广。"LBS＋O2O"的商业模式初具形态，形成了包括在平台上发布广告、分销并通过差额交易获得营收、从团购商家获得分成以及与团购网站分成等四大盈利途径。

2）实现在消费半径上的精准营销。应用了 LBS 后的移动电子商务业务模式最大的优势在于，它使提供给用户的生活服务信息更加的准确和智能化，而不仅仅是单纯的分类信息展示。以团购为例，以往的团购只是一次性的数量规模上的消费，不少消费者由于与商家之间的距离原因导致都是一次性消费，造成用户黏度低的问题。而通过在用户消费半径上进行精准营销，可以增加用户对商家的忠诚度。基于 LBS 首先可以将信息按用户位置推荐，增加用户个性化定制功能，能够让用户找到周边感兴趣的信息，很容易形成回头客，此时就带来口碑营销的附加价值，通过朋友的推荐，其他用户更容易接受、参与消费。以团 800 网站（http://www.tuan800.com/）为例，网站可以让用户在"附近团购"里设置常用地址并保存。当用户想要知道附近是否有需求的信息时，打开该应用，点击存储过的地址，就会显示。用户可以按距离远近查看，也可以按热度排行榜查看，网站配置了地图标记，可直接显示每个商家的具体方位，用户还可选择消费半径，查看 1km、2km、5km 以内的商家，在时间上做参考。

3）实现服务资源的最优调度和管理。部分 LBS 技术支持企业还提供了基于位置轨迹管理的综合服务，它面向 O2O 行业，也提供了专门的行业方案，主要涉及对 O2O 行业外勤人员的位置轨迹管理和对 O2O 订单的调度分配服务。针对 O2O 行业的外勤人员位置轨迹管理，提供了低功耗的鹰眼轨迹回传 SDK，可以实时地掌握外勤人员的地理位置，帮助行业管理人员更好地进行服务管理，同时也让 O2O 服务过程以更加直观的方式呈现给用户。针对 O2O 行业的订单调度分析服务，结合地理编码、空间检索、道路导航、数据挖掘等多项技术，可以结合开发者的实际业务，给出最合理的资源调度方案，从而提高了 O2O 行业的服务效率，降低了行业运营成本。

9.3.3 未来 O2O 转型的关键技术创新

O2O 变革是多种因素混合驱动的。而对传统企业而言，技术创新将是助其 O2O 转型的第一关键因素，未来 O2O 转型的关键技术可能涉及的技术领域有以下几个方面：

1. 基于消费者位置信息的兴趣点匹配

Pinterest 网站的兴起归因于它的兴趣图谱。用户之所以高度地热衷于此，就是因为该网站是基于兴趣把用户吸引在一起，而有共同兴趣的人们会把一条信息、一张图片进行无数次的转发，"病毒营销"得以实现。使用"LBS＋O2O"模式的公司，可以通过加入兴趣分享的因素，增强用户的黏性。通过基于消费者位置信息的兴趣点匹配，了解消费者的消费记录和社交记录等信息后，分析出消费者的兴趣点，从而在相应的位置推送消费者感兴趣的内容。记录可以通过不同途径获取，如 GPS 定位、室内地图、热点追踪等。

2. 消费者行为预测

消费者行为预测指收集用户完整的行为路径，从而推测出其下一步行动计划。消费者数据有许多来源，如住所、日常行程、兴趣爱好、社交行为等。通过对数据的挖掘，能够以消费者的下一步行为为导向，提供更符合消费者关注点的服务和产品。O2O 的线下闭环不仅指交易的闭环，线下大数据的积累和挖掘也是闭环中一个重要的组成部分。通过数据挖掘，对改进产品和提升服务提供了强有力的数据支撑和导向，更容易驱动消费者消费。

3. 实时情境管理

实时情境管理则指根据消费者的位置、环境等信息，实时自我调整，以最适宜的状态出现在消费者面前，以便消费者在需要某资源或系统时即刻使用。

这些技术领域，对于企业精准发现消费需求、引导消费路径、满足消费行为提供了有力支持，有效促进交易机会的提升和交易额度的增加；同时也让企业能为用户提供更丰富、更时尚、更个性的信息服务，进而提升用户的购物体验。

9.4　新零售背景下的 O2O 运营管理

9.4.1　新零售

新零售即企业以互联网为依托，通过运用大数据、人工智能等先进技术手段，对商品的生产、流通与销售过程进行升级改造，进而重塑业态结构与生态圈，并对线上服务、线下体验以及现代物流进行深度融合的零售新模式。

目前新零售已经成为零售业所追求的变革趋势，它的特征主要体现在以下三个方面：

1. 以消费者为中心

随着互联网的不断发展、人们生活水平的不断提高、消费人群代际更替和消费习惯的变革，消费者的消费方式变得多样化，消费场景碎片化，消费行为个性化。他们对于购物的需求已经不单单局限于产品本身，更多的是注重消费过程中的相关体验，即从单纯对产品本身的要求逐步转向于对"产品＋服务"的综合性要求。新零售作为一个以消费者体验为中心的数据驱动的泛零售形态，将商业链路从"货-场-人"演化为"人-货-场"，重新界定了消费者、零售商、生产者三者的关系，从消费者的视角去观察，以提升人们在消费过程中的感受为出发点，多方面提升消费体验，为消费者在消费过程中提供更多的价值。

2. 依托新型技术为零售赋能

新零售利用云计算、大数据、移动互联网等新型技术，可以实现供应链的高效协同与高效管理，实现数据信息共享、协同订单和物流效率改善、信息及时反馈、生产供应链流程再造、信息资源整合、供应链服务水平提升等功能。例如，在物流方面，可以利用物联网以及大数据技术去改善企业供应链中的运作效率；在营销方面，可以运用大数据对销售数据进行有效分析，制定营销策略来增加销售；在服务方面，可以提供全方位的售后服务；在终端，可以通过二维码以及 AI 机器人提供实时数据以及相关信息，从而能够更加全面地了解消费者的需求，并及时做出反馈以提高消费者的满意度。通过各类新兴技术赋能，提升了产品对消费者的吸引度，更大程度地激发了客户人群的购买欲，将消费者和生产者的供需效率进一步提高，促使企业可以在新的消费环境下形成更快、更强的竞争力。

3. "线上+ 线下"融合构建零售生态

新零售实现了线上和线下的结合，一般是基于线上有平台，线下有门店，将线上零售与线下实体店无缝衔接，实现商品、信息和服务的全面数字化。线上渠道的商品展示与沟通可以促进消费者的消费欲望，帮助消费者摆脱特定时间、空间和形式束缚，实现在不同购买渠道和支付手段下获得一致性价格、服务与权益的产品，而线下则通过建立"产品＋服务＋场景＋体验"四位一体的平台，了解不同消费者的购物需求，呈现全新购物图景。通过"线上＋线下"融合，构建集平台、供应链、物流、金融于一体的多元的、共享的、去中心化的业务生态圈模式。

9.4.2 新零售趋势下的 O2O 运营管理

在消费升级、互联网技术与大数据应用的驱动下，新零售行业迅速崛起，引领着传统零售向数字化、智能化转型，这也将带动未来的 O2O 变得更加智能化、物联化、去中心化和扁平化。与此同时，这也对 O2O 的运营管理工作提出了更高的要求。除了传统的运营管理内容外，未来 O2O 运营管理的内容还将包括以下几个方面：

1. 重塑价值主张

价值主张是一个企业的核心要素，强有力的价值主张可以让消费者清晰地接收产品的价值表达，产品也能更有效地传递信息。当前多数 O2O 企业的价值主张都是为消费者提供可以展示丰富全面的商品信息在线平台，方便其快速选购商品或服务，并给予更舒适的线下体验消费场景。这种价值主张虽然给线上平台、线下商家、消费者都创造了价值空间，达成了"三赢"的效果，但是它的一致性导致 O2O 企业的同质化严重，很难凸显出企业的特色之处，因此企业如何重构价值主张，改变以往的传统认知，获取差异化的效果，是企业 O2O 运营管理的重要内容。

当前，很多企业均在战略层面建立了顾客端认知优势，形成鲜明的价值主张，塑造了稳固的竞争壁垒，带来良好的示范作用，如盒马鲜生以"鲜美生活"为价值主张，主打一站式鲜食购物，顾客在店内选购了海鲜等食材之后，可在盒马鲜生提供的厨房内即买即烹，现场制作品尝；美宜佳以"让生活更美好"为价值主张，打造"好物平台"，建立独特认知优势；Costco 构筑"低价＋高品质"的价值主张，发挥会员制与商品差异化的强关联性，形成深度"护城河"。价值主张创新时应体现出 O2O 企业向消费者传递的独特且受认可的价值理念，可以通过优化、组合、重新定义的方式使企业的优势特色越来越凸显。

2. 利用新技术提升运营效能

随着 5G、人工智能、云计算、物联网、大数据、VR 等新一代信息技术的日益成熟，新兴技术的应用门槛大幅降低，企业可率先尝试应用新技术，推动 O2O 的转型升级，提升运营效能。例如，老牌便利店 7-11、全家等有强大的客户数据收集和精准分析能力，通过高效管理经营数据，紧贴消费者需求变化，在商品不断推陈出新的过程中保持低库存，同时配合先进的物流系统与门店及网络系统，降低供应链成本，在终端为消费者提供物美质优且有差异化的商品。苏宁在 O2O 商业模式基础上提出了"智慧零售"发展模式，依托零售云平台，利用无人机、人工智能、互联网技术等手段，感知消费趋势和行为习惯，将零售产业链里的人、货、场进行数字化协同，整合内外部信息流、商品流、物流和资金流的价值链核心能力，让线上资源反哺线下实体门店，满足消费者对品质化生活和碎片化消费场景的需求，从而进一步提升整体运营效能。

3. 不断优化消费者购物体验

对于消费者而言，获得更加便捷、个性化、高效的购物体验将是未来购物的趋势。如何通过人工智能、大数据分析、物联网等技术，实现商品信息的精准推荐、库存管理的智能化、支付结算的智能化等多项功能，为消费者提供更好的购物体验，是未来 O2O 运营的关键。例如，以缤果盒子、F5 未来商店、EATBOX 等为代表的轻量级技术型商店，正在用机械臂、RFID 自动识别等技术为消费者提供服务，在节省商家人工成本的同时，也给消费者节省了时间并带来便利。有的家具商使用 AR 技术来帮助消费者购买前在房屋中添加交互式 3D 产品；有的服装销售商提供了 VR 驱动的试衣间，让消费者可以在做出购买决定之前虚拟地测试不同的服装；还有一些零售商让消费者在无人零售场景中，通过身份识别就可以自由购物、无感结算，技术与零售的结合提升了体验、提高了效率，也降低了营销成本。例如，盒马鲜生以社区定位开店，消费者可以现场制作品尝，店里还设置了大量的分享、DIY、交流区域等。除门店有限的空间外，消费者可以随时随地在盒马 APP 线上移动下单，线上线下产品同品质同价格，满足人们在不同场景下随时随地的需求。盒马将仓储物流作业前置到门店，和门店共享库存和物流基础设施，店内高效的自动化物流设备可自动分拣商品，基本能达到 5km 内 30min 送达的及时配送承诺。

4. 不断提升大数据应用水平

未来的 O2O 将逐渐向多渠道发展，可以是小程序/公众号商城、抖音/快手直播平台、团购，也可以是 APP、PC 电商等，这就对大数据的应用水平提出了更高的要求。首先大数据能让企业对客户有更好的洞察力，例如，将不同渠道的客户进行统一整合和识别，通过大数据查看、归集、分析客户信息、消费特征，然后可以根据数据决策运营计划，选择适合的时间、合理的渠道、相匹配的促销内容对客户有针对性地运营，这也给实时个性化推荐或者精准营销等提供了基础。此外大数据应用可以针对进销存、物流效率等做一些供需链的优化和相应的风险管控，还能将客户和运营的场景以大数据分析和可视化的形式呈现出来，给运营管理提供决策上的支持。例如，沃尔玛的数据分析系统是一个涵盖其线下交易数据、线上商城电子数据，社交媒体应用数据为一体，并进行实时更新积累的大数据库，该系统每天处理 TB 级的新数据和 PB 级的历史数据，还需要分析数以百万计的产品数据、数以亿计的客户和搜索关键词，为沃尔玛在做出决策前，将执行成本降到最低，并创造新的消费机会。

5. 打通全渠道营销链路

随着数字技术的不断成熟和普及，人们的消费变得越来越场景化、社交化和碎片化，将销售、服务和营销结合起来，通过实体店、网站、社交平台等各个渠道为消费者提供一体化的客户体验，成为企业 O2O 运营管理的重要方向。全渠道营销可以为消费者提供丰富的交易触点，创造多元的交易场景，构建包括门店、电商、微商城、社群营销、直播带货等多种交易类型，在覆盖目标人群的基础上，提升交易的效率。它通过线上线下全渠道融合、社交网络助力精准传播、大数据助力客户价值深挖的营销模式，让企业实现品牌、消息传递以及线上线下接触点与消费者之间的无缝集成，创造了更具影响力的客户体验。如玫瑰花品牌 ROSEONLY，营销信息通过网站、网店、名人微博、微信、E-mail，以及实体花店等进行全渠道的广泛传播，主题为"一生送花只给一个人"。顾客在购买玫瑰花时，会全渠道地搜集信息，选择最好的玫瑰花，下订单、交款也可以采取线上线下的全渠道形式，如顾客可以到实体花店自提，也可以接受送花上门，消费过程也会多渠道地与朋友分享，如发微信、发微博、口碑传播等。最后，企业也是通过全渠道与顾客进行沟通、搜集评论、解决问题等。

案 例

中国母婴零售数字化升级——宝贝格子走在母婴新零售前列

近些年，在购物习惯不断变化、电商渗透率不断提高等因素的影响下，线下零售业态在门店数量、营业面积、商品销售额等指标上已经陷入相对低增长的态势中。而连锁零售业态作为线下零售业态的主要承载模式，其发展也相应进入了低速发展的阶段，甚至不断有知名零售品牌用关闭门店的方式来维持基本的运营。随着新零售理念逐渐深入人心，以及盒马鲜生、超级物种等典型新零售业态所起到的示范效应，利用新零售理念搭建起来的各类型门店也明显增加。有部分门店借助新兴的模式取得了明显的成效，并扩展了门店的数量。但是，在经济结构持续优化的新常态背景之下，很多品牌面临着店面租金上涨、人工成本上涨等诸多方面的压力，众多没有进行深层次数字化建设和改造，也没有建立起与目标用户有效连接的门店悉数倒闭。但是有一家连锁专业店机构展现出较高的扩张速度，其加盟和合作的门店数量在短期内大幅增加，这便是成立于 2012 年的跨境母婴新零售平台——宝贝格子。截至 2020 年 6 月，其在全国累计整合门店的数量已突破了 10000 家，而新零售云仓店是其中的重要组成部分。宝贝格子之所以取得如此亮眼的业绩表现，得益于其在新零售方面的布局：

一、线上线下打通的新零售平台

传统的母婴连锁店，用户基本都来自于门店附近相对固定的客户群，以及途经门店的随机客户群。大多数门店与互联网相关的业务，主要集中在以下几个方面：建立微信群维护客户关系；定期更新公众号、朋友圈信息以求触达用户；将会员手机号导入短信群发平台进行产品、活动信息的推广；在本地化的网站/公众号上进行店面的广告宣传。由于没有线上业务作为支撑，门店无法有效地获取来自线上的流量，这使得门店扩展客户群的工作难度较大，难以实现业务的快速增长。另外，传统母婴连锁店的供应链体系基本都是依靠线下，进货的品类、SKU、数量、时间节点等方面，在很多时候主要依靠店长的经验，缺乏科学化的依据和规范化的流程。而在面对用户有需求但门店中又没有实物商品的情况时，门店也通常没有很好的解决方案，这也往往意味着销售机会的流失。

同时，主流的跨境电商平台，由于相关法律法规的限制，其线下开店会受到诸多方面的限制。而在其为数不多的线下门店中，通常会采用在门店进行实物商品的展示，然后引导用户在线上进行交易的模式。这种模式虽然解决了跨境电商业务向线下延伸的问题，但用户无法进行实时的交易，无法实现所见即所得，也一直是用户的痛点之一。宝贝格子采取了与上述模式都有所区别的方法，较好地解决了上述模式中的难点和痛点。其主要的运作模式如图 9-3 所示。

1）宝贝格子对国内、国外的供应链体系进行了整合。在品牌合作方面，不仅直接对接品牌商，甚至对接工厂端，以求商品在品质和价格上有更高的竞争力。在物流方面，与众多国际一流物流公司进行战略合作，建立全球性的物流体系，最大可能性地保障商品的安全和时效。在仓储方面，除了在国内设立国内仓和保税仓以达到成本与时效的平衡以外，宝贝格子还在多个国家和地区设立了海外仓以便进行本地化的采购，同时还能作为国际物流的调节方式之一，降低物流风险。

2）宝贝格子对进口商品采取了海外直邮、保税与一般贸易结合的模式。这三种模式各有特点，不同的用户根据自己的需要可以选择不同模式运作下的商品。海外直邮模式是商品从国外直接寄送给用户，既能更容易地进行商品溯源体系的打造，还能满足各类型用户在个性化、小众化等方面的多样化需求。保税模式是商品先通过国际物流体系运送到处于海关特殊监管下的保税仓，在用户下单以后再进行清关，继而送达用户手中。在国内物

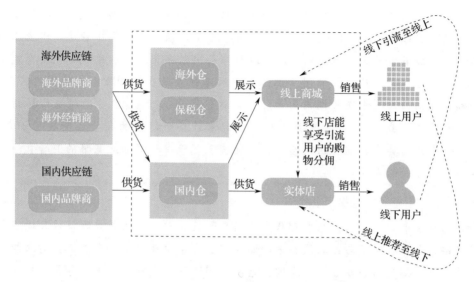

图9-3 宝贝格子当前主要的运作模式

流基础建设越来越完善的情况下，这种模式能在很大程度上降低商品在物流上的成本和时间损耗。一般贸易模式是商品通过货物贸易进口，虽然进口流程所需时间相对较长、手续相对较为复杂，但每次进口的批量大，单位物流成本更低，更适合向线下门店进行供货。宝贝格子对这三种模式进行了有机地融合，即品牌合作方是统一的，物流合作方是统一的，售后服务是统一的，以保证用户从不同终端购买的商品都能享受到相同的品质和售后。

3）宝贝格子采用了线上线下用户相互转化的运营模式。在有线下门店覆盖的区域，宝贝格子能将线上商城用户推荐至线下门店，既满足了用户对于场景化、实物化消费的需求，又扩充了门店的用户来源，扩展了门店的辐射范围，还能降低门店的拉新成本。同时，在线下门店进行消费的用户还能被引流至线上商城，满足其在碎片化时间中的消费需求。线下引流至线上消费的过程，因为线下门店可以享受到用户的购物分佣，在其不需要额外投入的情况下，还可以产生额外的收入。并且，用户依赖于线下服务而产生的诸多消费也基本不会受到引流至线上的影响，客户资源并没有流失，门店利益并没有受损，因此可以极大地促进门店运作的积极性。

4）宝贝格子将从品牌方到用户的线上线下全流程全部纳入数字化管理之中。将线上用户、线下用户对商品的偏好情况统一汇总到宝贝格子的大数据分析处理平台以后，可以及时对后期的商品采购计划进行更新，既能避免产生大量的滞销商品和缺货商品，又能在利润、客户需求、成本等因素之间达到动态的平衡。

这一新模式在面向用户的线上线下运作部分与原有模式完全相同，线下门店同样能享受到线上线下两部分用户资源。新模式更新的部分主要在于供应链，不同于以前平台自主主导的采购，新模式的合作伙伴来源更加多样化、更加广泛。通过筛选、评估、审核等流程，各合作伙伴可以入驻宝贝格子的新零售平台，向用户和线下门店提供类型各异的商品和服务。入驻模式的开启，同时也开启了合作伙伴彼此的竞争，只有在品质、价格、服务等方面有较强把控能力的合作伙伴才能在竞争中脱颖而出，进而赢取更大的发展空间。同时，全球各地的新款式、新品类、新商品能快速补充上架，用户在商品的品牌、产地、类型、功能、价格等方面有了更多的选择余地，有不同需求的用户也能更有针对性地选择其偏好的商品，宝贝格子所提供的商品和服务可以覆盖的用户类型也能随之扩大。

二、能实现千人千面的赋能工具

线下门店在日常经营过程中，最需要的莫过于有针对每位用户进行个性化运营的工具，这不但能有效地放大运营效果，还能对未来的经营策略提供科学规划的依据。目前，主流的电商平台都将类似的运营工具作为创收手段有偿提供给平台入驻商家，而宝贝格子是为数不多的将这一运营工具免费提供给线下门店的平台，对门店的有效经营起到了至关重要的作用。该工具运行模式如图 9-4 所示。

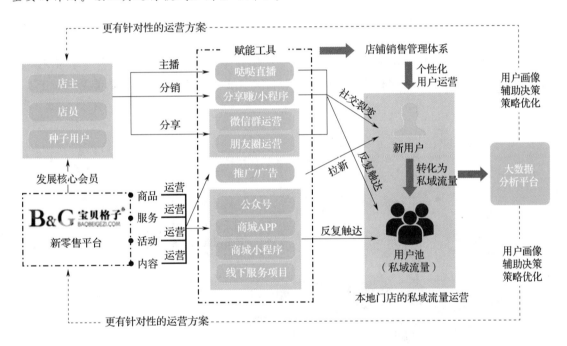

图 9-4　宝贝格子提供的工具运行模式

可以看出，该工具十分注重对于各门店私域流量的运营支撑，依托直播、微信、小程序等载体实现社交裂变，不断吸纳公域流量中的新用户沉淀到自身的私域流量之中。同时，各类型的工具还能实现对私域流量中用户的反复触达，用相对较低的成本实现销售转化。此时，线下门店就成为本地化运营的私域流量中心，并通过人际关系链将门店影响力逐步扩大，能更进一步地挖掘本区域内的用户消费潜力。另外，因为母婴用品消费人群更依赖于对销售方、服务方的信任，而私域流量运营正是在信任的基础上搭建而成，因此私域流量运营模式对母婴人群来说更有吸引力、更具有转化的潜力。

线下门店在私域流量运营的过程中能积累用户的基本信息、品牌偏好、品类偏好、价格敏感度、消费频次等方面的信息，同时线下门店也能在商品销售、服务提供的过程中获取到一系列用户的信息。这些信息通过系统都能汇聚到宝贝格子的大数据分析平台之上，从而产生更为精准的用户画像，并据此做出相关的关键决策辅助方案，以及远期规划的优化方案。虽然母婴用品消费人群有诸多的共性，如相对价格而言，用户更为看重商品的品质，但在地区、年龄、学历、收入等要素上有所不同的用户对商品的各种特性也有一定的认知差异，从而会产生不同的偏好。这些偏好信息也会通过各地的门店汇聚到宝贝格子的大数据分析平台上，这不但能为入驻新零售平台的商家提供大量数据，为其后期产品的开发和改进提供重要依据，更重要的是能根据不同门店覆盖用户类型的不同，为门店在商品、服务、活动、内容等方面的运营上输出针对性的方案，甚至对每位用户采取个性化的运营策略，以提高用户群整体的满意度和转化效果。

三、"1+X"的运营模式

传统的母婴店，一般都将焦点集中于实物商品的销售之上，甚至有很大一部分母婴店基本只进行商品的销售。但宝贝格子通过多年在母婴行业的深耕，认为服务与零售并不是对立的关系，而是可以进行相互融合的发展，因此提出了"1+X"的运营模式，如图9-5所示。

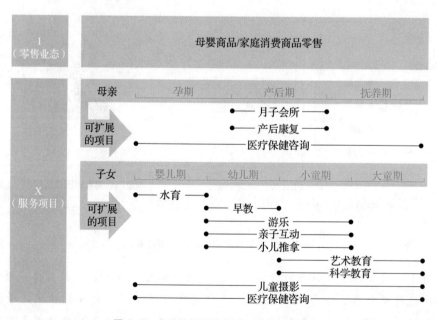

图9-5 宝贝格子提出的"1+X"运营模式

"1+X"运营模式中的1，即零售业态，它覆盖了母婴消费人群在各个阶段所能用到的商品，客户群较为宽泛。"1+X"运营模式中的X，则是各类型业态的服务项目，而不同的项目覆盖的人群有较大的差别。该运营模式中的"1"与"X"可以进行相互转化，从而达到利润最大化的效果，如服务业态中的水育、游乐、亲子互动等项目，以及零售业态中的纸尿裤、奶粉等刚需品，虽然利润率不高，甚至在大促销等时间节点还有可能出现亏损，但因为有相关需求的人群广泛，需求弹性较小，因此能吸引大量目标用户到店消费，是门店中非常重要的引流工具。而在用户到店消费以后，最为关键的就是如何对用户进行有效转化，以及进行长期的转化。门店阶梯性的会员等级设计、储值性的服务项目，都能在较长的一段时间内促进用户反复到店，从而不断地为门店创造关联销售的机会，并且还有机会在有较高毛利的商品和服务项目上产生转化。同时，可扩展的多个服务业态，涵盖了从母亲孕期到子女大童期各个阶段，不同的门店可根据本地用户的实际情况选择最为适合的项目，能以相对较小的投入产生较大的收益。

综上所述，宝贝格子为广大用户构建了线上线下消费闭环，其"APP＋微信＋微博＋小程序"的"1＋N"的线上内容矩阵以及线下实体连锁门店受到人们的青睐，全渠道运营管理能力大大提升，解决了门店遇到的各种问题，加速了门店的转型升级，引领了消费新潮流。

（资料来源：https://www.analysys.cn/article/detail/20019848/.）

 本章小结

1. O2O 概念及其特征

（1）O2O 的概念。O2O 模式是指将线下商务机会与互联网结合在一起，让互联网成为实体店的入口，同时促进线下商务的推广及成交。

（2）O2O 模式的优势与特征。

2. O2O 网络联盟的发展与建立策略

（1）O2O 资源合作的渠道与主要形式。O2O 的模式大致可分为六种：①实体店和网络商城双线运营；②团购；③优惠券；④微信 CRM；⑤移动支付；⑥供应链型 O2O。

（2）O2O 网络联盟的构建可以采取以下策略：①以数字营销服务为核心的数据应用服务平台策略；②信息技术策略；③精准营销策略；④服务领先策略；⑤会员促销与价格策略；⑥搭建商圈微物流策略。

（3）影响 O2O 发展的关键技术涉及二维码技术、LBS 技术以及一些未来 O2O 转型的关键技术创新等。

3. 新零售趋势下 O2O 运营管理

（1）新零售的特征主要体现在以下三个方面：①以消费者为中心；②利用新技术提升运营效能；③"线上＋线下"融合构建零售生态。

（2）新零售趋势下的 O2O 运营管理工作还包括以下内容：①重塑价值主张；②利用新技术提升运营效能；③不断优化消费者购物体验；④不断提升大数据应用水平；⑤打通全渠道营销链路。

本章习题

1. 电子商务情境下的 O2O 模式能带来哪些商业价值？
2. O2O 资源合作的渠道与主要形式有哪几种？
3. LBS＋O2O 有哪些具体应用？列举你身边常见的几种 LBS＋O2O 应用。
4. 新零售趋势下未来 O2O 运营管理工作还包括哪些内容？
5. 实验与实践：

下面是红星美凯龙企业布局电子商务 O2O 领域的情况，通过阅读红星美凯龙布局 O2O 的时间轨迹以及所采取的策略，探讨分析其开展特点、成功与不足。

红星美凯龙布局 O2O 领域，转型情境体验家居 Mall

红星美凯龙成立于 1986 年，至今已近 40 年的时间，从时代发展来看，应该见证了中国电子商务从 0 到 1 的发展过程，也经历了一些电子商务产业升级的过程，其中就包括 O2O 的出现对整个行业的变革，因此更值得去关注。从企业的整个发展历程来看，红星美凯龙从最初的租赁厂房经营家居市场到自建商场，再到连锁品牌市场，现发展到情境体验家居 Mall，这一系列的发展过程，包含着行业变革与产业升级的发展轨迹。

1997 年，红星美凯龙借鉴连锁模式，创建了连锁品牌市场。2008 年，红星美凯龙新开 14 家家居购物中心；2009 年，新开 21 家家居购物中心；2010 年，新开 25 家家居购物中心；2011 年，新开 28 家家居购物中心。2012 年，第 100 家家居购物中心落成，截至目前，红星美凯龙已在北京、上海、广州、深圳、天津、南京、长沙、重庆、成都等城市开办了多家商场。现在看来，这些家居购物中心在各个城市的扩张为平台本身储备了大量的线下资源，同时商业扩张的速度也确立了红星美凯龙在中国家居流通业中的重要位置。

2007 年，红星美凯龙将中国传统商铺模式与西方 Shopping Mall 模式相结合，推出了情境化布展＋体验式购物的家居 Mall 新形式，让消费者有参与感，情境体验家居 Mall 或将开启一个全新的体验消费时代。

2012 年初，红星美凯龙就已经开始对 O2O 模式进行探索，2012 年 8 月，红星美凯龙推出旗下电子商务平台，红星美凯龙商城正式上线。2013 年 1 月，正式更名为"红星美凯龙星易家"。星易家的定位是家居类网上购物商城。

2013 年 6 月，星易家在全国 83 个城市 100 多个商场尝试"线上召集，线下体验和购买"的 O2O 活动。

2014 年 7 月，红星美凯龙再次进军 O2O，以 30 万～60 万的年薪对外招聘高级人才，方向包括产品规划、UI、UE、产品开发项目管理、产品运营、数据分析与挖掘、电子商务高级模块等。

2015 年 6 月 26 日，红星美凯龙在香港挂牌上市，董事长车建新表示，红星美凯龙作为家居建材流通业的第一股，接下来将开拓第二品牌——红星·欧洛丽雅，同时加快在

O2O 领域布局。

2015 年 9 月 2 日，酷漫居与京东和红星美凯龙合作，发力于儿童家居 O2O，利用线上优惠引导消费者到线下体验，为消费者提供更优质的服务、更可靠的交易和更便捷的支付。通过精准的线下活动和线上会员体系，打造儿童大数据，搭建 O2O 营销平台。

参考文献

[1] 叶开. O2O 实践：互联网＋战略落地的 O2O 方法 [M]. 北京：机械工业出版社，2015.

[2] 赵文堂. O2O 营销与运营一册通：原则＋技巧＋实践 [M]. 北京：人民邮电出版社，2015.

[3] 王志军，王智慧. O2O＋精细化管理 [M]. 北京：机械工业出版社，2015.

[4] 赵佳珺. O2O 模式在零售行业中的应用研究 [J]. 中外企业家，2013（10）：42－44.

第 10 章
电子商务运营效果监控评测

学习目标

- 了解电子商务运营效果监测的重要性。
- 了解电子商务运营效果监测的一般步骤。
- 了解网站运营监测的数据。
- 了解数据分析显示的方式及工具。
- 了解原始日志文件分析。

案例导入

西南林业大学图书馆的流量监测

数字图书馆是数字化信息的仓储，能够存储大量的、各种形式的数字化信息资源，用户可以通过便捷的网络访问以获得这些信息，其信息存储和用户访问不受地域限制。因此，数字图书馆成为提供信息服务、传播知识的重要平台和主要途径。

网站流量分析，指在获得网站访问量基本数据的情况下对有关数据进行统计和分析，从中发现用户访问网站的规律，并将这些规律与网站优化策略等相结合，从而发现目前网站访问活动中可能存在的问题，并为进一步修正或重新制订网站优化策略提供依据。

西南林业大学图书馆网站采用第三方流量分析统计工具对其网站进行了流量监测，并对监测数据进行了统计分析，根据分析结果实施网站推广策略。该网站通过按小时、按天、按周三种方式查看趋势分析数据。通过按小时查看数据，可以了解读者在各个时段对图书馆网站的关注度及使用率。例如，在上午 8 点至晚上 10 点期间，网站浏览量都维持在一个较高的水平。全天三个访问高峰分别出现在上午 10 点、下午 4 点和晚上 8 点，其中上午 10 点为全天最高访问时间，且访客数与浏览量之间成正比关系。在该网站某月的流量来源中，直接访问占 29.32%，搜索引擎占 28.57%，外部链接占 42.11%，其中外部链接带来的流量占比较大。绝大部分的外部链接来自学校校园网网站，说明这些访客是从校园网（门户网站）进入到图书馆网站（二级网站）的，这一点非常符合学校用户的网络使用习惯。搜索引擎带来的流量则主要是由网站的新用户产生的。

西南林业大学图书馆网站首页"信息资源"模块区域的热力统计情况，直接反映出图书馆购买的哪些信息资源最受读者欢迎，使用率最高。这些信息可以为资源采购人员和领导提供决策支持和依据。地域分布数据提供了各个地域给网站带来的流量数据，这些数据可以作为分配各地域的推广预算和有针对性地制订业务推广策略的依据。对于已经进行了推广的地域，可以及时地了解在该地域的推广策略是否给网站带来了足够的访客，以及这些访客对网站内容是否足够感兴趣，借助这些信息还可以进一步评估在该地域的推广方案的合理性，并且不断地进行调整与优化。访客忠诚度数据反映了访客对网站的感兴趣或喜欢程度。系统环境提供了访客在浏览网站时使用的各种系统环境及相应的流量数据。

（资料来源：中国知网.）

10.1　电子商务运营效果概述

网络营销与线下营销相比，最大的优势之一就是网络营销效果及投入产出都可以正确统计和测量，而大部分线下营销方式很难准确评测营销效果。所以电子商务运营的独特性就是它具有非常明显的互联网特性，能够用技术手段收集用户浏览及购买过程中的所有数据。

广告界有一个著名的说法，通常 50％ 的广告预算都是浪费的，但却不知道浪费在哪里。进入网络营销领域，广告商可以在很大程度上精确地测量投入及产出。

以现在最典型的电视广告及报纸广告为例。广告媒介所能提供的只能是电视节目收视率和报纸发行量，但广告真实送达率有多高却很难统计。当然，这并不是说电视、报纸广告效果不好。正相反，由于电视、报纸的主流传媒地位，覆盖面非常广，所达到的营销效果是其他方式不可替代的，甚至可以说大部分重要品牌脱离电视、报纸广告就没有它们今天的地位。

线下销售也很难对用户进行跟踪监测，并相应地做出改善。一个用户去商场如果没有购买任何东西，那么商场就不知道这个用户曾经来过。如果这个用户购买商品，则商场能得到的数字只是销售额和所购买的商品清单，至于用户什么时候进入商场，浏览了哪些商品，也是一无所知。与此相比较，在线销售则不然。用户通过什么方式进入网站？什么时候进入网站？在网站上浏览了哪些页面？在页面上停留了多长时间？最后购买了哪些产品？购买的金额是多少？在线销售可以将这些清楚、准确地统计出来，即使用户没有进行购买，也可以对其在网站上的活动踪迹进行跟踪分析。

电子商务运营的各个环节都可以为企业或网站提供数据，企业或网站通过分析完整而精确的商业数据（包括市场数据、网站流量、产品被关注和浏览次数、产品销售情况等），可以制订合理的关键绩效指标，提高运营效率和广告投放的性价比，提高网站访问的转化率及网站的整体收入。

10.2　电子商务运营效果监测的重要性

电子商务运营效果监测是非常重要的，通过数据监测及分析，了解和关注客户群体，可以实现以下目标：确定最有效的网络营销方式和投资回报率；掌握客户独特属性，挖掘客户潜在价值；使网站更吸引人；设计和应用有效的推荐系统等。

10.2.1　确定最有效的网络营销方式及投资回报率

网站需要密切监测运营效果，从而选择出最有效的网络营销方式。针对特定网站，并不是每个网络营销手段都有效，各种营销手段效果也不尽相同。只有网络营销人员进行各种尝试，同时计算出投资回报率和监控效果，才能找出最有效的方式。而无效或投资回报率过低的方式，则不再使用。线下广告往往不知道广告预算浪费在什么地方，而网络营销则可以通过数据监测得出哪个营销活动是亏本的，哪个营销活动是盈利的。

网站监测最重要的不在于计算成本高低，而在于得出投资回报率。什么是投资回报率？投资回报率的英文名称为 Return On Investment，简称 ROI，是指企业或项目的投入与产出之间的比例关系。投入包括所有投资的成本，如资本支出、运营成本和营销费用等。产出则包括所有收益，如销售收入、净利润和品牌价值等。ROI 的计算公式为：

$$ROI＝（投资收益 － 投入成本）/投入成本×100\%$$

例如，某公司投放了一则广告，广告投入成本为 1000 元，广告带来的收益是 3000 元，根据 ROI 的计算公式，得出：ROI ＝（广告收益 － 广告投入成本）/ 广告投入成本×100\%，即 ROI ＝ [（3000 － 1000）/1000]×100\%＝200\%。

网站监测最典型的例子就是竞价排名。

竞价排名的特点是按点击付费，只要有用户点击，就要付费，但是如果该竞价排名有足够高的投资回报率，网站就可以放心投入广告预算。这也就是为什么有的网站推广活动预算很低，因为他们经过监测和计算，知道哪些关键词必然带来效益。但是这些关键词被搜索的次数却是有限的，并不能无限扩张。所以，很多做搜索竞价的公司都要投入时间，以发现更多的关键词，并监控这些关键词的效果，挑出监测效果好的关键词，并停止投资回报率低的关键词。

10.2.2 挖掘用户的潜在价值

对一个电子商务网站来说，了解和关注记录在册的用户群体是非常重要的，但从众多的随意访客中发现潜在用户群体非常关键。如果发现某些访客属性属于潜在用户，则可以针对这类访客实施一定的营销策略，使他们尽快成为新用户。用户对网站的价值，也不仅仅是一次销售，重点要考虑用户的终身价值。有三种情况需要挖掘客户的终身价值，具体如下：

（1）长期性的服务或产品　①收费会员制网站、虚拟主机服务、域名服务；②需要经常更换和添加的产品，如打印机油墨、纸张、易耗品等。这些产品或服务，一旦用户开始使用，则通常需要连续使用，每次使用都得付费。

（2）网站是否有后续销售　后续销售指的是客户完成第一次购买后，商家再推荐其他商品，吸引用户继续购买。后续销售是低成本或无成本最大限度扩大销售及提高利润的最佳方式，是挖掘用户潜在价值的重要手段。后续销售的产品最容易想到的是同一个网站的其他产品。例如，在当当、卓越等网站上，当用户第一次买了几本书后，网站可以通过后续销售向同一个用户推销其他书籍，可选择的书籍数量庞大。虽然网站本身的产品或服务并不能连续消费，但是网站可以通过联署计划或与其他网站合作等方式，寻找到自己的用户还有可能购买的其他产品和服务，进而向用户推荐这些产品并获取佣金。这些后续销售的次数和销售额，不局限于网站自身的能力，所以可能性和潜力是非常大的。

（3）普通网站的忠实用户　网站虽然不要求用户持续购买，但有的网站用户黏性高，忠实用户愿意到同一个网站购买更多的相关产品，这种可能性和可选择的范围也非常广。例如，一提到网上书店，用户首先想到亚马逊或当当网，第一次可能只买几本书，一旦再有需要时，自然还会来该网站重复购买。

所以，网站运行者在评价网络营销效果时，就要考虑用户的平均消费次数、每次消费的金额、用户在网站上消费的时间跨度等因素，计算出用户的潜在价值，这样才能更准确地看出网络营销的效果。但网站在运营中存在很多不确定因素，在很多情况下无法统计出准确的数字，用户潜在价值往往不是一个固定数字，而是某一个范围。

10.2.3　使网站更吸引人

网站的目的是吸引用户，但很多网站设计太过复杂，用户使用起来很不方便，导致网站的跳出率过多，用户体验不好。这样，就算网站的流量很大，也起不到很好的效果。只有网站内部设计合理且内容丰富，才能吸引用户、留住用户。网站页面的设计和展示价值是很大的，对于电子商务企业，用户首先面对的就是网站的页面，如果网页设计不合理，或用户体验不好，就不能很好地留住用户。用户体验涉及的内容非常广泛，从商品的陈列、浏览方式、下单流程、用户交互方式等，甚至按钮的颜色、形状和位置都是用户体验的一部分。简而言之，注重用户体验就要周密考虑用户在网站上各个环节的需求。一般而言，要想使网站更吸引人，应做到以下几点：

（1）快速使访问者了解网站的方向　注意力是一个网站最难能可贵的资源。如果访问者无法在几秒钟之内明确该网站是做什么的，并且能够准确地定位想要访问的地方，则很有可能转而访问其他网站。而太复杂的操作步骤，也会让用户丧失访问热情。

（2）网站导航清晰并且易于快速阅读　用户上网不是为了看书，因此网站没有必要使用大段的文字，项目符号、标题、副标题、列表都能帮助用户迅速找到其想要的内容。

（3）网站不要使用小字体　网站页面必须让访问者感到舒服，字太小会影响访问者的浏览兴趣，但也不要把字体设置得太大，以至于网站的本体内容得不到相应的表达，还需要再翻页。

（4）网站的色彩搭配要和谐　网站的色彩搭配和谐主要体现在：第一颜色使用要始终具有同一性，在网页配色中，尽量控制在三种色彩以内，避免网页花、乱、没有主色的显现。背景和内容的对比度要尽量大，以便突出主要的文字内容。

10.2.4　设计和应用有效的推荐系统

建立电子商务推荐系统是一个成熟的电子商务网站和普通电子商务网站的区别，也是电子商务运营的一个重要组成部分。简单来说，推荐系统是根据用户的兴趣特点和购买行为，向用户推荐其感兴趣的信息和商品。随着电子商务规模的不断扩大，商品个数和种类快速增长，消费者需要花费大量的时间才能找到自己想买的商品。这种浏览大量无关的信息和产品的过程无疑会使淹没在信息过载问题中的消费者不断流失。推荐系统是建立在海量数据挖掘基础上的一种高级商务智能平台，模拟销售人员帮助消费者导购，以提供完全个性化的决策支持和信息服务。亚马逊和 IBM 等互联网应用服务商都已将这种个性化推荐系统融入了自己的产品中。在电子商务领域，个性化推荐系统当属亚马逊。

亚马逊个性化推荐系统的发展史也可以说推动了个性化推荐系统的发展，亚马逊最早的系统采用了准确度非常低的原始统计方法来处理大量的客户数据，并以此为依据进行商品推荐，直至 1998 年，亚马逊申请"item-to-item"协同过滤技术，并将这种技术在亚马逊中推广使用，才使得个性化推荐系统变得开始完善起来。现在，经过了很多次改进的亚马逊推荐系统是目前运用最成功的推荐系统之一。亚马逊的个性化推荐系统可以为消费者提供快速、准确的商品推荐，促进消费者购买意愿，提供个性化服务，同时提高亚马逊交叉销售的能力等。因此，个性化推荐系统的优劣对电子商务网站来说是非常重要的。

10.3　电子商务运营效果监测的一般步骤

电子商务运营效果监测通常分为四步：

1. 确定网站运营目标

网络营销人员必须明确定义网站目标，并且是单一可以测量的目标。网站类型多种多样，很多网站并不直接销售产品，网站运营者就需要根据情况制订可测量的网站目标。例如，如果网站是直接销售产品的电子商务网站，则网站目标就是产生销售；如果网站是吸引用户订阅电子杂志，然后进行后续销售，那么引导用户留下 E-mail 地址、订阅电子杂志，就是网站的目标。网站目标可能是吸引用户填写联系表格，或打电话给网站运营者，也可能是以某种形式索要免费样品，亦可能是下载白皮书或产品目录。

这些网站目标都应该在网站页面上有一个明确的目标达成标志。对电子商务网站来说，目标达成页面就是付款完成后所显示的感谢页面。电子杂志注册系统目标达成页面就是用户填写姓名及电子邮件的，提交表格后所看到的确认页面或表示感谢的页面。如果是填写在线联系表格，则与订阅电子杂志类似，完成目标页面也是提交表格后的确认页面等。

2. 计算网站的目标价值

明确了网站目标后，还要计算出目标达成时对网站的价值。如果是电子商务网站，则计算非常简单，目标价值也就是每一次销售产品所产生的利润。其他情况可能需要站长下一番功夫才能确定。如果网站目标是吸引用户订阅电子杂志，那么站长就要根据以往的统计数字计算出电子杂志用户中有多大比例会成为付费用户、这些用户平均带来的利润是多少。假设每 100 个电子杂志用户中有 5 个会成为付费用户，平均每位付费用户会带来 100

元利润，那么这 100 位电子杂志用户将产生 500 元利润，即每获得一位电子杂志用户的价值是 5 元。同样，如果网站目标是促使用户打电话直接联系企业或站长，则营销人员就要统计有多少电话会最终转化为销售、平均销售利润又是多少，从而计算出平均每次电话的相应价值。

3. 记录网站目标达成次数

记录网站目标达成次数通过网站流量统计分析软件完成。沿用上述例子，一个电子商务网站，每当有用户来到订单确认完成网页，流量分析系统就会记录网站目标达成一次。有用户访问到电子杂志订阅确认页面或感谢页面，流量系统也会相应记录网站目标达成一次。有用户打电话联系客服人员，客服人员应该询问用户是怎样知道电话号码的，如果是来自网站，则也应该做相应记录。

网站流量分析系统更重要的是，不仅能记录下网站目标达成的次数，而且还能记录这些达成网站目标的用户是怎样来到网站的。是来自于搜索引擎，那么是哪个搜索引擎，搜索的关键词是什么？还是来自于其他网站的链接，来自于哪个网站？这些数据都会被网站流量分析系统所记录，并且与产生的相应网站目标相链接。

4. 计算网站目标达成的成本

计算网站目标达成的成本，最简单的方式是采用竞价排名。竞价排名后台会显示每个点击的价格、某一段时间的点击费用总额和点击次数等，成本非常容易计算。假设某网站竞价排名在一天内花费 100 元，网站目标是直接销售，一天内销售额达到 1000 元，扣除成本 500 元，毛利为 500 元，那么这个竞价排名推广的投资回报率就是 1∶5。

对其他网络营销手段，则需要按经验进行一定的估算。如果网站流量来自于搜索引擎优化，那么需要计算出外部 SEO 顾问或服务费用，以及内部配合人员的工资成本。如果是进行论坛营销，则需要计算花费的人力、时间及工资，换算出所花费的费用。有了这四项数据，就可以比较清楚地计算网络营销的投资回报率。

10.4　网站运营监测的数据

电子商务网站运营监测是从潜在用户关键词搜索，到用户购买之后的售后服务的全过程监测。对这些过程要进行有效的集成，从不同环节之间的微妙关系中发现有价值的信息。

很多网站运营的细节不能从单一的终极效果指标来判断。对运营者来说，不仅需要统计跟踪网络营销效果，而且需要在看到成绩或不足时，探究其原因是什么，因此要仔细研究网站流量及用户在网站上的活动，通过流量分析发现网络营销活动是怎样在网站的各个细节上对用户起作用的，最终达到网络营销的总体效果。网站运营监测主要从网站流量分析、网站用户访问内容、网站交易统计、商品销售分析等方面进行。

10.4.1 网站流量分析

网站流量，或者说访问量，是电子商务网站的基础。网站流量是用来描述一个网站或网店的用户数量以及用户所浏览的网页数量等的一系列指标，网络流量分析主要是对网站流量来源和网站流量指标等方面的分析。

1. 网站流量来源

网站流量来源主要有三种：直接访问流量、其他网站链接引入的流量和搜索引擎引入的流量。

（1）直接访问流量　直接访问流量是指用户通过存在于浏览器的书签，或直接在浏览器地址栏中输入网站地址带来的流量。直接访问流量在一定程度上代表了网站忠诚用户的数量，因为只有忠诚用户才觉得该网站对其有帮助，才有可能存入书签或记住域名。

（2）其他网站链接引入的流量　其他网站链接引入的流量是指网站链接出现在其他网站，用户单击链接后跳转到该网站。原因可能是其他网站、微信朋友圈、微博、论坛等有人提到了该网站，也可能是站长自己在其他网站购买的网络广告。

（3）搜索引擎引入的流量　搜索引擎引入的流量是指访客通过在搜索引擎上输入搜索词，然后在搜索结果页单击链接并访问目标网站而带来的流量。搜索引擎引入的流量的高低代表了网站在搜索引擎中的排名情况。

2. 网站流量指标

（1）访问关键词　提高访问量，关键词分析很重要。电子商务网站后台监测系统每分钟都会对由各搜索引擎关键词导入的流量及趋势进行关键词分析，并不断进行更新。企业通过访问关键词，可以了解行业概况及竞争对手情况，并进行关键词优化。例如，搜索行业主关键词，搜索结果前五页的网站基本上可以表明该行业的概况。再如，"SEO"这个关键词，排名前50的都是非常专业的站点，而且绝大部分是主域名，域名中包含SEO的居多。在行业主关键词搜索结果的前十个站点中，主要看这十个站点是竞价网站、行业网站、企业网站，还是个人网站。如果竞价网站和行业网站居多，说明关键词的商业价值高；个人网站居多，说明该行业大部分采用广告联盟形式，则具有创新盈利模式者可以考虑进入；如果企业网站居多，说明行业竞争性不强。通过分析排名靠前站点的关键词来优化确定自己网站的关键词。访问关键词可以通过一些相关工具进行查看，如站长论坛、权重里面的关键词排名，以及相关页面关键词的设置、描述和标题等。

（2）流量广告来源　流量广告来源一般来自于行业网站、门户网站、百度联盟等。

目前普通网络广告的效率越来越低，很多用户都已经习惯或忽略了网络广告的使用，尤其是旗帜类广告。但在塑造品牌时，以每千次显示为计费基础的网络广告还是可以选择的，虽然普通网络广告不一定能达成点击和销售，但它可以把信息传达给用户，起到推广和强化品牌的作用。

这种情况难以用具体的销售金额来计算营销效果，但是有数字作为依据。营销人员可以把这些数字当作一个分值，虽然并不是金额，但通过这个分值也可以评价网络营销的效果。例如，每次一位用户观看宣传短片计为 5 分，下载壁纸计为 3 分等，以此来衡量网络广告的投放效果。

（3）访问量的地理位置分析　访问量的地理位置分析就是根据用户访问时的 IP 地址判断用户所在的地理位置。分析工具可以以直观的地图方式显示用户主要来自哪个大洲或国家。如果网站具有地域性，如只给某些特定的省份提供产品，这部分流量统计会显示出目标市场与真正流量的来源是否吻合。也可以反过来思考，如果发现某些其他地区流量很多，那可以考虑把该地区纳入目标市场。

（4）总的用户浏览量及变化趋势　总的用户浏览量是指某一段时间内网站被访问的总人次。这无疑是网站流量重要的指标之一，它体现了网站推广的总体效果。某网站在进行了某项特定营销活动后，第一个检验其效果的指标就是看该营销活动带来的访问数量。例如，网站的文章被社会化媒体网络（如微信朋友圈、新浪微博等）大量转载，一般都会带来访问量的急剧提高，但通常这种情况持续一两天后就又会下降到和以前差不多的水平。所以，通过访问量的变化及趋势就可以看出营销活动的大致效果。

图 10-1 是某网站访问流量的统计数据，从图 10-1 中可以看到梯形框内的两个高点，是由于网站内参页的统计代码不完善而丢失的浏览量；同时也反映出用户对内参页的关注度是非常高的。

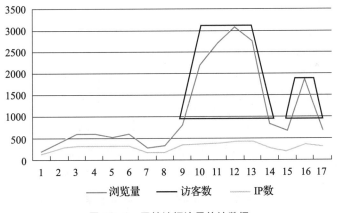

图 10-1　网站访问流量统计数据

（5）回访者比率分析　回访者比率＝回访者数/独立访问者数。回访者比率是回访者用于衡量网站内容对访问者的吸引程度和网站的实用性的指标。例如，某财经官网的一组回访者比率统计如图 10-2 所示。

回访者比率基于访问时长的设定和产生报告的时间段，可能会有很大的不同。绝大多数网站都希望访问者回访，因此都希望这个值在不断提高，如果这个值在下降，则说明网站的内容或产品的质量没有加强。需要注意的是，一旦选定了一个时长和时间段，就要使用相同的参数来产生报告，否则就失去了比较的意义。

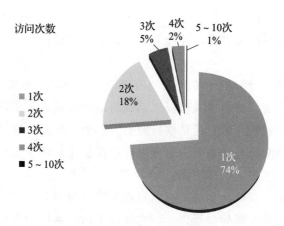

图 10-2　回访者比率统计

（6）积极访问者比率　积极访问者比率＝访问超过 11 页的用户/总访问数，主要衡量有多少访问者对网站的内容有高度的兴趣。

如果网站针对正确的目标受众且使用方便，则可以看到积极访问者比率应该是不断上升的。如果网站是内容型的，则可以针对不同类别的内容来区分不同的积极访问者，也可以定义访问 21 页以上的是积极访问者。访问者对某财经官网的访问深度如图 10-3 所示。

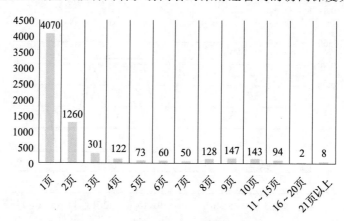

图 10-3　访问者对网站的访问深度

（7）忠实访问者比率　忠实访问者比率＝访问时间在 19min 以上的用户数/总用户数。和积极访问者比率指标的意义相同，这个指标只是使用停留的时间取代浏览页数。使用哪一种取决于网站的目标，可以使用两者中的一者或结合使用。

访问者时长指标有很大的争议，一般结合其他指标一起使用，如转换率。但总体来说，较长的访问时长意味着用户喜欢浏览该网站，高的忠实访问率当然是较好的。同样地，访问时长也可以根据不同的需要自行设定。表 10-1 列出了某网站统计出来的忠实访问者比率。

表 10-1 忠实访问者比率

排　　名	访 问 时 长	访问次数（次）	所占比率（%）
1	1～3min	3057	47.34
2	3～10min	1071	16.59
3	10～30min	929	14.39
4	10～29s	440	6.81
5	30s～1min	396	6.13
6	0～9s	364	5.64
7	30min～1h	171	2.65
8	1h 以上	21	0.33
9	未知（单页面访问）	8	0.12
当月汇总		6457	100

（8）忠实访问者指数　忠实访问者指数＝大于 19min 的访问页数/大于 19min 的访问者数。忠实访问者指数是指每位长时间访问者的平均访问页数，这是一个重要的指标，它结合了访问页数和访问时间。

如果忠实访问者指数较低，那意味着有较长的访问时间但是较低的访问页数。网站通常都希望看到这个指数有较高的值，如果修改了网站，增加了网站的功能和资料，吸引了更多的忠实访问者留在网站并浏览内容，则这个指数就会上升。

（9）忠实访问者率　忠实访问者率＝大于 19min 的访问页数/总访问页数。忠实访问者率是指长时间的访问者所访问的页面占所有访问页面数的量。

对于一个靠广告驱动的网站，这个指标尤其值得注意，因为它代表了总体的页面访问质量。如果某网站有 10000 的访问页数，却仅有 1% 的忠实访问者率，这意味着该网站可能吸引了错误的访问者，这些访问者没有价值，他们仅仅看一眼网页就离开了，这时应该考虑访问者是否对广告的词语产生了误解。

（10）访问者参与指数　访问者参与指数＝总访问数/独立访问者数。这个指数是每个访问者的平均会话，代表着部分访问者多次访问趋势。

与回访者比率不同，这个指数代表着回访者回访网站的强烈度，如果有一个非常正确的目标受众不断地回访网站，则这个指数将大大高于 1；如果没有回访者，指数将趋近于 1，意味着每一位访问者都有一个新的会话。这个指数的高低取决于网站的目标，大部分的内容型和商业性网站都希望每位访问者在每周或每月有多个会话，而用户服务，尤其是投诉之类的页面或网站则希望这个指数尽可能地接近于 1。

10.4.2 网站用户访问内容

网站内容是一个网站为用户提供的所有文字、图片以及这个网站上的一切可供用户充分利用的资源。网站内容分析主要是网站热门内容分析和频道内容分析。网站热门分析主要有用户最关注的内容、用户最常用的登录页、回弹率最高的页面、用户最常用的访问路径以及用户最常见的退出页眉等。频道内容分析主要有最热门的频道、各频道访问量占比等。

（1）回弹率（所有页面）　回弹率（所有页面）＝单页面访问数/总访问数，代表着访问者看到的仅有的一页的比率。

这个参数对于最高的进入页面有很重要的意义，因为流量就是从这些页面产生的，当对网站的导航或布局设计进行调整时尤其需要注意这个参数。总之，是这个比率不断地下降。

（2）回弹率（首页）　回弹率（首页）＝仅访问首页的访问数/所有从首页开始的访问数，代表所有从首页开始的访问者中仅看了首页的访问者比率。

这个参数是所有内容型参数中最重要的一个，通常认为首页是最普遍的进入页面。对任意一个网站，可以想象，如果访问者对首页或最常见的进入页面都是一扫而过，那说明网站在某一方面有问题。如果针对的目标市场是正确的，则说明是访问者不能找到他想要的东西，或是网页在设计上有问题（包括页面布局、网速、链接的文字等）；如果网站设计是可行易用的，网站的内容可以很容易地找到，那么问题可能出在访问者的质量上，即市场问题。

（3）浏览用户比率　浏览用户比率＝少于1min的访问者数/总访问数，在一定程度上衡量网页的吸引程度。大部分的网站都希望访问者停留超过1min，如果这个指标的值太高，那么就应该考虑一下网页的内容是否过于简单、网站的导航菜单是否需要改进。

表10-2列出了益盟财经网站浏览用户比率的统计数据，用户访问停留时间在1～3min的比率最高，占到16.23%，其次是3～10min，占5.69%。从这组数据来看，益盟财经网站的吸引力相对不错，但是还有提升空间。

表 10-2　浏览用户比率

访问时长/s	浏览量（PV）	总浏览量（PV）	浏览用户量比率（%）
0～9	364		1.93
10～29	440		2.34
30～59	396		2.10
60～179	3057		16.23
180～599	1071	6457	5.69
600～1799	929		4.93
1800～3599	171		0.91
＞3600	21		0.11
未知	8		0.04

（4）特定网页的用户访问停留时间　特定网页一般是指访问最多页面、最热门的着陆页面、最热门的退出页面。被访问最多的页面就是被访问次数最多的网页。最热门着陆页面指的是用户来到网站时首先访问的页面。用户访问网站，虽然很大一部分是从首页开

始，但有的时候也不一定如此，也有一部分用户是从栏目页或具体内容页加入的。最热门着陆页面列出了因为种种原因而最吸引用户的内容，可能来自搜索引擎，也可能是从其他网页进入网站，却只看了这个页面就离开了。这个指标就清楚地显示了这个特定页面是否满足用户的需求。

最热门退出页面是指用户离开网站前所访问的最后一个网页。排在最热门退出页面前几名的网页可以预期，有很多是被访问者访问最多的那些网页，并不能说明什么问题。但是有些网页，页面本身访问次数不多，却使浏览者看完后立即离开，这很可能是因为网站上没有满足用户需求的页面。造成这种结果的原因可能由于页面文章内容没有吸引力、页面导航不清晰、没能再次强调购物的安全等。如果这样的页面出现在购买流程的某一步，则更加说明这个页面就是阻碍用户完成订单的瓶颈。营销人员应该仔细检查这个网页，看页面上有哪些因素造成用户没有完成订购，反而离开了网站。

10.4.3　网站交易统计

在电子商务网站上对商品销售进行分析是定时定期的，经常有这样的现象：用户把产品放入购物车，虽然显示了购买兴趣，但最终输入个人信息、确认订单、完成付款的比例，比生成购物车的比例要低得多。普通电子商务网站只有 20%～40% 完成了最后的销售过程，有 60%～80% 的人虽然把产品放入购物车，但却由于种种原因中途放弃了。

电子商务网站交易统计可以显示出，完成订单中的哪一个步骤流失的用户最多，那么就需要认真检查该步骤阻碍用户继续购物有哪些严重缺陷。例如，是否要求用户填写的信息过多，用户不胜其烦；是否付款方式选择解释得不清楚，用户不知道该怎样付款，从而产生不安全感；是否用户在确认购买产品后却发现系统自动加了一个数额不小的运费；是否购物车系统没有以简洁的图表方式列出购物车中所有产品的明细及总金额等原因。

10.4.4　商品销售分析

在电子商务网站上，要定期进行商品销售分析。商品销售分析种类很多，如各个不同商品的访问量、热点分析、性能数据等。

在做销售分析时，一般从时间、空间、商品类别、价格等多个维度进行。从时间维度上看，常用的报表是同比和环比的报表，时间区间的选择可以是年、季度和月，一个电子商务网站刚刚开始运营时，周数据的报表也是会用的。除了分析商品的销售外，还需要分析潜在销售，即客户到网站来，搜索或浏览了哪些商品和品类，从而了解客户的兴趣点和将来可能购买的商品。商品销售分析的重点内容是转化率、平均客单价和商品周期的销售增长量。

（1）转化率　转化率（Conversion Rate）指的是产生实际消费的用户和来到用户网页的总用户数量的比值，是将流量转化为实际销售额的一种衡量方式，也是衡量网站内容对访问者的吸引程度以及网站网络营销效果的重要依据。每一个电子商务最终的目的都是为了赚钱，显然提高转化率是电子商务企业提高销售额最直接的方式。

例如，天猫商城的一家男装店铺转化率统计见表10-3。

表 10-3　转化率统计

本店（%）		其他男装店销（%）
当天全店成交转化率	1.81	2.47
前一天全店成交转化率	2.03	3.63

当天全店的成交转化率是1.81%，而相对于同类的其他男装店铺2.47%的转化率，还有不少提升空间。表10-3中将当天数据和前一天数据进行了对比，该店内下降了大约10.84%，对于同类的其他店铺下降了31.96%。

店铺可以根据此数据，结合用户流量分析，找出转化率下降的原因，并尝试采取一定的措施来提高销售额。例如，当用户在不同的地方测试新闻订阅、下载链接或注册会员时，可以使用不同的链接的名称、订阅的方式、广告的放置、付费搜索链接、付费广告等，看哪种方式能够保持转换率的上升，如何增强来访者和网站内容的相关性。如果转化率上升，说明相关性增强了；反之，则是减弱。或者通过发布新闻或文章营销达到推广品牌的作用。

（2）平均客单价　平均客单价（或称为客单价、客单价均值）是总成交金额与成交笔数之比，是指一个用户在电子商务网站上的平均消费。客单价越高，网站整体收入就越高。在相同访客数的情况下，提升客单价可以有效提升网站的收入。

某电子商务网站热销商品销售的月报表，如图10-4所示。

表 10-4　商品销售月报表

商　品	销　售　量	商品平均售价/元	平均客单价/元
A	2497	9.99	18.41
B	1746	39.99	97.42
C	953	19.99	35.75
D	438	69.99	186.62
E	376	29.99	47.64
总体销售	20728	27.63	49.48

在表10-4中，整个网站上所有商品的平均售价为27.63元，平均客单价为49.48元。从热销商品排名来看，平均客单价偏低，在前五名的商品中，只有两种商品的平均客单价高于平均值。从表10-4中的数据看，销售是有提升空间的，B和D是两个商品平均售价较高的产品，其对应的平均客单价也是较高的，购买B和D的用户，同时还购买了多个其他商品，所以，如果可以提升B和D的销售，则网站的整体收入也会随之增加。

（3）商品周期的销售增长量　商品周期的销售增长量是电子商务网站最为关心的数据之一，这些数据可以是负数。增长量包括同比增长量、环比增长量、同比增长速度、环比增长速度等。

1）增长量：所分析的业务在一定时期内增长的数量，是分析期与对比期的差额。

2）同比增长量：当前值与去年同期值之间的差额，用同比增长量来统计消除了周期变动和季节变动的影响，所用时间通常是月或季度。

3）环比增长量：当前值与上一期之间的差值，所用时间一般是季度、月或星期。

4）增长速度：也称为增长率，用来反映业务成长性的相对指标，用以查看当期增长量和对比期的数据对比。

5）同比增长速度：也称为同比增长率，是当期增长量与去年同期值之比，说明当期业务水平较去年同期业务水平增长的相对程度。

6）环比增长速度：也称为环比增长率，是当期增长量与前一期水平之比，说明业务分析期与相邻前期业务水平的相对增长程度。

图 10-4 是国家统计局发布的 2011—2022 年全国电子商务交易额数据，其中，2022 年全国电子商务交易额达 43.83 万亿元，同比增长 3.5%。

图 10-4 2011—2022 年全国电子商务交易额数据示意图

（数据来源：国家统计局）

商品销售分析，一方面可以体现网络营销活动的总体效果，是衡量网站销售状况好坏和网站市场效率的重要指标；另一方面也可以提供给财务部门进行公司财务核算。网站的访问者转化为买家当然是很重要的，同样重要的是激励买家在每次访问时购买更多的产品，跟踪这个指标可以找到更好的改进方法，也可以分析已知销售数据，把握该市场的长期发展规律。

10.5 APP 运营监测数据指标

APP 运营监测数据指标体系主要包括用户规模和质量、用户参与度、移动应用渠道和转化率。

10.5.1 用户规模和质量

用户规模和质量分析的常见指标有活跃用户、每个用户总活跃天数、新增用户、用户地域、留存用户和用户地域等。

1. 活跃用户

活跃用户是指在某统计周期内启动过 APP 的用户。活跃用户是衡量 APP 应用用户规模的指标，活跃用户通常都会有一个时间范围做约束，根据不同统计周期可以分为日活跃数（DAU）、周活跃数（WAU）、月活跃数（MAU）。活跃用户指标是一个 APP 用户规模的体现，同样也是衡量一个 APP 质量的最基本指标，结合留存率、流失率、使用时长等指标还可以体现用户黏性。该指标也可以衡量渠道质量，排查渠道作弊行为。

日活跃数可以理解为每天登录 APP 的人数总和；月活跃数可以理解为每月登录 APP 的人数总和；周活跃数可以理解为每周登录 APP 的人数总和。

2. 每个用户总活跃天数

每个用户的总活跃天数指标（Total Active Days per User，TAD）是在统计周期内，平均每个用户在 APP 上的活跃天数。如果统计周期比较长，如统计周期一年以上，那么每个用户的总活跃天数基本可以反映用户在流失之前在 APP 上耗费的天数，这是反映用户质量，尤其是用户活跃度很重要的指标。

3. 新增用户

新增用户是指安装 APP 后，首次启动该 APP 的用户。如果某一个用户之前安装过该 APP 又卸载，之后又二次安装，那么只要该用户的设备没有更换或重置，则两次视为同一个用户，即第二次安装不算作新增用户。

按照统计时间跨度不同，可分为日、月、周新增用户。新增用户量指标主要是衡量营销推广渠道效果最基础的指标。一般来说，新增用户越多说明应用的成长越快，推广的效果越好。通常情况下，APP 在发展初期的时候新增用户比例非常高，随着市场趋于稳健增长，新增用户比例逐渐下降。另一方面，新增用户占活跃用户的比例也可以用来衡量产品健康度。如果某产品新用户占比过高，说明该产品的活跃是靠推广得来的，这种情况非常值得关注，尤其是关注用户的留存率情况。

4. 留存用户

留存用户是指规定时间段（T1）内的新增用户中，在经过一段时间（T2）后，仍然使用程序的用户。其中 T1 和 T2 可以根据 APP 自身的实际情况进行设置。留存用户主要用来衡量 APP 对用户的吸引程度、用户对 APP 的黏性、渠道用户质量及投放效果等。

用户留存率是指在某一统计时段内的新增用户数中再经过一段时间后仍启动该应用的用户比例。常用的留存指标有次日留存、三日留存和七日留存等。次日留存率即某一统计时段（如今天）新增用户在第二天（如明天）再次启动应用的比例；7 日留存率即某一统计时段（如今天）新增用户数在第 7 天再次启动该应用的比例；14 日和 30 日留存率以此类推。用户留存率是验证产品用户吸引力很重要的指标。

通常，我们可以利用用户留存率对比同一类别应用中不同应用的用户吸引力。如果对于某一个应用，在相对成熟的版本情况下，如果用户留存率有明显变化，则说明用户质量有明显变化，很可能是因为推广渠道质量的变化所引起的。

5. 用户地域

移动开发者为什么需要了解用户地域分布情况？第一，了解用户最集中的区域有利于开发者制定有效的城市推广策略，如较成熟的城市需要进行老用户的维护，而用户较少的城市可以重点考虑做新用户推广和扩张等；第二，对于部分大型移动应用如电商应用或游戏应用，开发者需要了解集中了 80％用户的关键城市，对其做增加带宽、增设 CDN 服务器等策略的调整，保证集中的用户区域也能有较好的用户体验等。

一般移动统计中都有地域分布功能，该功能可实现以分省/分国家地图和饼图等可视化方式，直观地向开发者展示应用地域分布的全部数据，而且可以按照累计启动用户、累计启动次数、累计新用户、平均使用时长等指标进行细分统计，提供详细的分析报表。

10.5.2　用户参与度

参与度分析主要是分析用户的活跃度，常见的分析指标有：启动次数、页面访问路径、访问深度、使用时间间隔、使用时长和用户黏性。

1. 启动次数

启动次数是指在某一统计周期内用户启动应用的次数。在进行数据分析时，一方面，要关注启动次数的总量走势；另一方面，则需要关注人均启动次数，即同一统计周期的启动次数与活跃用户数的比值。如人均日启动次数，则为日启动次数与日活跃用户数的比值，反映的是每天每位用户平均启动次数。通常，人均启动次数和人均使用时长可以结合在一起分析。

2. 页面访问路径

页面访问路径又叫页面访问流，是分析移动应用中不同页面之间的跳转和转化比例情况的方法。用户从打开应用的首页开始，就会经历一系列页面浏览和跳转，最终从某一页面完全退出应用。这是任何一位用户都会经历的页面访问路径，不同的是某一页面跳转到另一页面的比例均不同，从任何一个页面退出应用的比例也不一样，从这些比例数据的差异上可以发现应用在流程规划、信息架构、页面设计等方面存在的问题，进而引导开发者提出解决方案，不断对应用进行优化。

页面访问路径分析的目的是在达到 APP 商业目标之下，帮助 APP 用户在使用 APP 的不同阶段完成任务，并且提高任务完成的效率。APP 页面访问路径分析需要考虑以下问题：①APP 用户身份的多样性，用户可能是该 APP 的会员、潜在会员或竞争对手等；

电子商务运营管理

②APP用户目的多样性，不同用户使用 APP 的目的有所不同；③APP 用户访问路径的多样性。因此，在做 APP 页面访问路径分析的时候，需要对 APP 用户做细分，然后再进行 APP 页面访问路径分析。

3. 访问深度

移动应用的访问深度分析同网站的分析一样，是指用户一次启动应用之内访问页面的总数，例如，某用户在一次启动应用的时间内，浏览了 10 个页面（若多次访问同一页面，该页面也会被累加），那么就说明这个用户的访问深度为 10，依次类推。

在做访问深度分析的时候要注意，并不是访问深度越深越好，要根据不同应用类型进行具体分析。例如，以内容分发为主的新闻类客户端，通常情况下页面访问次数越多（相当于 PV 更高），说明内容和推荐等越受到用户的欢迎。而以帮助用户快速处理问题为主的工具类应用，就不必追求较高的访问深度，例如，某进程管理客户端，用户启动后关闭某些任务即离开，较少的访问深度反而意味着客户端实用、简洁。

4. 使用时间间隔

使用时间间隔是指同一用户相邻两次启动 APP 的时间间隔。我们通常要分析使用时间间隔分布，一般统计一个月内应用的用户使用时间间隔的活跃用户数分布，如使用时间间隔在 1 天内、1 天、2 天……7 天、8～14 天、15～30 天的活跃用户数的分布。同时，我们可以通过不同统计周期（但统计跨度相同，如都为 30 天）的使用时间间隔分布的差异，发现用户体验的问题。

使用间隔的数据对于移动开发者非常重要，例如，某 APP 有超过一半的用户使用间隔为 1～2 天，即大部分用户在退出之后 1～2 天会重新启动 APP。开发者根据其所处行业和应用类型，进行同行业横向比较，分析自己的 APP 在使用间隔维度上是否还有提升的空间。

5. 使用时长

使用时长是指用户在某次启动 APP 到退出 APP 的时间间隔，例如，用户于 10 点启动 APP，于 10 点半退出 APP，那么该用户的使用时长即为 30min。

使用总时长是指在某一统计周期内所有从 APP 启动到结束使用的总计时长。使用时长还可以从人均使用时长、单次使用时长等角度进行分析。人均使用时长是同一统计周期内的使用总时长和活跃用户数的比值；单次使用时长是同一统计周期内使用总时长和启动次数的比值。使用时长相关的指标也是衡量产品活跃度、产品质量的重要指标，道理很简单，用户每天的时间是有限且宝贵的，如果用户愿意在产品投入更多的时间，证明 APP 对用户很重要。

启动次数和使用时长可以结合在一起分析，如果用户启动次数多，使用时长够长，则该 APP 用户质量非常高，用户黏性非常好。

6. 用户黏性

移动开发者之所以关注用户行为分析的本质目的，就是为了提高用户的使用黏性。所以用户黏性分析是一个综合维度的分析。上文也提到，最直接衡量用户黏性的指标就是使用时长和使用频率。通常情况下，用户使用 APP 时长越长、使用频率越高说明用户黏性越大。

使用频率是指用户在一天中启动应用程序的次数，例如，用户某一天只在早晨 8 点和中午 12 点分别启动过 APP，那么该用户当天的使用频率就是 2 次。

用户应用加载 APP 应用，登陆新页面，在应用里进行购买交易，所有处理都应该是无缝完成。如果用户登录/加载 APP 时间过长，也会造成用户流失。

10.5.3　移动应用渠道

渠道分析主要是分析渠道在相关的渠道质量的变化和趋势，以科学评估渠道质量，优化渠道推广策略。渠道分析需要渠道推广负责人重点关注，尤其是目前移动应用的推广渠道很多，包括应用商推广、网盟类推广、应用内推广、社会化推广、新媒体推广等。渠道推广都是有成本的，因此开发者非常关注渠道的推广效果，渠道来源的分析就抓住了这一点强需求，从源头上帮助开发者对比分析推广效果，以便优化广告投放，提高投资回报率。

因此，渠道来源细分的功能对于开发者来讲就尤为重要了。例如，对于 Android 的应用，可以细分到某渠道某个推广位置带来的下载量；对于 iOS 应用，可以细分到某渠道或某推广位置引入 APP Store 带来的下载量。然后开发者可以据此对推广渠道的效果进行监控，淘汰效果差的渠道，把推广费用真正的用在刀刃上，让开发者的资金使用效率大幅度提高。

10.5.4　转化率

漏斗模型是用于分析产品中关键路径的转化率，以确定产品流程的设计是否合理，分析用户体验问题。转化率是指进入下一页面的人数（或页面浏览量）与当前页面的人数（或页面浏览量）的比值。用户从刚进入到完成产品使用的某关键任务时（如购物），不同步骤之间的转换会发生损耗。如用户进入某电商平台，到浏览商品，再到把商品放入购物车，最后到支付，每一个环节都有很多的用户流失损耗。通过分析转化率，可以比较快地定位用户使用产品的不同路径，哪一路径是否存在问题。

10.6　数据分析显示方式

电子商务网站最好的数据分析显示方式就是用图表来表达。当从不同渠道获取数据时，数据可能是杂乱无章的，通常不容易看出规律，通过制作图形和报表，可以找出隐含在数据中的规律性。

10.6.1 折线图

折线图是分析数据变化时较常使用的一种图表。企业经常用折线图表示销售量、访问数等数据的变化。10.4 节的图 10-1 可以用折线图表示，如图 10-5 所示。

横坐标表示时间，纵坐标表示浏览量、访客数和 IP 数等各个数据点的数值。

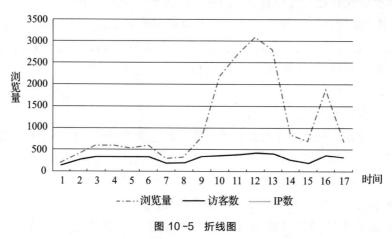

图 10-5　折线图

10.6.2 柱状图

柱状图是做各种数据比较时一种很有效的图表，可以从直观上看出同一维度上多个数据的变化，如图 10-6 所示。从图 10-6 中可以看出，2022 年全国零售额前十名省份占比。

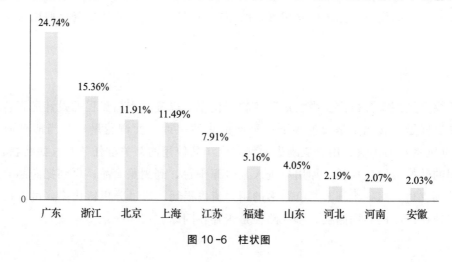

图 10-6　柱状图

10.6.3 饼状图

在研究结构性问题，特别是研究整体销售收入组成时，饼状图非常有效。使用饼状图展示的 2022 年我国跨境网络零售进口商品交易额占比，如图 10-7 所示。

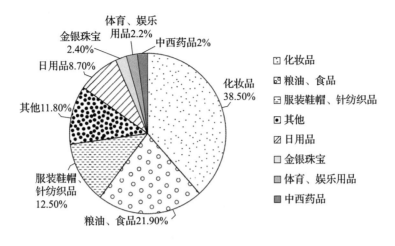

图 10-7　饼状图

10.6.4　雷达图

雷达图也是数据分析常用的一种图表。雷达图又称为网图或蜘蛛图，是一种在二维图上展示三个以上变量变化的图表，这些变量的展示都是从一个轴心出发的。

对于小规模的数据对比，雷达图是很有效的。图 10-8 表达了用户 A 和用户 B 在最近购买时间、购买频率、单次最高交易额、平均每次交易额和购买商品种类等几个关键指标上的对比。从图 10-8 中可以发现用户 A 和 B 的哪个或哪几个维度的数据比较大或比较小；哪几组数据是类似的；某个维度数值比较大的时候，其他维度是否也出现类似地变化；各个维度潜在的相关性等信息。

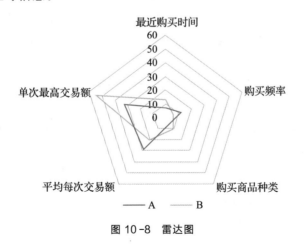

图 10-8　雷达图

10.6.5　漏斗图

漏斗图适用于业务流程比较规范、周期长、环节多的流程分析，通过漏斗各环节业务数据的比较，能够直观地发现和说明问题所在。在网站分析中，漏斗图通常用于转化率的比较，它不仅能展示用户从进入网站到实现购买的最终转化率，还可以展示每个步骤的转化率及关键环节所在。从图 10-9 中可以看到各个阶段流转到下一个阶段的数据变化，并发现每个阶段到下一阶段的数据变化大小；是否存在不合理的转换阶段；在某个阶段是否出现异常的变化情况等。

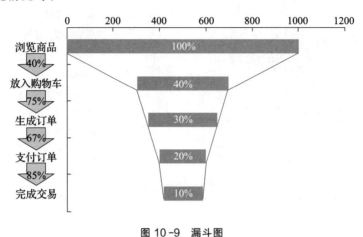

图 10-9　漏斗图

以上几种图形都可以通过 Excel 进行数据分析得出。下面通过 10.7 小节介绍电子商务运营中常用的数据统计及分析工具。

10.7　数据统计和分析工具的选择

"工欲善其事，必先利其器"，选择好的数据统计和分析工具，能够让工作效率更高、效果更好。由于数据处理本身的复杂性，因此在选择数据分析工具时，要全面考虑多方面的因素，包括分类、聚类关联常规算法是否可以实现，数据存取能力以及对其他产品的接口等。

基础数据分析工具有很多种，其中 Excel 和 MATLAB 用得最为广泛。网站流量统计分析软件一般分为两种，一种是软件运行在统计服务商的服务器端，用户在需要跟踪分析的所有网页中（通常是整个网站的所有页面）插进一段统计代码，一般是 JavaScript 代码，这段代码会自动检测访问信息，并把信息写入服务商的数据库中。用户在服务商提供的界面查看网站流量统计和分析，属于这类的最值得推荐的就是 Google Analytics。另一种是用软件直接对原始日志文件进行分析。

10.7.1　基础数据分析工具

（1）Excel　Excel 最重要的功能之一就是能快速方便地采用工作表中的数据生成柱状、折线、饼状和环状等分析图，另一个优势是普通的非技术人员也能操作。

当数据规模不大时，可以利用数据透视表（Pivot Table）把数据分成多个维度来进行统计，制作成报表或各种 Excel 的图表。

图 10-10 和图 10-11 展示了 Excel 的数据透视表类型选择，通过几步简单的选择，就可以把数据转换成各种直观的图表。

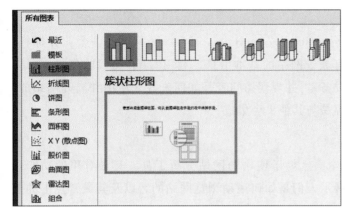 

图 10-10　Excel 2013 的数据透视表类型选择　　图 10-11　Excel 2013 的数据透视表创建

数据透视表是一个直观的视觉图，而具体的数据分析则需要通过 Excel 的数据分析工具进行。在标准安装包中是不包含 Excel 的数据分析的。

（2）MATLAB　MATLAB 是 MathWorks 公司推出的产品，是一款高性能的数据计算和分析软件，和 Mathmematica、Maple 并列为三大数据软件。MATLAB 将数值分析、矩阵计算、科学数据可视化及非线性系统的建模和仿真等诸多强大功能集成在一个易于使用的视窗环境中。

（3）SPSS　SPSS（Statistical Product and Service Solutions，统计产品与服务解决方案）是 IBM 公司推出的一系列用于统计学分析运算、数据挖掘、预测分析和决策支持任务的软件产品及相关服务的总称，是世界上最早采用图形菜单驱动界面的统计软件，有 Windows 和 Mac OS X 等版本。

SPSS 最突出的特点是操作界面友好，输出结果美观。SPSS 的基本功能包括数据管理、统计分析、图表分析、输出管理等。SPSS 统计分析包括描述性统计、均值比较、一般线性模型、相关分析、回归分析、对数线性模型、聚类分析、数据简化、生存分析、时间序列分析、多重响应等几大类，每类中又分好几个统计过程，如回归分析中又分线性回归分析、曲线估计、Logistic 回归、Probit 回归、加权估计、两阶段最小二乘法、非线性回归等多个统计过程，而且每个过程中又允许用户选择不同的方法及参数。SPSS 有专门的绘图系统，可以根据数据绘制各种图形。

SPSS 和 SAS、BMDP 并称为国际上最有影响的三大统计软件。由于其操作简单，因此已经在我国社会科学和自然科学等领域发挥了巨大作用。

10.7.2　网站分析工具

网站数据很重要。通过跟踪网站最重要的指标，可以很好地了解 SEO 策略的效果。

用户在网站上做什么，甚至竞争对手正在做什么，都能知道。常见的网站分析工具有以下几种。

1. 谷歌分析

谈到网站分析工具时，谷歌分析（Google Analytics，GA）可以说是一个业界标杆。其设置简单，可自定义，可提供所有关于网站的基本信息。利用 GA，可以收集受众群体的数据（如年龄、地理位置和使用设备），并观察访问者是如何查找、使用并离开网站的。由于 GA 的流行度很高，所以它很容易与其他平台集成。

2. 疯狂的蛋

疯狂的蛋（Crazy Egg）是一款全面且易于使用的网站分析工具。其最有用的功能之一是可以生成热图和滚动地图，可展示人们是如何滚动浏览网站的，以及其最常点击的位置。还可以使用 Crazy Egg 在网站上进行 A／B 测试。

3. 百度统计

百度统计基于百度强大的技术实力和大数据能力，为企业提供全端数据资产管理、多维智能数据分析和全域数据营销运营应用数据分析服务。

1）全端数据资产管理，是指通过多端采集、数据模型、统一用户 ID、跨端融合、数据权限、用户分群等六大能力实现数据资产一站式管理。

2）多维智能数据分析，是指通过内置数据看板、多维分析模型、转化归因分析、用户画像分析、搜索意图分析和自定义 SQL 查询等六大模块实现多维智能分析。

3）全域数据营销运营应用数据分析，是通过 A/B 测试和增长投放实验两大工具为企业提供跨渠道投放追踪，可视化 AB 实验分钟级部署服务，助力企业科学营销运营。

4. "友盟+"

"友盟＋"是国内第三方全域数据服务商，其产品主要有统计分析工具、应用性能监控、开发者工具。其中，统计分析工具又分为：移动统计 U-APP（APP 监测与分析平台，助力用户增长）；网站统计 U-Web（流量统计分析，网站数据精细化管理）；小程序统计 U-Mini（多平台小程序/小游戏/H5 统计分析）。APP 端性能监控包括：监控 APP 性能与崩溃，提升应用质量；H5/Web 端性能监控；监测请求情况与用户感知类性能指标；小程序端性能监控；微信、支付宝小程序性能监控。开发者工具包括：消息推送 U-Push；极简接入；精准推送，提升活跃；智能认证 U-Verify；快速集成一键登录和三方登录；社会化分享 U-Share 一次集成，多个平台分享能力；智能超链 U-Link；基于 DeepLink 的深度链接能力。

5. ChinaZ

ChinaZ 是站长之家的简称，站长之家是国内知名的站长类网站，是一家专门针对中文站点提供资讯、技术、资源、服务的网站，是站长们一致认定的实用的站长工具。

6. Admin5

Admin5 站长网是站长信息和服务中心之一，主要有站长交易、站长论坛、网络营销、站长优化等项目。

7. 爱站网

爱站网为站长们提供 IP 反查域名、Whois 查询、PING 检测、网站反向链接查询、友情链接检测等，除此之外，还研发出百度权重查询功能，为站长提供网站百度权重值查询。

8. 神策数据

神策数据是一家专注于用户行为分析和数据分析的公司，其产品神策分析为企业提供事件分析、漏斗分析、留存分析、归因分析、用户路径分析等十余个产品分析模型，帮助企业全面了解用户行为。神策数据在实时数据分析、精准计算、客户分群和客户标签加工等方面具有显著优势，能够满足企业对数据准确性和实时性的高要求。

10.7.3　电子商务平台上的数据分析工具

在电子商务平台上有各种工具进行数据分析，本节主要介绍阿里巴巴集团官方出品的千牛工作台。千牛工作台覆盖全链路经营场景、传递前沿资讯内容、提供个性化服务能力，目前有电脑版和手机版。千牛工作台电脑版首页如图 10-12 所示，有入驻开店、上货发品、推广营销 & 私域、内容建设、交易发货、客户服务六大功能模块，为不同类型商家（初创型、发展型和成熟型）提供电商一站式解决方案。其中，数据运营是其重要的组成部分。

图 10-12　千牛工作台电脑版首页

千牛工作台的数据运营包括店铺服务、品牌数据服务和会员管理，如图 10-13 所示。

图 10-13　千牛工作台的数据运营界面

下面以店铺服务为例，介绍其两款常用的数据分析工具——生意参谋—市场洞察和生 e 经。

1. 生意参谋—市场洞察

生意参谋—市场洞察是一款为中高端商家打造的市场分析数据产品，有三个版本：标准版、专业版和旗舰版。

（1）标准版　适用于初创期商家，主要作用是协助商家研究流量和市场爆款，提供决策支持。标准版具备四项核心功能：市场趋势、市场排行、搜索分析、竞争分析。

1）市场趋势帮助新老商家及时掌握行业变化和市场结构，支持查看子行业构成及变化，卖家子行业及地域分布，如图 10-14 所示。

图 10-14　市场趋势分析图

2）市场排行，帮助商家洞察消费者新需求和市场机会，了解搜索词变化趋势，优化投放策略，提升流量获取效率，如图 10-15 所示。

3）搜索分析，帮助商家了解行业内店铺、商品、品牌排行及变化，了解行业头部商家特征，及时发现市场黑马，如图 10-16 所示。

图 10-15　市场排行分析图

图 10-16　搜索分析图

4）竞争分析，支持与竞争店铺/商品进行关键要素分析，针对交易、流量等关键指标趋势、流量结构及搜索词进行对比，如图 10-17 所示。

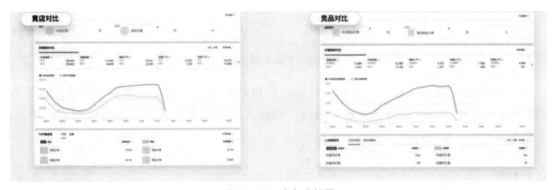

图 10-17　竞争分析图

（2）专业版　适用于成长期商家，主要作用是分析竞争对手，了解行业差距。专业版具备八项核心功能：市场趋势、市场排行、搜索分析、竞争分析、客群洞察、产品 & 属性分析、竞争识别、品牌分析。其中，前四项功能与标准版相同。

1）客群洞察，通过搜索人群提供搜索词对应的人群画像，并支持三个搜索词同时在线对比，帮助店铺进行精准营销。其中行业客群帮助店铺了解市场人群特质，定位店铺与市场之间的差距；客群透视提供了该行业下的人群画像及多维透视分析，如图 10-18 所示。

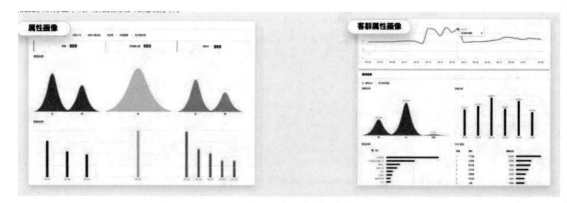

图 10-18　客群洞察分析图

2）产品 & 属性分析，提供标品 SPU 和商品属性的排行与分析能力，帮助店铺洞察消费者需求，为精准定位市场机会、制定新品研发及老产品优化等场景提供决策支持，如图 10-19 所示。

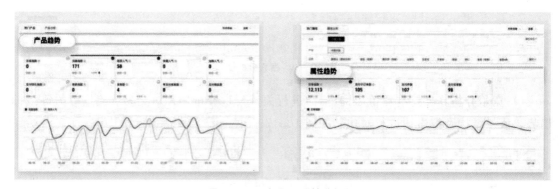

图 10-19　产品 & 属性分析图

3）竞争识别是系统基于当前店铺特质在海量数据中，从交易流失和搜索流失的维度识别出的核心竞争商品和高流失竞争店铺，帮助店铺快速发现核心竞争店铺和核心竞品，了解竞争差距，取长补短，如图 10-20 所示。

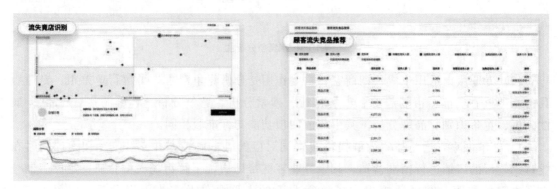

图 10-20　竞争识别分析图

4）品牌分析，针对品牌型商家的特点，提供品牌识别、品牌监控、品牌分析、品牌客群四大功能，帮助店铺高效精准识别竞争品牌，对标品牌定位及运营差异，优化竞争策略，如图 10-21 所示。

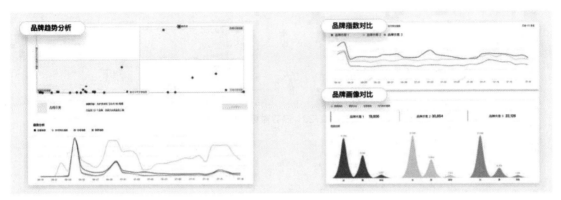

图 10-21　品牌分析图

（3）旗舰版　适用于成熟期商家，作用是深入实现客户洞察，为商家提供多场景的决策支持。旗舰版具备 14 项核心功能：市场趋势、市场排行、搜索分析、竞争分析、客群洞察、产品 & 属性分析、竞争识别、品牌分析、活动对标、内容对标、新老客户对标、售后对标、购买连带分析、流失分析。其中，前八项功能与专业版相同。

1）活动对标，提供年活动日历，帮助商家从流量和交易的角度对比竞争店铺的活动报名情况和爆发情况，优化全年大促活动资源布局，实现预售、预热等大促方案的精细化运营，实时洞悉大促波段变化特征，快速调整策略，如图 10-22 所示。

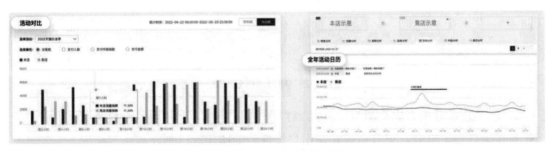

图 10-22　活动对标分析图

2）内容对标，帮助店铺快速了解自身直播和内容运营水平，发现并补齐短板，提升店铺直播、短视频种草等能力，优化自播和达人直播结构，如图 10-23 所示。

3）新老客户对标，支持拉新渠道、拉新商品贡献对标分析，优化拉新渠道及货品策略，支持老客户 30 天/90 天复购率对标分析，帮助店铺提升老客户复购运营能力，如图 10-24 所示。

4）售后对标，支持咨询、物流、退款、评价文本等客户体验维度对标分析，定位产品及服务问题，帮助店铺提升体验竞争力，如图 10-25 所示。

图 10-23　内容对标分析图

图 10-24　新老客户对标分析图

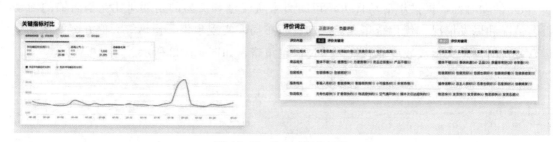

图 10-25　售后对标分析图

5）购买连带分析，支持类目、商品颗粒度连带分析，帮助店铺洞察类目结构缺失问题，捕捉类目连带机会，提升店铺长期用户价值，如图 10-26 所示。

图 10-26　购买连带分析图

6）流失分析，帮助商家看清商品维度的来源和去向，同时支持从属性、客户反馈声音角度定位流失原因，针对性提升访问者转化效率，如图 10-27 所示。

图 10-27　流失分析图

2. 生 e 经

生 e 经是一款店铺数据分析工具，包括销售分析、宝贝分析、消费行为，目前支持PC 端使用，如图 10-28 所示。

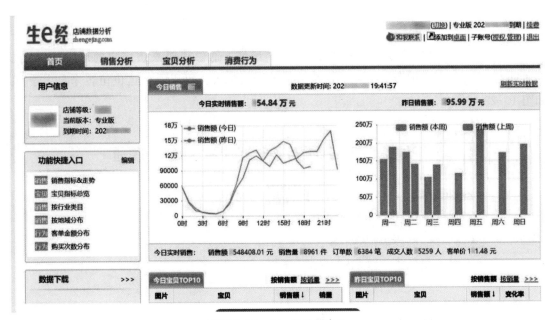

图 10-28　生 e 经分析工具

其中，销售分析的指标有：销售指标 & 走势，可以查看店铺日/周/月销售走势。宝贝分析的指标有：宝贝指标总览，可以实时或指定日期查看每款宝贝的销售情况；宝贝SKU，统计每个细分 SKU 销售情况；宝贝关联复购，即买家购买后，几天又购买其他宝贝。销售自定义分组的指标有：按地域分布，分析每个省份、城市的销售退款情况；按行业类目，分析店内每个行业类目的销售情况。消费行为的指标有：客单金额分布，分析买家在店内消费的金额分布；购买次数分布，分析宝贝的重复购买周期及金额；同购行为分析，分析买家同时购买多个商品的销售。

10.8 原始日志文件分析

原始日志文件是网站流量统计分析的基础数据。网站服务器会把每一个访客来访时的一些信息自动记录下来，存在服务器原始日志文件中。一般主机提供商会在控制面板提供这个日志文件的下载。原始日志文件就是一个纯文字形式的文件，只要用文字编辑软件就可以打开。

下面是一段原始日志文件，试分析一下。

> 221.201.77.63 - -[02/Jul/2014：15：30：41＋0800] "GET /seoblog/2014/04/17/user- friendly-website/ HTTP/1.1″ 200 19031 "http：//www.baidu.com/s?"
> wd＝PRADA％B9％D9％B7％BD％CD％F8％D5％BE&cl＝3″"Mozilla/4.0（compatible；MSIE 6.0；Windows NT 5.1；SV1；Alexa Toolbar)"

1. 用户 IP 地址分析

"221.201.77.63"是来访用户所使用的 IP 地址，能够说明来访用户的地理位置。如果通过 IP 地址信息查询服务查一下这个地址的所属位置，可以看到这位访客来自大连市，如图 10-29 所示。

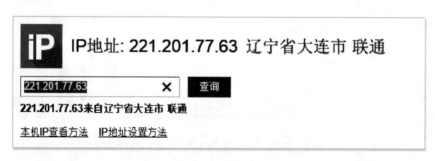

图 10-29 访客 IP 地址

2. 访问时间分析

访问量的时间指某网站被访问的时间，和 IP 地址结合起来，就可跟踪某一个特定的用户从一个网页到另一个网页的访问顺序。

"[02/Jul/2014：15：30：41]"是某网站被访问的时间，通过对访问量的时间分布情况进行分析，可以确定每天或每星期哪个时间段用户访问最多，哪个时间段用户访问最少，从而确定网络营销活动的开展时间。

3. 时区分析

"+0800"是相对格林尼治标准时间的时区差多少。

4. 服务器动作分析

"GET /seoblog/2014/04/17/user- friendly- website/ HTTP/1.1"表达的是服务器动作，即从服务器上获取某个网页或图片文件。服务器要做的动作，要么是"GET"，要么是"POSP"，除了一些 CGI 脚本外，通常都应该是"GET"。

这行文本的意思就是，按 HTTP/1.1 协议获取文件"/seoblog/2014/04/17/ user- friendly- website/"。

5. 返回状态码分析

"200"是服务器返回的状态。如果返回的是"200"，则说明成功获取了文件，一切正常。如果返回的是"404"，则说明文件没有找到。其他常见的状态码如下。

301：永久转向。

302：暂时转向。

304：文件未改变，客户端缓冲版本还可以继续使用。

400：非法请求。

401：访问被拒绝，需要用户名和密码。

403：禁止访问。

500：服务器内部错误，通常是程序有问题。

503：服务器没有应答，如负载过大等。

6. 文件大小分析

"19031"指的是所获取文件的大小，这里是"19031B"。

7. 跟踪用户轨迹分析

跟踪用户轨迹是很多网站运行者需要研究的地方。

从日志文件中剔除对图片的访问，剔除中间插进来的其他浏览者的信息，只把来自某一个特定 IP 地址的用户在一段时间内所看的网页列出来，就能看到这个用户在网站上都做了哪些行动、浏览了哪些网页。

本章小结

1. 电子商务运营效果概述

网络营销与线下营销相比，最大的优势之一就是网络营销效果和投入产出都可以正确统计和测量，而大部分线下营销方式很难准确评测营销效果。

2. 电子商务运营效果监测的重要性

(1) 确定最有效的网络营销方式及投资回报率。

(2) 挖掘客户的潜在价值。

(3) 使网站更吸引人。

(4) 设计和应用有效的推荐系统。

3. 电子商务运营效果监测的一般步骤

(1) 确定网站运营目标。

(2) 计算网站目标的价值。

(3) 记录网站目标达成次数。

(4) 计算网站目标达成的成本。

4. 网站运营监测的数据

(1) 网站流量分析　网站流量来源包括直接访问流量、其他网站链接引入的流量、搜索引擎引入的流量。网站流量指标有访问关键词、流量广告来源、访问量的地理位置分布、总的用户浏览量及变化趋势、回访者比率分析、积极访问者比率、忠实访问者比率、忠实访问者指数、忠实访问者量、访问者参与指数等。

(2) 网站用户访问内容　回弹率（所有页面）、回弹率（首页）、浏览用户比率和特定网页的用户访问停留时间。

(3) 网站交易统计。

(4) 商品销售分析：转化率、平均客单价和商品周期的销售增长量。

5. 数据分析显示方式

(1) 折线图：折线图是分析数据变化时较常使用的一种图形。企业经常用折线图表示销售量、访问数等数据的变化。

(2) 柱状图：柱状图是做各种数据比较时一种很有效的图形，可以从直观上看出同一维度上多个数据的变化。

(3) 饼状图：在研究结构性问题，特别是研究整体销售收入组成时，饼状图非常有效。

(4) 雷达图：雷达图也是数据分析常用的一种方式。雷达图又称为网图或蜘蛛图，是一种在二维图上展示三个以上变量变化的图表，这些变量的展示都是从一个轴心出发的。对于小规模的数据对比，雷达图是很有效的。

(5) 漏斗图：漏斗图适用于业务流程比较规范、周期长、环节多的流程分析，通过漏斗各环节业务数据的比较，能够直观地发现和说明问题所在。在网站分析中，漏斗图通常用于转化率的比较，它不仅能展示用户从进入网站到实现购买的最终转化率，还可以展示每个步骤的转化率和关键环节所在。

6. 数据统计和分析工具的选择

（1）基础数据分析工具：Excel、MATLAB、SPSS 等。

（2）网站分析工具：谷歌分析工具和各种站长工具。

（3）电子商务平台上的数据分析工具：生意参谋—市场洞察和生 e 经。

7. 原始日志文件分析

原始日志文件分析主要包含：用户 IP 地址分析、访问时间分析、时区分析、服务器动作分析、返回状态码分析、文件大小分析和跟踪用户轨迹分析。

 ## 本章习题

1. 简述电子商务运营效果监测的重要性。

2. 电子商务运营效果检测的数据主要有哪些？请以一个商务网站举例说明。

3. 电子商务运营监测数据的显示方式主要有哪些？分别适用于何种情况？请举例说明。

4. 列举一些电子商务网站效果监测工具。

5. 实验与实践：

（1）以淘宝某一店铺为例，利用一种网站分析工具对该店铺的运营情况进行情况监测，并分析其监测效果。

（2）根据监测效果，分析其利弊，并针对弊端提出解决策略。

（3）结合开篇案例，为该网站制订网络推广策略。

参考文献

［1］谭磊. 数据掘金：电子商务运营突围［M］. 北京：电子工业出版社，2013.

［2］昝辉. 网络营销实战密码：策略、技巧、案例［M］. 北京：电子工业出版社，2013.

［3］丁奕盛. 网络营销实战解析：电子商务时代的掘金策略［M］. 北京：电子工业出版社，2015.

［4］张波. 电子商务创新创业指导与实践［M］. 长春：吉林大学出版社，2022.